数字化转型对民营能源企业绩效的影响机制研究

任阳军 夏悦宁 严纲 刘超 ◎著

中国纺织出版社有限公司

内 容 提 要

本书基于沪深两市民营能源企业 2012—2021 年面板数据，借助爬虫技术归集民营能源企业年报中的"数字化转型"关键词，分析民营能源企业数字化转型程度，并分析民营能源企业的数字化转型和绩效的空间差异及分布动态演进，进而探讨数字化转型对民营能源企业绩效的影响及机制，为深度理解数字化转型与民营能源企业绩效的关系提供新的证据。

本书既具有理论高度，也具备面向中国能源企业的可操作性，可供普通高等院校管理学、经济学相关专业的师生与研究人员阅读参考。

图书在版编目（CIP）数据

数字化转型对民营能源企业绩效的影响机制研究/任阳军等著. --北京：中国纺织出版社有限公司，2024. 9. -- ISBN 978-7-5229-2013-9

Ⅰ. F426.2-39

中国国家版本馆CIP数据核字第202474YW81号

责任编辑：陈怡晓　　责任校对：寇晨晨　　责任印制：王艳丽

中国纺织出版社有限公司出版发行
地址：北京市朝阳区百子湾东里 A407 号楼　邮政编码：100124
销售电话：010—67004422　传真：010—87155801
http://www.c-textilep.com
中国纺织出版社天猫旗舰店
官方微博 http://weibo.com/2119887771
三河市宏盛印务有限公司印刷　各地新华书店经销
2024 年 9 月第 1 版第 1 次印刷
开本：710×1000　1/16　印张：14.25
字数：203 千字　定价：88.00 元

凡购本书，如有缺页、倒页、脱页，由本社图书营销中心调换

序

随着人工智能、区块链、大数据和物联网等新兴技术的持续创新，在世界范围，企业的数字化（数字科技）转型成为创新变革的重要突破点和世界经济发展的着力点。在此背景下，中国企业能否高效运用数字技术，形成适合自身禀赋的转型战略体系，已成为数字经济背景下的重要研究课题。习近平总书记指出，要"以信息流带动技术流、资金流、人才流、物资流，促进资源配置优化"，这为中国推动科技创新、实现动能转换和高质量发展提供了可行路径。

如今，数字化转型象征着一场基于数字技术的新工业革命，为企业发展提供新的内生增长动力。企业作为宏观经济的微观载体，肩负着数字经济创造与经济高质量发展的双重任务，其数字化转型不仅是数字科技与生产经营深度融合的微观转变，更是从传统生产系统向数字系统转型的创新标志。在数字经济时代，面对技术和市场环境的重大变化，越来越多的企业选择采用数字技术来推动组织模式转型，加快产品和服务的升级与创新。数字化转型已经成为企业形成可持续竞争力、提升经济绩效的战略选择。

能源产业作为众多产业链的前端，是所有科技活动的基础，对工业经济的平稳健康发展起着至关重要的作用。中国作为世界能源生产的第一大国，已经取得举世瞩目的巨大成就，尤其为消除贫困、提高人民生活质量和保持经济长期稳定增长提供充足动力。但是，当前中国不仅面临着严重的能源供需矛盾，还面临着生态环境退化和国家安全问题。同时，能源企业在不确定环境下仍然存在自主创新能力弱、生产管理效率低、产品供应质量差等问题，导致企业绩效普遍偏低。因此，以数字化转型为载体驱动能源产业结构变革，是短期内降本增效、提升核心能力，中长期内改变商业模式、创造新业态的重要路径。更重要的是，民营经济是社会经济的重要组成部分，民营企业的行为和绩效对国民经济增长的速度和质量产生决定性作用。但是，民营企业的数字化转型行为和绩效还带有一定的脆弱性，容易受到宏观环境和产业政策的影响。显然，在当今社会，微观结构主体与宏观趋势往往有明显偏差，理论最优解与转型成效的背离，使数字化转型对民营能源企业生产运营的影响日益成为学界关注的焦点。

民营能源企业在经营管理中使用数字技术能否改善生产状况，促进企业绩效的提升？如果促进作用得到了验证，其渠道机制是什么？数字化转型对民营能源企业绩效在不同情形下的影响效应是否有异质性？对于上述问题的探讨，有助于在微观层面准确评估民营能源企业数字化转型的经济效果，对实现双碳目标和民营能源企业高质量发展至关重要。为此，本书基于沪深A股上市企业年报数据，运用文本分析技术对"数字化转型"的关键词进行搜索、配对和加总，为评估能源企业数字化转型及其经济效益提供有益借鉴；并构建一个"基准分析—机制解析—异质性检验"的研究框架，打开了数字化转型与民营能源企业绩效间的机制"黑箱"。此外，从产权性质、生命周期、地理区位等视角出发，全面解读了数字化转型影响民营能源企业绩效的结构差异，为差异化的政策治理引导提供经验借鉴。

刘超　河海大学硕士生导师

2024年6月于南京

前言

在实施数字强国战略中,能源产业和数字经济的深度融合能够不断提高生产效率和产品质量,重塑能源产业的竞争优势,以提升社会智能水平。作为能源产业的微观组成,能源企业肩负着带动相关产业企业增产创收、推动能源产业健康发展的重要使命。与此同时,民营经济是中国经济发展的主力军,民营企业的行为和绩效对国民经济增长的速度和质量产生决定性作用。因此,正确把握中国数字化转型发展趋势,明晰数字化转型与民营能源企业绩效的内在关系,对于民营能源企业生存和发展、民营能源产业转型升级以及民营能源产业高质量发展,具有重要的现实意义。

本书共 8 章。第 1 章是绪论,包括本书的研究背景与研究意义、研究思路与研究内容,以及研究方法与创新点的总结。第 2 章是关于数字化转型,包括对企业数字化转型内涵、数字化转型与企业绩效、企业创新绩效的关系的文献梳理和评述。第 3 章是数字化转型对民营能源企业绩效的影响,包括直接效应及中介效应。第 4 章是研究设计,包括计量模型、变量选取和数据来源。第 5 章是数字化转型与民营能源企业绩效的空间差异,包括民营能源企业数字化转型的空间差异以及民营能源企业绩效的空间差异。第 6 章是数字化转型与民营能源企业绩效的演进趋势,包括数字化转型与民营能源企业绩效的动态演进特征以及长期转移趋势。第 7 章是实证结果及经济解释,包括基准回归、稳健性检验、异质性检验及中介效应检验。第 8 章是专题研究,包括本书的研究结论,以及利用数字化转型提升民营能源企业绩效的政策建议。

本书还做了两项专题研究。其中，专题研究一是数字化转型对能源企业全要素生产率的影响，包括借助爬虫技术归集能源企业年报中的"数字化转型"关键词，刻画出能源企业的数字化转型程度，进而探讨能源企业数字化转型对全要素生产率的影响，为提出促进能源企业全要素生产率提升的数字化转型对策提供理论和实证依据；专题研究二是数字化转型对新能源企业绩效的影响，包括利用企业年报文本识别方法刻画数字化转型强度，实证检验了数字化转型对新能源企业绩效的影响及渠道机制，为实现新能源企业数字化转型和绩效的协同提升提供决策参考。

数字化转型为民营能源企业提供了转型升级的新机遇，系统研究数字化转型如何促进民营能源企业绩效提升，对于推动民营能源企业数字化转型、提升民营能源企业绩效和国际市场竞争力、实现民营能源企业高质量发展都具有非常重要的意义。

任阳军

2024 年 6 月于常州

目录

第1章　绪论 / 1

  1.1　研究背景与研究意义 / 1

  1.2　研究思路与研究内容 / 5

  1.3　研究方法与创新点 / 7

第2章　关于数字化转型 / 9

第3章　数字化转型对民营能源企业绩效的影响 / 13

  3.1　直接效应 / 13

  3.2　中介效应 / 14

第4章　研究设计 / 17

  4.1　计量模型 / 17

  4.2　变量选取 / 18

  4.3　数据来源 / 20

第5章　数字化转型与民营能源企业绩效的空间差异 / 21

  5.1　民营能源企业数字化转型的空间差异 / 21

  5.2　民营能源企业绩效的空间差异 / 25

第6章　数字化转型与民营能源企业绩效的演进趋势 / 33

  6.1　数字化转型与民营能源企业绩效的动态演进特征 / 34

  6.2　数字化转型与民营能源企业绩效的长期转移趋势 / 36

第7章　实证结果及经济解释 / 43

  7.1　基准回归 / 43

  7.2　稳健性检验 / 45

7.3　异质性检验 / 49

7.4　中介效应检验 / 55

第8章　专题研究 / 59

专题研究一　数字化转型对能源企业全要素生产率的影响 / 63

一、引言 / 63

二、理论机制与假说提出 / 66

三、实证设计与变量分析 / 69

四、实证结果及经济解释 / 72

五、机制路径的识别检验 / 78

六、拓展性研究：基于企业特征异质性下的经验证据 / 81

七、研究结论与政策启示 / 84

专题研究二　数字化转型对新能源企业绩效的影响 / 87

一、引言 / 87

二、文献综述与理论假设 / 90

三、研究设计 / 94

四、实证分析 / 97

五、机制路径的识别检验 / 106

六、研究结论和政策启示 / 109

参考文献 / 113

附　录 / 123

附录1　2012—2021年民营企业能源细分行业企业核心变量均值 / 123

附录2　2012—2021年东部地区部分民营能源企业核心变量 / 131

附录3　2012—2021年东北地区民营能源企业核心变量 / 164

附录4　2012—2021年中部地区民营能源企业核心变量 / 172

附录5　2012—2021年西部地区民营能源企业核心变量 / 196

后　记 / 215

第1章 绪论

1.1 研究背景与研究意义

1.1.1 研究背景

2012年到2021年，数字经济的快速发展为经济增长提供了新的动力。2021年，全球47个主要经济体的数字经济规模达到了38.1万亿美元，年均增长率为15.6%。尤其是美国和欧盟依靠尖端数字技术建立了数字经济的全球竞争优势。此外，数字经济的发展拥有较长的历史。早在2008年金融危机时，由先进的数字技术驱动的数字经济就在不断发展和演变。2021年，德国、英国和美国的数字经济规模占国内生产总值（GDP）的比重位居世界前三，均超过了65%。中国作为一个发展中国家，一直将其视为经济高质量增长和供给侧结构性改革的重要组成部分，并在"十四五"规划中对加快建设数字经济、数字社会和数字政府做出了明确部署。随着数字中国建设顶层设计和系统布局的不断推进，我国数字经济呈现出蓬勃发展态势。从2012年到2021年，中国的数字经济规模年均增长15.9%，到2021年已达到7.1万亿美元，成为世界第二大经济体。

随着数字经济的发展，越来越多的企业顺应时代潮流，在新技术的帮助下采取了数字化转型战略。数字化转型作为采用众多现代技术进行数据收集、存储和分析而产生的过程，包括人工智能、物联网、云计算和数字平台等，已经成为多数企业提高运营效率、降低成本和提高创新成功率的战略选择。在新的数字经济时代，面对技术和市场环境的深刻变化，越来越多的中国企业利用数字工具和平台推动组织变革，加速产品和服务创新，为中国经济快速增长提供了新的内生动力。根据中国上市公司协会发布的《中国上市公司数字经济白皮书（2022）》，2021年以数字经济为核心产业的上市公司超过1000家，几乎涵盖了所有行业。

中国作为世界第二大经济体，自20世纪80年代起，实现了举世瞩目的经济增长。然而，这种增长是以大量要素投入和高能耗为代价的，造成环境污染日益严重，能源危机不断恶化。能源消耗已经从1981年的4.895亿吨标准煤增长至2021年的52.4亿吨标准煤。在2022年的世界环境绩效指数中，中国的得分仅为28.4分，在180个国家和地区中排名第160位。此外，中国的二氧化碳排放量已达到105.23亿吨，居世界第一。然而，中国不仅面临严重的能源供需矛盾，还面临环境恶化和国家安全问题。与此同时，为了满足不断增长的能源需求，中国不得不扩大能源进口，导致对国际能源市场的依赖不断增加，这严重影响了中国的经济增长、社会稳定和能源安全。因此，中国政府不仅面临与能源有关的风险，还面临环境污染的挑战。2020年9月，中国政府宣布将在2030年达到碳排放峰值，并在2060年实现碳中和。然而，在不牺牲经济效益的前提下实现这样一个宏伟目标具有很大的难度。

推动实体经济转型升级是我国实现经济高质量发展的关键因素。能源产业作为众多工业产业链的前端，是一切科技活动开展的基础，对工业经济健康发展发挥支柱作用。改革开放以来，我国能源产业取得了长足进步，产业规模已经居于世界前列，但是仍然面临自主创新能力不强、生产管理效率不高、产品供给质量较差等问题。从国际上看，能源产业和数字经济的深度融合能够不断提高生产效率和产品质量，重塑能源产业的竞争优势，以提升社会智能水平。作为能源行业的微观组成,能源企业肩负着带动相关企业增产创收、促进能源行业健康成长的重要使命。同时,它们的业绩水平代表着能源产业的现实基础和发展前景。

近年来,党中央和国务院高度重视能源企业的数字化转型。党的十九大报告指出,要加快推进能源产业变革,推动大数据、互联网、人工智能与实体经济深度融合。党的十九届五中全会提出,要"发展数字经济,推进数字产业化和产业数字化,促进数字经济与实体经济深度融合,打造具有国际竞争力的数字产业集群"。各地政府已经在政策方面持续更新升级,相继提出加大对能源行业数字化转型的支持力度,有助于改造提升传统产业,这也是构建"以国内大循环为主体,国内、国际双循环相互促进"新发展格局的战略选择和重要支撑。尤其是在抵御新冠肺炎疫情对实体经济的冲击中,数字技术、数字经济在不确定性环境中对能源企业提质增效发挥着不可替代的重要作用。需要指出的是,当前我国能源企业的数字化水平仍然偏低,根据《能源数字化转型白皮书(2021)》,超过半数的能源企业的数字化仍然处于单点试验和局部推广阶段,将转型深度穿透至制度和业务层面的力度明显不足。因此,在能源短缺成为新常态、能源转型压力升级、产业亟须塑造新竞争力等背景下,以数字化转型为载体驱动能源产业结构变革,是短期内降本增效、提升核心能力,中长期改变商业模式、创造新业态的关键路径。与此同时,民营经济是中国经济发展的主力军,民营企业的行为和绩效对国民经济增长的速度和质量产生决定性作用。但是,民营企业的数字化转型行为和绩效还带有一定的脆弱性,容易受到宏观环境和产业政策的影响。因此,数字化转型能否成为中国民营能源企业绩效增长的新动能,将是本研究需要解答的一个重要问题。

1.1.2 研究意义

民营能源企业是能源产业产值增加、技术创新乃至战略布局的中坚力量，其绩效提升对能源产业经济增长与资源配置具有重要影响。因此，有必要对民营能源企业绩效的影响因素开展研究。数字化已经成为一个重要的全球趋势。越来越多的企业利用新技术开展数字化转型以应对这一趋势。数字化转型作为一个利用先进数字技术进行数据收集、存储和分析的过程，已经成为每个行业提高生产力的战略选择。在此背景下，数字化转型能否成为民营能源企业高质量发展的新动能？是否提升民营能源企业绩效？其作用机制是什么？哪些民营能源企业进行数字化转型更有优势？对于上述问题的回答有利于从微观层面对民营能源企业数字化转型的实施效果进行准确评估，深刻理解数字化转型对民营能源企业高质量发展的驱动效应，为相关政策制定提供经验证据。

第一，理论意义。本书在数字经济大背景下，首次将数字化转型和民营能源企业绩效纳入统一框架中，为民营能源企业绩效提升研究提供了新的研究视角。本书构建数字经济背景下数字化转型与民营能源企业绩效变动的理论分析框架，对数字化转型与民营能源企业绩效关系的理论假设（直接效应和中介效应）进行实证检验，并进一步分析数字化转型对民营能源企业绩效的异质性影响。研究结论有助于在微观层面准确评估能源企业数字化转型的效果，深入了解数字化转型对民营能源企业绩效的作用机制，拓展民营能源企业绩效研究的视野和深度。

第二，现实意义。目前，全面提高民营能源企业绩效已经成为能源产业结构转型和能源可持续发展的重要推动力量，而关于如何提高民营能源企业绩效的研究仍需进一步拓展。本书通过测度民营能源企业绩效，分析其空间差异及分布动态演进，为政府部门制定和完善政策体系以实现民营能源企业绩效提升提供决策参考。同时，明晰数字化转型对民营能源企业绩效的影响的存在性、渠道机制及非对称效果，为提出推动民营能源企业健康可持续发展的政策建议提供理论和数据依据。

1.2 研究思路与研究内容

1.2.1 研究思路

本书遵循"问题提出—研究现状—理论分析—实证研究—政策建议"的研究思路，层层递进开展研究。首先，本书对数字化转型和企业绩效的国内外相关研究进行系统梳理，系统评述了当前学界关于数字化转型促进民营能源企业绩效的研究。其次，对数字化转型与民营能源企业绩效之间的影响机理进行分析，着重探讨数字化转型能否通过技术创新和运营能力提升民营能源企业绩效。再次，测度中国民营能源企业数字化转型水平和绩效水平，探究中国民营能源企业数字化转型和绩效的空间差异和动态演进规律。从次，综合运用固定效应模型和中介效应模型，实证研究数字化转型对民营能源企业的影响效应及其背后的作用机制，并且进一步分析宏观地理区位、微观企业属性和企业周期等因素可能产生的异质性影响。最后，结合现实问题、机理分析和实证研究，为体现数字化转型的绩效红利，促进民营能源企业健康发展提出有针对性的政策建议。

1.2.2 研究内容

本书将数字化转型、技术创新、运营能力和民营能源企业绩效纳入同一研究框架中，依据"数字化转型—技术创新、运营能力—民营能源企业绩效"这一逻辑思路，采用理论和实证相结合的方式探讨数字化转型对民营能源企业绩效的影响，并研究技术创新和运营能力在两者之间所起到的中介作用，揭示数字化转型影响民营能源企业绩效的内在机理，为更好地发挥数字化转型对民营能源企业绩效的促进作用提供理论依据和经验指导。主要内容包括以下几个方面。

第一，数字化转型和民营能源企业绩效相关研究的梳理和总结。相关研究包括企业数字化转型的内涵、数字化转型与企业创新绩效的关系、数字化转型与企业绩效的关系，在梳理这些文献后进行简要述评，提出有待进一步研究的问题。

第二，数字化转型影响民营能源企业绩效的理论机理。从战略管理、信息共享和网络构建三个层面探讨数字化转型对民营能源企业绩效的作用机理，并分析技术创新和运营能力的中介作用。在此基础上，基于理论分析提出研究假设。

第三，数字化转型和民营能源企业绩效的空间差异与动态演进。首先，采用文本分析方法推测中国民营能源企业数字化转型水平，并选取总资产收益率和净资产收益率衡量中国民营能源企业绩效水平。其次，采用 Dagum 基尼系数探讨中国民营能源企业数字化转型及绩效的空间差异和来源。最后，采用 Kernel 密度估计和马尔可夫（Markov）链估计探究中国民营能源企业数字化转型及绩效的动态演进特征和长期转移趋势。

第四，数字化转型对民营能源企业绩效影响的实证研究。综合运用固定效应模型和中介效应模型对理论假设进行检验，包括数字化转型与民营能源企业绩效的回归分析、技术创新和运营能力的中介效应分析。此外，从地理区位、企业规模、生命周期和行业的角度探讨数字化转型对民营能源企业绩效的异质性效应。

第五，研究结论与政策建议。对前文的实证分析结果进行总结，在理论分析与实证检验的基础上提出相关政策建议。最后，总结本书存在的问题以及下一步研究的方向。

第六，专题研究。一是深入分析数字化转型对能源企业全要素生产率的影响；二是系统考察数字化转型对新能源企业绩效的影响及渠道机制。

1.3 研究方法与创新点

1.3.1 研究方法

（1）文献分析法

收集和整理国内外有关数字经济、企业数字化转型以及企业绩效等方面的研究文献，对其进行梳理，并形成最终的文献综述。在此基础上，借鉴现有研究的有益之处，总结和归纳现有研究不足，从而提出本书的边际贡献和创新点。

（2）文本数据挖掘法

文本数据挖掘是从大量文本数据中有针对性地提取目标信息和知识的计算机处理技术。本书在理论分析和研究假设的基础上，基于中国上市民营能源企业的年报数据，利用Python软件抓取与"数字化转型"有关的关键词，从而汇总这些关键词的词频总数作为企业数字化转型程度的代理变量。

（3）实证分析法

综合采用Dagum基尼系数、Kernel密度估计、Markov链估计方法，分析民营能源企业数字化转型及绩效的空间差异和分布动态演进，并采用固定效应模型和中介效应模型探究数字化转型对民营能源企业绩效的影响，以及技术创新和运营能力发挥的中介作用。

（4）对比分析法

本书分别对民营能源企业的数字化转型和绩效做横向和纵向的比较分析，并进一步从宏观地理区位和微观企业属性等视角探究数字化转型对民营能源企业绩效可能存在的异质性影响。

1.3.2 创新点

（1）学术视角的创新

通过构建"企业数字化转型指数"这一指标，从新的视角理解、评价、提高中国民营能源企业数字化转型的真实水平。在此基础上，从数字化转型角度探讨我国民营能源企业绩效的提升，这不仅符合当前研究我国经济问题的主流范式，而且拓展了民营能源企业绩效研究的视野和深度。

（2）学术观点的创新

①从时间和空间维度探讨我国民营能源企业的数字化转型进程和绩效水平，有利于精准制定措施助推数字化转型赋能民营能源企业绩效提升。

②从直接效应、中介效应、异质效应三个维度，探讨数字化转型对民营能源企业数字化转型的影响效应，为数字化转型视角下民营能源企业数字化转型的路径选择提供理论和数据依据。

（3）研究方法的创新

利用文本数据挖掘方法对民营能源企业数字化转型指标进行衡量，有利于从非结构化的文本书档中获取用户感兴趣的、重要的模式或知识；综合运用固定效应模型、中介效应模型等计量经济学工具，比较分析数字化转型对民营能源企业的差异化影响及机制。

第2章　关于数字化转型

数字化转型是企业在数字经济时代生存和发展的必然选择。现有研究主要集中在数字化转型的定义上，但是尚未形成统一明确的观点。这些定义强调了数字化转型的多种典型特征。Agarwal 等认为数字化转型是一种信息技术的应用及其效果。Fitzgerald 等认为数字化转型是使用数字技术实现重大的业务进步，包括优化运营流程、改善客户体验或开发新的商业模式。Piccinini 等和 Majchrzak 等对数字化转型的定义与 Fitzgerald 等类似。Reis 和 Amorim 指出，数字化转型是利用数字技术实现业务转型，从而提高用户的生活质量。Mergel 等将数字化转型定义为在互联网时代，通过使用新技术采取在线或离线方式提供商品和服务来提高企业核心竞争力。Schallmo 等将数字化转型定义为利用数字技术收集、清洗和分析数据以提取有价值的商业信息，这些信息可用于评估新的数字商业模式，并协助企业创造价值和提高绩效。在这项研究中，我们遵循 Fitzgerald 等对数字化转型的定义，认为数字化转型就是利用数字技术要素使企业受益。此外，这一定义与当前关于数字化转型的研究一致，即在运营管理、商业模式创新和企业战略中应用先进的数字技术来提高企业绩效。

然而，目前鲜有文献确切地将"数字化转型—民营能源企业绩效"联系起来，两者之间的影响和作用机制只能通过相关研究进行推论。数字化转型与创新绩效关系的研究已经引起了学界的重视，如刘洋认为，数字化转型作为具有破坏性的创新行为，能够从根本上改变产品的基本形态、商业模式甚至颠覆在位者的竞争格局；Bloom等研究发现，数字技术可以降低知识和信息的获取成本，促进企业内部资源要素的流动，进而推动企业创新；Vial构建数字化转型的分析框架，基于案例研究探讨了数字化转型对企业创新活动的正向效应。在数字化驱动下，企业往往通过提高创新能力、吸收能力、适应能力等中介渠道或作用机制，最终促进自身创新绩效的提升。Paunov和Rollo进一步考虑了互联网的知识溢出效应，发现它可以显著提高企业的生产效率和创新绩效。Gaglio等认为，数字通信工具，包括社交媒体的使用，对创新绩效有积极影响。然而，即使数字化转型赋予了企业更大的创新活力，也可能存在"数字化悖论"，如Kohtamäki等发现，低水平数字化与高水平服务化的相互作用对企业创新绩效产生明显的负面效应；余菲菲等指出，针对数字化的过度投资和对数字技术的盲目应用会阻碍创新绩效的增长。

部分学者还探讨了数字化转型对企业绩效的影响机制，认为企业数字化转型能够加快创新转型行为、增强信息处理能力、创新高效生产和组织方式以及提高企业供应链集成程度，进而改善企业经济绩效。还有学者通过实证研究发现数字化转型与企业绩效存在正相关关系，如Lorenzo等基于美国小型企业的样本数据，实证发现数字化转型可以增强企业创新；Llopis-Albert等探讨了数字化转型对汽车行业企业绩效和利益相关者满意度的影响，揭示了数字化转型战略能够带来利润率和竞争力的提升；Ribeiro-Navarrete等利用数字工具和社交网络的培训来量化数字转型的程度，同时验证了数字化转型对服务行业财务业绩的促进效应。但是，数字化转型能够直接推动企业绩效提升的观点受到了一些学者的怀疑。Buttice等发现，数字技术如果出现造假问题会降低企业的经济效益。Shah等认为，企业数字化转型往往会出现垄断局面，从而削弱其他企业的市场竞争力。戚聿东和蔡呈伟提出，在转型需求和管理组织机构出现匹配滞后的状态下，企业实施数字化转型策略会产生大量的衍生管理成本，这明显会降低其对企业绩效的驱动效果。

上面的阐述为理解数字化转型与民营能源企业绩效之间的关系奠定了研究基础。不难发现，基于微观视角的数字化转型研究主要集中在制造业企业，且对企业数字化转型的经济后果判定仍然存在一定分歧；同时，企业存在数字化转型效果与理论最优解的背离，使数字化转型对民营能源企业绩效的影响与传导机制更为复杂，需要再进行更加系统的研究。此外，大多数研究只关注整体效应，忽视了企业或地区之间的异质性，这可能导致研究结果不准确。因此，对能源企业数字化转型与绩效之间的关系仍有一定的研究空间。

第3章 数字化转型对民营能源企业绩效的影响

3.1 直接效应

数字经济的核心就是"数字化企业",传统企业创造与获取价值的方式必须利用数字技术完成转型,才可能形成中国经济发展的内核力。企业数字化转型是新时代下微观企业主体遵循发展规律必经的一个重要阶段,实际上是企业生产经营过程与数字科技的深度融合,这也是企业生存和发展的必然选择。早期的企业数字化转型侧重于硬件平台和设备的搭建,之后拓展到企业战略、组织结构、业务模型、客户体验乃至经营理念等方面的重构。与既有的信息技术采纳等概念相比,数字化转型更加持续和全面,具有融合性、跨越性以及强烈的环境依赖性等特征。多数企业将数字化技术应用于提高生产力、降低生产运营成本、提升质量管理能力以及满足定制化需求等方面,孕育了众多新兴业态,促进了平台经济的兴起,并由此成为推动企业绩效提升的重要因素。随着数字化技术在民营能源企业经营管理中的进一步渗透,民营能源企业数字化转型的目标和方向逐渐聚焦于减少供需双方的信息不对称,积累更大创新潜能,由此实现技术转型和组织变革的良性循环。

具体来说,数字化转型对民营能源企业绩效的作用可以归纳为三个方面。一是,企业的战略决策将影响数字化转型的有效实施。如果一个企业的发展战略选择了数字化转型，就表明该企业期望通过采用尖端的数字技术来提高企业价值。数字化转型一旦融入企业生产和管理中，就能够帮助企业快速响应市场需求，提高质量管理能力，满足客户的个性化需求，从而提高企业绩效。另外，企业追求数字化转型的目标被纳入企业文化，将极大地提高企业的积极性和竞争力。二是，开放性和共享性是数字化转型的重要特征。随着数字技术不断渗透到企业的日常运营中，数字化转型的目标逐渐转向最大限度地减少供需双方的信息不对称。数字化转型可以促进企业内部沟通，包括加强管理者与股东、管理者与员工、员工与员工之间的沟通，减少生产和管理过程中不必要的摩擦，降低生产和管理成本。另外，企业利用大数据、云计算和机器学习等数字技术，收集和分析来自研发、原材料采购、产品制造和销售等方面的有用信息，从而提高产业链上下游的沟通效率及企业绩效。三是，数字化转型可以帮助企业构建新的网络，提高全球竞争力。从本质来看，数字化转型可以帮助企业减少组织障碍，快速获取新的信息和技术，为创新活动和市场国际化提供更多的资源。同时，数字化转型推动不同企业在技术、资金、产品和客户方面紧密结合，形成企业间持续学习和动态合作的发展趋势，从而优化和重构创新过程。总体上，数字化转型战略提升和优化了企业的战略管理、信息共享和网络构建，有助于推动企业绩效提升。基于上述讨论，提出了全书的核心研究假设：

H1：数字化转型能够提升民营能源企业绩效

3.2 中介效应

第一，数字化转型能够为民营能源企业带来更强大的技术创新动能，为企业绩效提升提供重要的技术驱动力。首先，数字化转型是新时代的前沿转型模式，能够为技术创新提供充足的动力源泉和技术需求，有利于在企业生产经营中营造良好的创新生态环境，推动企业组织架构和技术要素配置向有益于技术创新的形态跃迁。尤其是以云计算、大数据、物联网、人工智能、区块链等新一代信息技术为代表的重要技术的广泛运用，实现传统企业向智能化升级转型。一方面，当企业提出实施智能化改造和数字化转型的目标时，在后续发展中企业为了实现上述战略目标，往往会加大研发投入。

特别是数字化改变了以企业为主的传统创新模式，通过利用互联网商业模式助力企业获取市场动向和客户需求等方面的最新信息，消费者也可以更加广泛地参与产品生产和价值创造的全过程，并且拥有海量数据资源的企业挖掘以用户价值为主导的精准"用户画像"，从而降低客户搜寻商品的时间成本。为了主动契合这种市场导向，企业往往在研发领域加大投入力度，通过技术创新实现产品差异化，进而满足消费者的个性化需求，提高产品核心竞争力。进一步，企业数字化转型进程地不断深入能够极大地提高企业对创新资源的利用效率，且与封闭式创新相比，企业还利用新一代信息技术，积极搜寻、吸收、利用外部知识和成果，形成整合内外部创新资源的开放式创新模式，也大幅提升企业的研发效率。数字化转型还能够改变企业与外界的互动方式，消除不同组织间的边界，推动整合内外部创新资源，从而实现对创新资源的高利用率，带来更多的创新产出成果。这种在创新层面上的"投入—产出"优化，将在一定程度上影响企业的未来发展前景，是改善企业绩效的一个重要因素。尤其是在经济高质量发展的背景下，以上变化有利于企业在以后的市场竞争中处于优势地位，资源要素会向这类数字企业不断集聚，绩效水平由此得以提升。

第二，数字化转型同样能够有效提升民营能源企业的运营能力，从而提升企业绩效。

一方面，数字化转型的核心是通过数据实现对企业生产经营的全面赋能以及生产经营效应的持续提升。具体来说，利用智能硬件实现互联互通收集数据，利用软件端根据程序命令对数据进行智能分析，能够大幅提升生产工具的使用效率，降低运行维护成本和库存成本，这不仅可以提高企业运营效率，而且可以推动企业的信息化进程，利用云计算、大数据、机器学习区块链等数字技术对研发、生产、销售等环节的信息进行采集和处理，提高产业链上下游间的沟通效率，实现整个产业链资源的优化配置。数字化技术还能够有效处理信息不对称问题，降低企业的信息搜寻成本和产品开发成本，同时，数字技术和互联网商业模式的广泛运用还催生出分享经济的新业态，通过共享技术、设备和服务降低资源利用门槛和生产成本，有效提高生产资料的配置效率。这样也进一步加快了传统企业向数字企业转型，提升企业的运营能力。

另一方面，企业数字化转型符合新时代数字经济发展的方向和趋势，也是发展我国当前数字经济的新引擎，尤其是暴发的新冠肺炎疫情使企业数字化转型迎来了"机遇期"，一些符合国家政策方针和经济实践导向的企业更易获得资本市场青睐，市场对这些企业的估值也会不断增加，从而加大对企业的投资力度，这同样会助推企业绩效的提升。数字化转型能够通过数字技术显著提高数据处理能力，拓展企业决策制定过程的分析深度，使经营预测具有更高的精准性，以便在大数据的支持下，实现对宏观市场环境和行业竞争环境的准确分析，有助于企业利用有限的财务资源实现资金利用最大化。换言之，企业数字化转型进程的不断深入，能够为数字驱动决策的合理制定提供帮助，并确保企业的成本管理更加科学、系统，有助于降低企业的人力和时间成本，以及研发、议价、搜索和监督的成本。市场中资本也将持续流向这些具有良好财务状况的企业，从而扩大企业生产规模和提高管理水平，由此推动企业绩效增长。基于上述讨论，本书提出了如下研究假设。

H2a：数字化转型能够通过提高技术创新来提升民营能源企业绩效。

H2b：数字化转型能够通过提高运营能力来提升民营能源企业绩效。

第4章 研究设计

4.1 计量模型

为了检验数字化转型对民营能源企业绩效的影响,本书构建基准模型为

$$ROA_{it}(ROE_{it}) = \beta_0 + \beta_1 DT_{it} + \sum \beta CV_s + \sum Year + \sum Ind + \varepsilon_{it} \quad (4.1)$$

式中,总资产收益率 ROA_{it} 和净资产收益率 ROE_{it} 为被解释变量;数字化转型 DT_{it} 为核心解释变量;CV_s 为控制变量组;ε_{it} 为随机误差项。

本书进一步探讨了技术创新和运营能力是否在该机制中具有中介作用。参考 Baron 和 Kenny 的做法,采用逐步回归法分析中介作用,构建以下模型:

$$Med_{it} = \theta_0 + \theta_1 DT_{it} + \sum \theta CV_s + \sum Year + \sum Ind + \varepsilon_{it} \quad (4.2)$$

$$ROA_{it}(ROE_{it}) = \phi_0 + \phi_1 Med_{it} + \phi_2 DT_{it} + \sum \phi CV_s + \sum Year + \sum Ind + \varepsilon_{it} \quad (4.3)$$

式中,Med_{it} 为中介变量,即技术创新和运营能力。其余变量设定同式(4.1)。具体的检验步骤如下。首先,如果 β_1 是显著的,则进行后续检验。其次,当 β_1 是显著的时候,θ_1、ϕ_1 和 ϕ_2 分别在三种情况下进行检验。如果 θ_1、ϕ_1 和 ϕ_2 都是显著的,则存在部分中介效应。如果 θ_1 和 ϕ_1 都是显著的,但是 ϕ_2 不显著,可以认为是完全中介效应。如果 θ_1 或 ϕ_1 都不显著,则采用 Sobel 检验法来判断中介效应是否存在。

4.2　变量选取

4.2.1　被解释变量

被解释变量为民营能源企业绩效。本书选取财务指标包括总资产收益率（ROA）和净资产收益率（ROE）来衡量民营能源企业绩效，而未选取市场指标如托宾 Q 值（Tobin's Q）、股票回报率。主要原因在于，市场指标会受到投资者预期和经理人利益操控的影响。财务指标能够更加准确地评价和判断企业经济效益的优劣。同时，ROA 和 ROE 在有关中国上市企业绩效研究文献中被广泛采用。因此，本书选取 ROA（净利润与总资产之比）和 ROE（净利润与净资产之比）作为民营能源企业绩效的衡量指标。

4.2.2　核心解释变量

核心解释变量为数字化转型（DT）。目前针对企业数字化转型的研究主要留滞在理论定性分析上，鲜有针对企业数字化转型的定量分析，尤其缺乏对民营能源企业数字化转型的研究。本书借鉴吴非等、易露霞等的研究，利用文本分析法对民营能源企业年报中有关数字化转型的关键词进行识别和词频计数，得出有关能源企业数字化转型的"文本强度"，并以此为代理变量。

年报中使用的词语及表达方式能够代表民营能源企业发展的重要战略导向，体现出企业关注的经营导向和未来的发展线索。Verhoef 等指出，一个企业的数字化转型包括数字技术应用、商业模式创新和数字化战略三个方面。其中，数字化战略是建立在数字技术应用和商业模式创新基础上的。借鉴 Gal 等的观点，我们将关键词选取重点聚焦在数字技术运用和商业模式创新两个方面，来衡量一个企业的数字化转型水平。

数字化转型词库的构建步骤包括：首先，根据《大数据产业发展规划（2016—2020）》《中国金融科技运行报告（2020）》《能源数字化转型白皮书（2021）》《"十四五"数字经济发展规划》以及相关重要会议，并通过与来自政府、学界和企业专家团队的多轮咨询和讨论，明确了与数字技术应用和商业模式创新相关的47+60个关键词。其次，利用 Python 爬虫功能梳理所有上市民营能源企业的年度报告，并通过 Java PDFBox 库提取所有文本内容，同这些关键词进行搜索、匹配和词频计数，进而分类归集数字技术应用和商业模式创新两个维度的词频，并形成最终的加总词频。由于这类数据存在典型的"右偏性"特征，本书对上市民营能源企业年报中有关数字化转型的关键词的总词频 +1 后做对数化处理，从而得到刻画民营能源企业数字化转型强度的整体指标。

4.2.3 中介变量

本书在机理分析中已经指出，数字化转型不仅仅是数据的数字化，而是通过一系列复杂的数字技术和各种硬件系统来提高产品质量和生产效率。此外，数字化转型能够促进技术创新、提高运营能力，从而提升民营能源企业绩效。因此，本书认为，技术创新（TI）和运营能力（OC）是数字化转型影响民营能源企业绩效的两个重要中介变量。其中，以专利申请总数 +1 并取对数作为民营能源企业技术创新水平的刻画指标；以托宾 Q 值作为民营能源企业运营能力的衡量指标。

4.2.4 控制变量

本书引入一系列可能影响民营能源企业绩效的变量作为控制变量，包括企业规模（CS）、企业营业收入（CI）、企业年龄（CA）、资产负债率（TDR）、总资产周转率（TAT）。其中，CS 利用企业年末总资产取对数来衡量；CI 通过企业年末营业收入取对数来表示；CA 采用企业年龄 +1 并取对数来衡量；TDR 是企业负债总额与资产总额之比；TAT 是企业销售收入与资产总额之比。

4.3 数据来源

基于样本数据的可得性和完整性，本书选择了沪深 A 股上市民营能源企业作为初始研究样本，并将样本考察期设定为 2012—2021 年。在此基础上，本书对该数据做如下基本处理：首先，剔除 ST、*ST 类财务数据存在特殊性的样本；其次，剔除首次公开募股（IPO）当期样本和公开募股的样本，并选取连续五年以上不存在数据缺失的样本；最后，为了克服极端异常值对实证结果的影响，对所有连续型变量进行上下 1% 的缩尾处理。本书中企业层面的数据来源于 Win.d 数据库和 CSMAR 数据库，少数缺失数据通过线性插值的方式补齐。最终，本书选取了 553 家民营能源企业作为研究样本，共 5530 个样本观测值。历年民营能源企业细分行业核心变量的均值见附录 1，附录 2~附录 5 为各区域民营能源企业核心变量值。核心变量的描述性统计如表 4-1 所示。

表 4-1 变量的描述性统计

变量	样品数	平均值	标准差	最小值	最大值
ROA	5530	0.0389	0.0711	−0.5796	0.3606
ROE	5530	0.0636	0.1602	−1.6301	0.9955
DT	5530	2.9127	1.5168	0.0000	6.2558
CS	5530	22.1005	1.2778	19.7947	26.7236
CI	5530	21.3337	1.3399	18.5223	26.0170
CA	5530	2.7128	0.4253	0.6931	3.5843
TDR	5530	0.4384	0.1933	0.0500	0.9593
TAT	5530	0.6094	0.3695	−0.0170	2.5613
TI	5530	4.0069	3.7208	0.0000	24.4600
OC	5530	1.8536	0.9505	0.8198	8.2643

第5章 数字化转型与民营能源企业绩效的空间差异

5.1 民营能源企业数字化转型的空间差异

表 5-1 汇报了 2012—2021 年全国四大区域民营能源企业数字化转型指数。可以看出，全国民营能源企业数字化转型指数整体上呈现逐年增长的趋势，在 2021 年达到了 3.4327，年均增长率为 4.88%，这表明研究期内民营能源企业数字化转型水平在不断提升。区域民营能源企业数字化转型指数存在显著的非均衡特征，东部地区民营能源企业数字化转型指数最高，为 3.0083，其次是西部和中部地区，分别为 2.7949 和 2.6660，东北地区民营能源企业数字化转型指数最低，仅为 2.2340，说明东部地区民营能源企业数字化转型水平较高，且明显高于其他地区。东部作为企业数字化转型发展的重要地区，无论是经济发展方式还是资源配置结构，均有利于当地民营能源企业的数字化转型；中西部地区在基础设施、政府政策、科技创新等方面相对较弱，其民营能源企业数字化转型进程受到一定程度的制约。另外，研究期内，四大地区民营能源企业数字化转型指数均呈现波动上升的趋势，其中，东北地区民营能源企业数字化转型指数年均增长率最高，达到 10.71%，西部地区、中部地区、东部地区民营能源企业数字化转型指数的年均增长率分别为 6.49%、5.79%、4.34%，这表明东北地区民营能源企业数字化转型在样本

期间发展最快,远高于其他地区。

表 5-1 区域民营能源企业数字化转型指数

年份	全国	东部	东北	中部	西部
2012	2.2360	2.3876	1.2694	1.9257	1.9066
2013	2.3332	2.4645	1.4939	1.9690	2.1724
2014	2.3769	2.4899	1.8119	2.0582	2.1898
2015	2.7705	2.8701	2.0828	2.4759	2.6897
2016	2.9464	3.0383	1.9621	2.8079	2.8214
2017	3.1003	3.1862	2.2946	2.9420	2.9813
2018	3.1846	3.2606	2.4210	3.0206	3.1284
2019	3.2962	3.3687	2.6744	3.0661	3.3008
2020	3.4500	3.5178	3.1584	3.1977	3.4010
2021	3.4327	3.4995	3.1718	3.1967	3.3579
均值	2.9127	3.0083	2.2340	2.6660	2.7949

进一步运用 Dagum 基尼系数及其分解方法对民营能源企业数字化转型的空间差异进行分析,将总体差异 G 分解为区域内差异贡献 G_w、区域间差异贡献 G_{nb} 和超变密度贡献 G_t,分别用来反映民营能源企业不同地区内部差异、地区间差异以及各地区交叉重叠对民营能源企业数字化转型的贡献率大小。上述指标都是基于均值做平均处理,因而它们反映的是相对差异状况,如式(5.1)~式(5.4)所示。

$$G = \frac{\sum_{j=1}^{I}\sum_{h=1}^{I}\sum_{i=1}^{n_j}\sum_{r=1}^{n_h}|y_{jr} - y_{hr}|}{2n^2 \bar{y}} \tag{5.1}$$

$$G_w = \sum_{j=1}^{k} G_{jj} p_j s_j \tag{5.2}$$

$$G_{nb} = \sum_{j=2}^{I}\sum_{h=1}^{j-1} G_{jh}(p_j s_h + p_h s_j) D_{jh} \tag{5.3}$$

$$G_t = \sum_{j=2}^{I}\sum_{h=1}^{j-1} G_{jh}(p_j s_h + p_h s_j)(1 - D_{jh}) \tag{5.4}$$

式中,I 为民营能源企业总体划分的地区数量;$n_j(n_h)$ 为 $j(h)$ 地区内的民营能源企业数量；y_{ji}（y_{hr}）为 j（h）地区内任意民营能源企业的数字化转型指数；n 为民营能源企业的数量；$\bar{y}$ 为民营能源企业数字化转型的均值；G_{jj} 为 j 地区的基尼系数，$p_j = n_j/n$，$S_j = n_j \bar{Y}_j / n\bar{Y}$；$G_{jh}$ 为 j 和 h 区域间基尼系数；D_{jh} 为 j、h 地区间民营能源企业数字化转型的相对影响；j（h）为 j 地区内包括 h 地区。

表 5-2 描述了民营能源企业数字化转型的空间差异来源及其贡献率。样本期间，民营能源企业数字化转型总体区域差异的均值为 0.245，整体呈现波动的下降趋势，年均下降率为 2.79%，这反映出，近十年来总体区域差异呈现出明显的递减趋势，意味着民营能源企业数字化转型区域总体协同性不断增强。民营能源企业数字化转型总体区域差异不断缩小，有助于全国民营能源企业数字化转型总目标的顺利实现。从区域内差异、区域间差异和超变密度对总体差异的贡献情况来看，区域内差异贡献是总体差异的主要来源，超变密度贡献显著大于区域间差异贡献。

表 5-2 民营能源企业数字化转型的空间差异来源及其贡献率

年份	总体基尼系数	区域内基尼系数	区域内贡献率/%	区域间基尼系数	区域间贡献率/%	超变密度基尼系数	超变密度贡献率/%
2012	0.281	0.161	57.36	0.052	18.48	0.068	24.16
2013	0.275	0.157	57.19	0.044	16.13	0.073	26.68
2014	0.272	0.153	56.10	0.037	13.42	0.083	30.48
2015	0.251	0.143	56.97	0.029	11.45	0.079	31.58
2016	0.240	0.135	56.21	0.025	10.55	0.080	33.24
2017	0.236	0.132	56.00	0.022	9.40	0.082	34.59
2018	0.236	0.132	56.11	0.020	8.30	0.084	35.60
2019	0.226	0.124	54.88	0.018	8.07	0.084	37.05
2020	0.213	0.117	54.78	0.015	7.25	0.081	37.97
2021	0.218	0.119	54.68	0.015	6.91	0.084	38.41
均值	0.245	0.137	56.03	0.028	11.00	0.080	32.98

根据表 5-3 的区域内差异贡献中可以发现，东北地区占比最大，考察期

内平均贡献率为27.99%，其次是中部、西部、东部地区，平均贡献率分别为25.67%、23.29%、23.05%。可见，东北地区民营能源企业之间数字化转型的差异最大，而东部地区民营能源企业之间数字化转型的差异最小，中部和西部民营能源企业数字化转型的区域内差异处于中等水平。四大地区民营能源企业数字化转型的区域内差异均呈现波动下降的趋势，分别年均下降2.93%、7.03%、2.37%、1.07%。显然，东北地区民营能源企业区域内差异均值最大，但其差异的下降趋势最明显。因此，解决民营能源企业数字化转型非均衡问题的关键在于降低区域内数字化转型差异，尤其是促进东北地区民营能源企业数字化转型的内部协同提升。

表 5-3　民营能源企业数字化转型的区域内基尼系数分解及其贡献率

年份	东部 区域内基尼系数	东部 贡献率/%	东北 区域内基尼系数	东北 贡献率/%	中部 区域内基尼系数	中部 贡献率/%	西部 区域内基尼系数	西部 贡献率/%
2012	0.273	21.84	0.411	32.88	0.305	24.40	0.261	20.88
2013	0.268	22.89	0.367	31.34	0.297	25.36	0.239	20.41
2014	0.262	22.43	0.335	28.68	0.304	26.03	0.267	22.86
2015	0.249	23.97	0.305	29.36	0.260	25.02	0.225	21.66
2016	0.235	23.55	0.285	28.56	0.245	24.55	0.233	23.35
2017	0.231	23.86	0.248	25.62	0.246	25.41	0.243	25.10
2018	0.232	24.81	0.205	21.93	0.256	27.38	0.242	25.88
2019	0.217	22.23	0.280	28.69	0.249	25.51	0.230	23.57
2020	0.204	22.84	0.219	24.52	0.242	27.10	0.228	25.53
2021	0.209	22.55	0.235	25.35	0.246	26.54	0.237	25.57
均值	0.238	23.05	0.289	27.99	0.265	25.67	0.241	23.29

表5-4为民营能源企业数字化转型区域间基尼系数，其中东北和中部地区民营能源企业数字化转型的区域间基尼系数差异最大（0.272），东部和西部地区民营能源企业数字化转型的区域间基尼系数差异最小（0.239），东部—东北、东部—中部、东北—西部、中部—西部的区域间基尼系数均值处于0.24~0.26。另外，不同地区民营能源企业数字化转型的区域间基尼系数差异均出现了波动下降的趋势，其中东北和中部地区民营能源企业数字化转型

的区域间基尼系数差异下降幅度最大，年均下降率为3.13%，其次是东部—东北（3.07%），东部—中部、东部—西部、东北—西部、中部—西部的区域间基尼系数年均下降率处于1.9%~3.0%。综上，东北地区与中部和东部地区民营能源企业数字化转型的区域间基尼系数间差异基本都较大，但是区域间民营能源企业数字化转型协同性在不断增强。

表 5-4 民营能源企业数字化转型的区域间基尼系数

年份	东部—东北	东部—中部	东部—西部	东北—中部	东北—西部	中部—西部
2012	0.278	0.279	0.272	0.325	0.298	0.289
2013	0.274	0.273	0.266	0.316	0.278	0.273
2014	0.267	0.269	0.263	0.314	0.290	0.289
2015	0.253	0.251	0.247	0.274	0.246	0.246
2016	0.239	0.237	0.235	0.258	0.249	0.241
2017	0.232	0.234	0.233	0.248	0.246	0.246
2018	0.231	0.236	0.233	0.249	0.236	0.251
2019	0.221	0.223	0.219	0.258	0.246	0.241
2020	0.205	0.211	0.207	0.238	0.227	0.237
2021	0.210	0.215	0.212	0.244	0.238	0.243
均值	0.241	0.243	0.239	0.272	0.255	0.256

5.2 民营能源企业绩效的空间差异

表5-5和表5-6分别报告了2012—2021年四大区域民营能源企业的总资产收益率和净资产收益率。可以发现，全国民营能源企业总资产收益率和净资产收益率整体呈现波动下降的趋势，在2021年分别降至0.0221和0.0219，年均下降率分别为10.22%和15.59%，这表明研究期内民营能源企业绩效水平出现下降。民营能源企业的总资产收益率和净资产收益率的区域间差异以及变化趋势基本一致。以民营能源企业总资产收益率为例，区域民营能源企业数字化转型指数存在显著的非均衡特征，东北地区民营能源企业

总资产收益率均值最高，为 0.0442，其次是东部和西部地区，分别为 0.0407 和 0.0334，中部地区民营能源企业总资产收益率最低，仅为 0.0321，说明东北地区民营能源企业绩效较高，且明显高于其他地区。另外，研究期内，四大地区民营能源企业总资产收益率均呈现波动下降的趋势，其中，中部地区民营能源企业总资产收益率年均下降率最高，达到 10.91%，西部、东部、东北地区民营能源企业总资产收益率的年均下降率分别为 10.90%、10.10%、8.79%，这表明四大地区民营能源企业绩效在样本期间均出现衰退现象，且中部地区民营能源企业绩效下降最为明显。

表 5-5　区域民营能源企业总资产收益率

年份	全国	东部	东北	中部	西部
2012	0.0583	0.0610	0.0572	0.0492	0.0517
2013	0.0551	0.0585	0.0585	0.0439	0.0441
2014	0.0534	0.0569	0.0554	0.0422	0.0424
2015	0.0437	0.0476	0.0243	0.0341	0.0348
2016	0.0436	0.0455	0.0475	0.0356	0.0393
2017	0.0414	0.0432	0.0530	0.0345	0.0330
2018	0.0225	0.0228	0.0463	0.0168	0.0194
2019	0.0248	0.0244	0.0472	0.0222	0.0236
2020	0.0240	0.0232	0.0271	0.0247	0.0277
2021	0.0221	0.0234	0.0250	0.0174	0.0183
均值	0.0389	0.0407	0.0442	0.0321	0.0334

表 5-6　区域民营能源企业净资产收益率

年份	全国	东部	东北	中部	西部
2012	0.1007	0.1061	0.0897	0.0773	0.0966
2013	0.0943	0.1025	0.1044	0.0640	0.0723
2014	0.0960	0.1027	0.0734	0.0709	0.0899
2015	0.0777	0.0834	0.0686	0.0586	0.0652
2016	0.0752	0.0785	0.0780	0.0595	0.0713
2017	0.0728	0.0762	0.0865	0.0590	0.0620
2018	0.0293	0.0259	0.0860	0.0227	0.0416

续表

年份	全国	东部	东北	中部	西部
2019	0.0380	0.0355	0.0807	0.0333	0.0470
2020	0.0306	0.0262	0.0329	0.0324	0.0589
2021	0.0219	0.0218	0.0136	0.0123	0.0377
均值	0.0636	0.0659	0.0714	0.0490	0.0643

进一步运用 Dagum 基尼系数及其分解方法对民营能源企业总资产收益率的空间差异进行分析。表 5-7 描述了民营能源企业总资产收益率的总体以及东部、东北、中部、西部空间差异来源及其贡献率。样本期间，民营能源企业总资产收益率总体基尼系数均值为 0.428，整体呈现波动上升趋势，年均增长率为 1.44%，这反映出近十年来总体区域差异呈现出明显递增趋势，意味着民营能源企业总资产收益率区域总体协同性不断增强。民营能源企业总资产收益率总体区域差异在不断扩大，将阻碍全国民营能源企业的可持续发展。从区域内差异、区域间差异和超变密度对总体差异的贡献情况来看，区域内差异贡献是总体差异的主要来源，超变密度贡献显著大于区域间差异贡献。

表 5-7 民营能源企业总资产收益率的空间差异来源及其贡献率

年份	总体基尼系数	区域内基尼系数	区域内贡献率/%	区域间基尼系数	区域间贡献率/%	超变密度基尼系数	超变密度贡献率/%
2012	0.392	0.219	55.71	0.035	8.95	0.139	35.34
2013	0.434	0.240	55.31	0.048	11.02	0.146	33.66
2014	0.443	0.251	56.57	0.050	11.29	0.143	32.15
2015	0.443	0.259	58.53	0.068	15.43	0.115	26.04
2016	0.444	0.247	55.60	0.037	8.38	0.160	36.02
2017	0.423	0.243	57.41	0.050	11.77	0.131	30.82
2018	0.429	0.240	56.05	0.077	17.92	0.112	26.03
2019	0.411	0.225	54.81	0.044	10.80	0.141	34.39
2020	0.413	0.225	54.42	0.027	6.60	0.161	38.98
2021	0.446	0.262	58.71	0.049	11.01	0.135	30.28
均值	0.428	0.241	56.31	0.049	11.32	0.138	32.37

根据表 5-8 的区域内差异贡献可以发现，中部地区占比最大，考察期内

平均贡献率为25.96%，其次是东北、西部、东部地区，平均贡献率分别为24.91%、24.76%、24.37%。可见，中部地区民营能源企业之间总资产收益率的差异最大，而东部地区民营能源企业之间总资产收益率的差异最小，东北和西部民营能源企业总资产收益率的区域内差异处于中等水平。四大地区民营能源企业总资产收益率的区域内差异均呈现波动的上升或下降趋势，其中，东部和中部地区民营能源企业总资产收益率的区域内差异分别年均增长2.07%和0.28%，东北和西部地区民营能源企业总资产收益率的区域内差异分别年均下降1.92%和1.86%。显然，中部地区民营能源企业区域内差异均值最大且其差异的上升趋势较明显，西部地区民营能源企业区域内差异均值较小且其差异的下降趋势最明显。因此，解决民营能源企业总资产收益率非均衡问题的关键在于降低区域内总资产收益率差异，尤其是促进中部地区民营能源企业总资产收益率的内部协同提升。

表5-8 民营能源企业总资产收益率的区域内基尼系数分解及其贡献率

年份	东部 区域内基尼系数	东部 贡献率/%	东北 区域内基尼系数	东北 贡献率/%	中部 区域内基尼系数	中部 贡献率/%	西部 区域内基尼系数	西部 贡献率/%
2012	0.375	22.29	0.443	26.34	0.426	25.33	0.438	26.04
2013	0.406	20.76	0.586	29.96	0.483	24.69	0.481	24.59
2014	0.425	22.19	0.561	29.30	0.475	24.80	0.454	23.71
2015	0.431	23.51	0.481	26.24	0.448	24.44	0.473	25.80
2016	0.426	22.95	0.476	25.65	0.473	25.48	0.481	25.92
2017	0.421	26.41	0.330	20.70	0.452	28.36	0.391	24.53
2018	0.429	26.55	0.333	20.61	0.446	27.60	0.408	25.25
2019	0.413	26.36	0.369	23.55	0.419	26.74	0.366	23.36
2020	0.415	26.69	0.335	21.54	0.407	26.17	0.398	25.59
2021	0.451	27.67	0.372	22.82	0.437	26.81	0.370	22.70
均值	0.419	24.37	0.429	24.91	0.447	25.96	0.426	24.76

表5-9为民营能源企业总资产收益率区域间基尼系数，其中东北和中部地区民营能源企业总资产收益率的区域间差异最大（0.450），东部和

东北地区民营能源企业总资产收益率的区域间差异最小（0.421），东部—中部、东部—西部、东北—西部、中部—西部的区域间基尼系数均值处于0.425~0.450。另外，不同地区民营能源企业总资产收益率的区域间差异均出现了波动下降或上升的趋势，其中东部和东北地区民营能源企业总资产收益率的区域间差异下降幅度最大，年均下降率为1.88%，其次是东部—中部（1.83%）、东部—西部（1.73%）；东北和西部地区民营能源企业总资产收益率的区域间差异上升幅度最大，年均增长率为1.37%，其次是东部—西部（0.47%）、东北—中部（0.03%）。综上，东部地区与其他地区民营能源企业总资产收益率间差异基本都较大，但是与其他地区间民营能源企业总资产收益率的协同性在不断增强。

表 5-9　民营能源企业总资产收益率的区域间基尼系数

年份	东部—东北	东部—中部	东部—西部	东北—中部	东北—西部	中部—西部
2012	0.379	0.383	0.384	0.432	0.446	0.433
2013	0.417	0.420	0.417	0.513	0.518	0.483
2014	0.433	0.434	0.430	0.506	0.497	0.467
2015	0.435	0.435	0.438	0.468	0.490	0.460
2016	0.429	0.435	0.435	0.483	0.490	0.477
2017	0.418	0.427	0.420	0.437	0.397	0.429
2018	0.425	0.433	0.429	0.427	0.397	0.433
2019	0.411	0.414	0.411	0.413	0.385	0.401
2020	0.411	0.414	0.416	0.394	0.392	0.409
2021	0.448	0.451	0.448	0.431	0.394	0.415
均值	0.421	0.425	0.423	0.450	0.441	0.441

同样，运用Dagum基尼系数及其分解方法对民营能源企业净资产收益率的空间差异进行分析。表5-10描述了民营能源企业净资产收益率的总体以及东部、东北、中部、西部空间差异来源及其贡献率。样本期间，民营能源企业净资产收益率的总体基尼系数的均值为0.410，整体呈现波动上升趋势，年均增长率为1.64%，这反映出近十年来总体区域差异呈现出明显的递增趋势，意味着民营能源企业净资产收益率区域总体协同性不断增强。从区域内

差异、区域间差异和超变密度对总体差异的贡献情况来看，区域内差异贡献是总体差异的主要来源，超变密度贡献显著大于区域间差异贡献。

表 5-10 民营能源企业净资产收益率的空间差异来源及其贡献率

年份	总体基尼系数	区域内基尼系数	区域内贡献率/%	区域间基尼系数	区域间贡献率/%	超变密度基尼系数	超变密度贡献率/%
2012	0.392	0.224	57.15	0.043	10.88	0.125	31.97
2013	0.427	0.246	57.58	0.069	16.09	0.113	26.33
2014	0.433	0.251	57.95	0.054	12.38	0.128	29.66
2015	0.424	0.249	58.82	0.056	13.14	0.119	28.04
2016	0.421	0.242	57.37	0.035	8.42	0.144	34.21
2017	0.409	0.242	59.18	0.045	11.01	0.122	29.81
2018	0.395	0.201	50.95	0.130	32.91	0.064	16.14
2019	0.369	0.198	53.71	0.074	20.03	0.097	26.26
2020	0.376	0.188	50.13	0.121	32.14	0.067	17.73
2021	0.454	0.259	57.14	0.127	28.05	0.067	14.81
均值	0.410	0.230	56.00	0.075	18.50	0.105	25.50

根据表5-11的区域内差异贡献可以发现，东部地区占比最大，考察期内平均贡献率为26.34%，其次是中部、西部、东北地区，平均贡献率分别为25.23%、25.02%、23.41%。可见，东北地区民营能源企业之间净资产收益率的差异最大，而东部地区民营能源企业之间净资产收益率的差异最小，东北和西部民营能源企业净资产收益率的区域内差异处于中等水平。四大地区民营能源企业净资产收益率的区域内差异均呈现波动上升或下降趋势，其中，东部和中部地区民营能源企业净资产收益率的区域内差异分别年均增长2.32%和1.35%，东北和西部地区民营能源企业净资产收益率的区域内差异分别年均下降3.03%和3.33%。显然，中部地区民营能源企业区域内差异均值最大且其差异的上升趋势较明显，西部地区民营能源企业区域内差异均值较小且其差异的下降趋势最明显。因此，解决民营能源企业净资产收益率非均衡问题的关键在于降低区域内净资产收益率差异，尤其是促进东部地区民

营能源企业净资产收益率的内部协同提升。

表 5-11 民营能源企业净资产收益率的区域内基尼系数分解及其贡献率

年份	东部 区域内基尼系数	东部 贡献率/%	东北 区域内基尼系数	东北 贡献率/%	中部 区域内基尼系数	中部 贡献率/%	西部 区域内基尼系数	西部 贡献率/%
2012	0.384	23.91	0.402	25.03	0.389	24.22	0.431	26.84
2013	0.411	22.30	0.527	28.59	0.441	23.93	0.464	25.18
2014	0.426	23.77	0.511	28.52	0.432	24.11	0.423	23.60
2015	0.422	25.72	0.392	23.89	0.414	25.23	0.413	25.17
2016	0.420	25.38	0.425	25.68	0.396	23.93	0.414	25.02
2017	0.421	29.42	0.255	17.82	0.386	26.97	0.369	25.79
2018	0.404	28.35	0.269	18.88	0.374	26.25	0.378	26.53
2019	0.380	28.19	0.287	21.29	0.343	25.45	0.338	25.07
2020	0.385	27.84	0.292	21.11	0.336	24.30	0.370	26.75
2021	0.472	30.77	0.305	19.88	0.439	28.62	0.318	20.73
均值	0.413	26.34	0.367	23.41	0.395	25.23	0.392	25.02

表 5-12 为民营能源企业净资产收益率区域间基尼系数，其中东北和中部地区民营能源企业净资产收益率的区域间差异最大（0.451），东部和东北地区民营能源企业净资产收益率的区域间差异最小（0.421），东部—中部、东部—西部、东北—西部、中部—西部的区域间基尼系数均值处于0.423~0.441。另外，不同地区民营能源企业净资产收益率的区域间差异均出现了波动下降或上升的趋势，其中东部和东北地区民营能源企业总资产收益率的区域间差异下降幅度最大，年均下降率为1.88%，其次是东部—中部（1.83%）、东部—西部（1.75%）；东北和西部民营能源企业总资产收益率的区域间差异上升幅度最大，年均增长率为1.37%，其次是中部—西部（0.47%）、东北—中部（0.05%）。综上所述，东北地区与其他地区民营能源企业净资产收益率间差异基本都较大，东部与其他地区间民营能源企业净资产收益率的协同性在不断增强。

表 5-12　民营能源企业净资产收益率的区域间基尼系数

年份	东部—东北	东部—中部	东部—西部	东北—中部	东北—西部	中部—西部
2012	0.379	0.383	0.384	0.433	0.446	0.433
2013	0.417	0.420	0.417	0.513	0.518	0.483
2014	0.433	0.434	0.430	0.506	0.497	0.467
2015	0.435	0.435	0.438	0.468	0.490	0.460
2016	0.429	0.435	0.435	0.483	0.490	0.477
2017	0.418	0.427	0.420	0.437	0.397	0.429
2018	0.425	0.433	0.429	0.427	0.397	0.433
2019	0.411	0.414	0.411	0.413	0.385	0.401
2020	0.411	0.414	0.416	0.394	0.392	0.409
2021	0.448	0.451	0.449	0.431	0.394	0.415
均值	0.421	0.425	0.423	0.451	0.441	0.441

综上，结合民营能源企业总资产收益率和净资产收益率空间差异的分析发现，近十年来民营能源企业绩效总体区域差异呈现明显递增趋势，表明民营能源企业绩效区域总体协同性不断增强。从区域内差异、区域间差异和超变密度对总体差异的贡献情况来看，区域内差异贡献是总体差异的主要来源，超变密度贡献显著大于区域间差异贡献。因此，解决民营能源企业绩效非均衡问题的关键在于降低区域内绩效差异，尤其是促进东部和中部地区民营能源企业绩效的内部协同提升。此外，中部与东北地区民营能源企业绩效间差异最大，且东部与其他地区间民营能源企业绩效的协同性在不断增强。

第6章　数字化转型与民营能源企业绩效的演进趋势

为了进一步探究民营能源企业数字化转型及绩效的动态演进特征，利用 Kernel 密度估计和 Markov 链分析方法就其动态演进特征和长期转移趋势进行分析。其中，Kernel 密度估计能够通过连续的密度曲线对随机变量的分布位置、分布形态、极化趋势和延展性等信息进行分析，从而估计随机变量的概率密度。在本书中，分布位置体现出民营能源企业数字化转型及绩效水平的高低，波峰数量是衡量极化趋势的指标。本书采用常用的高斯核函数对民营能源企业数字化转型及绩效进行估计；Markov 链模型是通过构建 Markov 转移矩阵来反映民营能源企业数字化转型及绩效的长期转移趋势。Markov 转移概率矩阵作为一个随机过程，其当期以后的转移行为与当期以前的历史状态无关，即随机变量处于 $t+1$ 时的状态概率仅取决于上一时期的状态。若将民营能源企业数字化转型及绩效划分为 N 种状态，即能够得到 $N \times N$ 的状态转移概率矩阵，且由民营能源企业数字化转型及绩效的向上、向下和不变的变化来确定转移方向。

6.1 数字化转型与民营能源企业绩效的动态演进特征

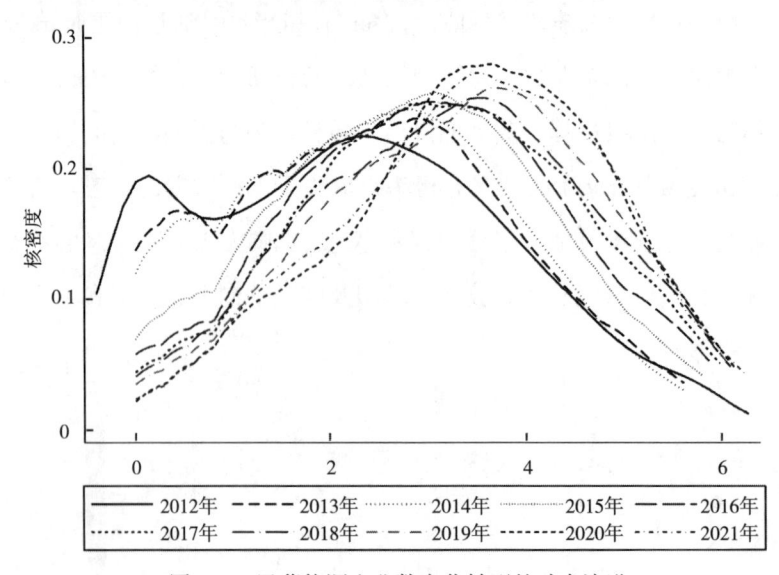

6.1.1 民营能源企业数字化转型的动态演进特征

根据图 6-1 可知,民营能源企业数字化转型的主峰中心位置整体上向右移动,总体民营能源企业数字化转型水平呈现增长的趋势。在样本考察期间,总体曲线经历了"双峰—多峰—单峰"的演变趋势,说明民营能源企业数字化转型由两极分化转变为多极分化,最后分化现象不存在,这说明民营能源企业数字化转型协同化程度不断提高。其中,2013—2015 年,民营能源企业数字化转型的 Kernel 密度曲线出现多峰现象,说明民营能源企业数字化转型水平具有一定的梯度效应,但是侧峰峰值较低,说明这一阶段民营能源企业数字化转型的多极分化现象非常微弱。

图 6-1 民营能源企业数字化转型的动态演进

6.1.2 民营能源企业绩效的动态演进特征

根据图 6-2 可知，民营能源企业总资产收益率的主峰中心位置整体上向左移动，总体民营能源企业总资产收益率呈现出下降的趋势。在样本考察期间，总体曲线以单峰为主，且单峰峰值不断提高，说明民营能源企业总资产收益率的协同化程度较高，不存在两极分化现象。其中，多数年份出现侧峰，但是侧峰值均较低，说明民营能源企业总资产收益率的多极化现象非常微弱。同时，根据图 6-3 可知，民营能源企业净资产收益率的主峰中心位置整体上向左移动，说明总体民营能源企业净资产收益率呈现出下降的趋势。在样本考察期间，总体曲线以单峰为主，且单峰峰值不断提高，说明民营能源企业净资产收益率的协同化程度较高，不存在两极分化现象。其中，多数年份出现侧峰，但是侧峰值均较低，说明民营能源企业净资产收益率的多极化现象非常微弱。综上，民营能源企业绩效整体上呈现下降趋势，但是协同化程度不断提高，不存在两极分化现象。

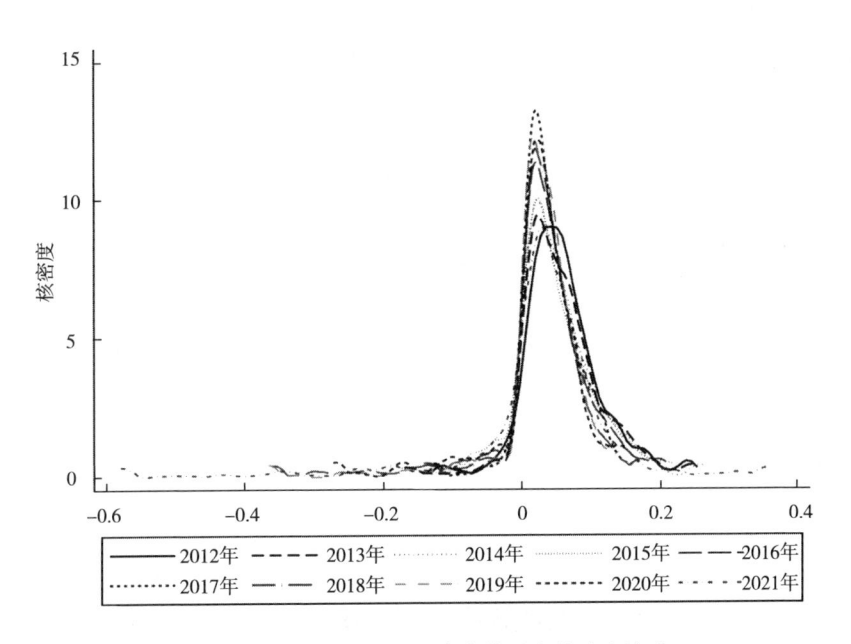

图 6-2 民营能源企业总资产收益率的动态演进

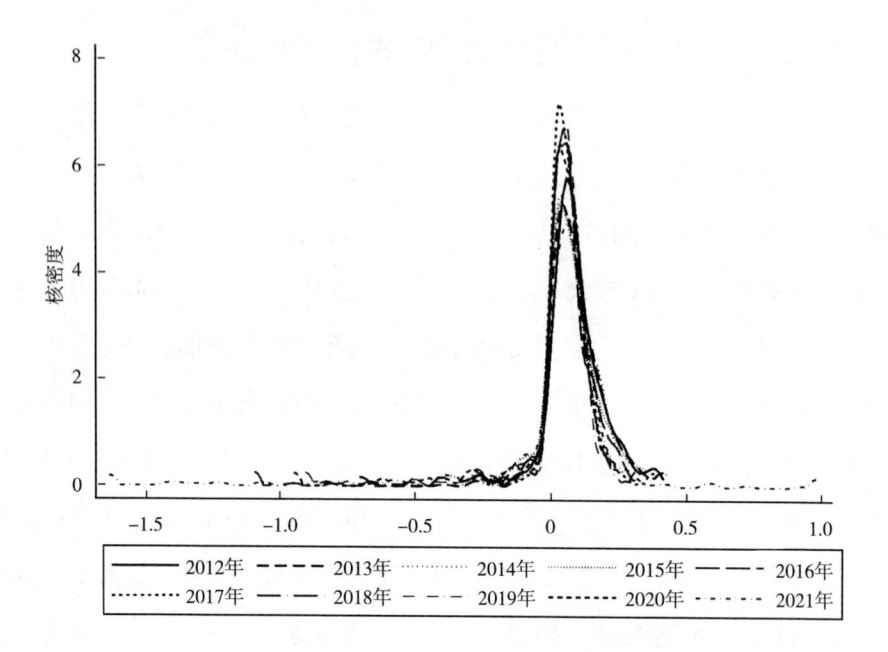

图 6-3 民营能源企业净资产收益率的动态演进

6.2 数字化转型与民营能源企业绩效的长期转移趋势

Kernal 密度估计刻画了民营能源企业数字化转型及绩效的动态演进特征，但是未能揭示民营能源企业数字化转型及绩效的长期转移趋势，接下来利用 Markov 链对这一问题进行分析。其中，各地区 4×4 矩阵对角线上的元素民营能源企业数字化转型及绩效水平未发生类型转移的概率，反映了该地区民营能源企业数字化转型及绩效水平的稳定性（即平稳概率），而非对角线上的元素反映了各地区民营能源企业数字化转型及绩效水平类型发生转移的概率（即"向上转移"或"向下转移"）。

6.2.1 民营能源企业数字化转型的长期转移趋势

根据表 6-1 可知，研究期内，民营能源企业总体及四大地区主对角线上的转移概率均大于非对角线的转移概率，说明民营能源企业数字化转型处于各个水平的概率相对稳定。这表明民营能源企业数字化转型存在显著的"俱乐部趋同"现象。此外，民营能源企业总体及四大地区处于低水平和高水平的数字化转型的平稳概率均超过 50.00%，说明处于低水平和高水平的民营能源企业数字化转型发生类型转移的可能性较小，即总体上具有维持原状态的稳定性。

表 6-1 民营能源企业数字化转型的 Markov 链概率转移矩阵（%）

地区	t/t+1	低	中低	中高	高
总体	低	61.98	23.00	9.27	5.75
	中低	15.63	52.27	26.70	5.40
	中高	1.99	16.89	61.34	19.78
	高	0.35	0.98	9.25	89.41
东部地区	低	62.96	23.70	8.40	4.94
	中低	13.64	55.11	26.52	4.73
	中高	1.59	17.16	61.76	19.49
	高	0.37	0.86	9.15	89.62
东北地区	低	50.00	23.68	18.42	7.89
	中低	30.77	42.31	15.38	11.54
	中高	0	15.15	60.61	24.24
	高	3.61	2.41	4.82	89.16
中部地区	低	60.67	29.21	6.74	3.37
	中低	18.18	57.02	19.83	4.96
	中高	3.03	14.39	61.36	21.21
	高	0.31	0.93	7.72	91.05
西部地区	低	59.38	25.00	10.94	4.69
	中低	17.81	49.32	23.29	9.59
	中高	2.65	16.81	62.83	17.70
	高	0	1.14	10.27	88.59

民营能源企业总体及四大地区民营能源企业数字化转型均存在一定程度的"马太效应"。就总体而言，民营能源企业数字化转型向上转移概率

均大于向下转移概率，说明民营能源企业数字化转型不断提升的可能性较大。同时，当民营能源企业数字化转型处于高水平时，一年后仍处于高水平的概率为89.41%，且向低、中低、中高水平转移的概率分别为0.35%、0.98%、9.25%；当民营能源企业数字化转型处于低水平时，一年后仍处于低水平的概率为61.98%，且向中低、中高、高水平转移的概率分别为15.63%、1.99%、0.35%。这说明在正常情况下低水平民营能源企业容易陷入"数字化转型低水平陷阱"，低水平要实现向中低、中高、高水平转移较为困难，而高水平民营能源企业容易形成"数字化转型高水平垄断"，高水平实现向低、中低、中高水平转移的可能性也较小。这也是民营能源企业数字化转型呈现空间非均衡状态的重要原因。四大地区与总体情况相似，都表现出"低水平陷阱"和"高水平垄断"趋势，这与"马太效应"所反映的"强者愈强，弱者愈弱"现象恰好一致。

无论是民营能源企业总体还是各地区，都存在跨越式转移现象，但是转移概率均较小。就总体而言，民营能源企业数字化转型发生跨越式转移的最大概率仅为9.27%。具体到各地区来看，东北地区发生跨越式转移的概率最高为18.42%，东部、中部、西部地区发生跨越式转移的概率均小于8.40%。虽然东北地区低水平向高水平转移的概率为7.89%，但其高水平向低水平转移的概率也达到了3.61%，这表明东北地区高水平民营能源企业存在数字化转型倒退的可能，同时低水平民营能源企业具有自身跨越提升的潜力。

6.2.2 民营能源企业绩效的长期转移趋势

由表6-2可知，研究期内，民营能源企业总体及四大地区主对角线上的转移概率均大于非对角线的转移概率，说明民营能源企业总资产收益率处于各个水平的概率相对稳定。这表明民营能源企业总资产收益率存在显著的"俱乐部趋同"现象。此外，民营能源企业总体处于低水平和高水平的总资产收益率的平稳概率均高于60.63%，说明处于低水平和高水平的民营能源企业总资产收益率发生类型转移的可能性较小,即总体上具有维持原状态的稳定性。

表 6-2　民营能源企业总资产收益率的 Markov 链概率转移矩阵(%)

地区	t/t+1	低	中低	中高	高
总体	低	66.03	17.41	5.86	10.69
	中低	30.28	34.40	17.80	17.53
	中高	11.67	19.85	32.73	35.76
	高	4.53	4.33	7.32	83.82
东部地区	低	65.98	17.61	6.51	9.89
	中低	32.04	33.33	17.41	17.22
	中高	13.07	19.71	30.29	36.93
	高	4.13	4.24	7.41	84.21
东北地区	低	64.58	20.83	6.25	8.33
	中低	25.00	34.38	21.88	18.75
	中高	16.00	24.00	28.00	32.00
	高	8.00	2.67	5.33	84.00
中部地区	低	60.63	17.50	6.25	15.63
	中低	32.14	37.50	13.39	16.96
	中高	19.72	18.31	25.35	36.62
	高	3.41	7.12	6.81	82.66
西部地区	低	62.28	16.67	7.02	14.04
	中低	20.78	41.56	15.58	22.08
	中高	6.94	18.06	30.56	44.44
	高	6.80	3.20	11.20	78.80

民营能源企业总体及四大地区民营能源企业总资产收益率均存在一定程度的"马太效应"。就总体而言,民营能源企业总资产收益率向上转移概率均大于向下转移概率,说明民营能源企业总资产收益率不断提升的可能性较大。同时,当民营能源企业总资产收益率处于高水平时,一年后仍处于高水平的概率为 83.82%,且向低、中低、中高水平转移的概率分别为 4.53%、4.33%、7.32%;当民营能源企业总资产收益率处于低水平时,一年

后仍处于低水平的概率为66.03%，且向中低、中高、高水平转移的概率分别为17.41%、5.86%、10.69%。这说明在正常情况下低水平民营能源企业容易陷入"总资产收益率低水平陷阱"，低水平要实现向中低、中高、高水平转移较为困难，而高水平民营能源企业容易形成"总资产收益率高水平垄断"，高水平实现向低、中低、中高水平转移的可能性也较小。这也是民营能源企业总资产收益率呈现空间非均衡状态的重要原因。四大地区与总体情况相似，都表现出"低水平陷阱"和"高水平垄断"趋势，这与"马太效应"所反映的"强者愈强，弱者愈弱"现象恰好一致。

无论是民营能源企业总体还是各地区，都存在跨越式转移现象，但是转移概率均较小。就总体而言，民营能源企业总资产收益率发生跨越式转移的最大概率仅为17.53%。具体到各地区来看，西部地区发生跨越式转移的概率最高为22.08%，东部、东北、中部地区发生跨越式转移的概率分别为17.22%、18.75%、16.96%。虽然东北地区低水平向高水平转移的概率为8.33%，但其高水平向低水平转移的概率也达到了8.00%，这表明东北地区高水平民营能源企业存在总资产收益率倒退的可能，同时低水平民营能源企业具有自身跨越提升的潜力。

由表6-3可知，研究期内，民营能源企业总体及四大地区主对角线上的转移概率均大于非对角线的转移概率，说明民营能源企业净资产收益率处于各个水平的概率相对稳定。此外，民营能源企业总体及四大地区处于低水平和高水平的净资产收益率的平稳概率均高于56.07%，说明处于低水平和高水平的民营能源企业净资产收益率发生类型转移的可能性较小。

民营能源企业总体及四大地区民营能源企业净资产收益率均存在一定程度的"马太效应"。就总体而言，民营能源企业净资产收益率向上转移概率均大于向下转移概率，说明民营能源企业净资产收益率不断提升的可能性较大。同时，当民营能源企业净资产收益率处于高水平时，一年后仍处于高水平的概率为85.69%，且向低、中低、中高水平转移的概率分别为

第 6 章 数字化转型与民营能源企业绩效的演进趋势

4.65%、3.24%、6.41%；当民营能源企业净资产收益率处于低水平时，一年后仍处于低水平的概率为 62.67%，且向中低、中高、高水平转移的概率分别为 15.18%、6.48%、15.67%。这说明在正常情况下低水平民营能源企业容易陷入"净资产收益率低水平陷阱"，低水平要实现向中低、中高、高水平转移较为困难，而高水平民营能源企业容易形成"净资产收益率高水平垄断"，高水平实现向低、中低、中高水平转移的可能性也较小。四大地区与总体情况相似，都表现出"低水平陷阱"和"高水平垄断"趋势。

无论是民营能源企业总体还是各地区，都存在跨越式转移现象，但是转移概率均较小。就总体而言，民营能源企业净资产收益率发生跨越式转移的最大概率仅为 19.18%。具体到各地区来看，东北地区发生跨越式转移的概率最高为 34.62%，东部、中部、西部地区发生跨越式转移的概率分别为 18.96%、24.64%、21.43%。此外，总体及各地区低水平向高水平转移概率均明显高于高水平向低水平转移概率，说明低水平民营能源企业具有自身跨越提升的潜力，而高水平民营能源企业出现净资产收益率倒退的可能性较小。

表 6-3　民营能源企业净资产收益率的 Markov 链概率转移矩阵（%）

地区	t/t+1	低	中低	中高	高
总体	低	62.67	15.18	6.48	15.67
	中低	29.76	31.72	19.34	19.18
	中高	13.18	18.94	29.70	38.18
	高	4.65	3.24	6.41	85.69
东部地区	低	64.21	14.47	5.92	15.39
	中低	27.35	35.53	18.16	18.96
	中高	13.68	18.39	29.15	38.79
	高	4.81	3.19	5.76	86.24
东北地区	低	66.67	10.26	10.26	12.82
	中低	15.38	34.62	15.38	34.62
	中高	27.27	27.27	18.18	27.27
	高	4.30	4.30	7.53	83.87

续表

地区	t/t+1	低	中低	中高	高
中部地区	低	58.82	11.76	7.35	22.06
	中低	31.88	20.29	23.19	24.64
	中高	16.46	18.99	13.92	50.63
	高	5.50	4.19	8.12	82.20
西部地区	低	56.07	18.69	9.35	15.89
	中低	32.86	30.00	15.71	21.43
	中高	12.00	14.67	32.00	41.33
	高	4.60	4.21	9.96	81.23

综上，民营能源企业绩效处于低、中低、中高、高水平的概率都相对较高，说明总体上民营能源企业绩效处于各个水平都相对稳定。尤其是处于低水平和高水平的民营能源企业，其总资产收益率发生类型转移的可能性均较小，具有较高的维持原状态的稳定性，这也说明在正常情况下低水平民营能源企业容易陷入"绩效低水平陷阱"，高水平民营能源企业容易形成"绩效高水平垄断"。四大地区与总体情况相似，都表现出"低水平陷阱"和"高水平垄断"趋势。

民营能源企业总体及四大地区民营能源企业总资产收益率均存在一定程度的"马太效应"。就总体而言，民营能源企业总资产收益率向上转移概率均大于向下转移概率，说明民营能源企业总资产收益率不断提升的可能性较大。无论是民营能源企业总体还是各地区，都存在跨越式转移现象，但是转移概率普遍较小。具体到各地区来看，四大地区高水平民营能源企业存在绩效倒退的可能，同时低水平民营能源企业具有自身跨越提升的潜力。

第7章 实证结果及经济解释

7.1 基准回归

表7-1给出了"数字化转型—民营能源企业绩效"关系的核心检验结果。在模型M(1)和M(3)中,当只控制行业和时间固定效应时,数字化转型的回归系数均为正,并且在1%的水平上通过显著性检验,表明数字化转型对民营能源企业绩效有显著的促进作用。从模型M(2)和M(4)的研究结果来看,当包含所有控制变量时,数字化转型仍然显著提升民营能源企业绩效。如在模型M(2)中,数字化转型的影响系数为0.0030,表明数字化转型每增加一个百分点,民营能源企业的总资产收益率就会增加0.0030个百分点。因此,无论是否包括控制变量,研究结果都表明,随着数字化转型进程的加快,民营能源企业绩效得到明显提高,两者之间的正相关关系得到经验证据上的支持。这也验证了前文的核心假设H1。

表7-1 数字化转型与民营能源企业绩效

变量	M(1) ROA	M(2) ROA	M(3) ROE	M(4) ROE
DT	0.0054*** (4.91)	0.0030*** (2.86)	0.0130*** (4.83)	0.0072*** (2.76)
CS	—	0.0147*** (3.78)	—	0.0100*** (1.02)
CI	—	0.0141*** (3.73)	—	0.0599*** (6.31)

续表

变量	M(1) ROA	M(2) ROA	M(3) ROE	M(4) ROE
CA	—	−0.0217*** (−2.65)	—	−0.0757*** (−3.68)
TDR	—	−0.1866*** (−24.87)	—	−0.3644*** (−19.34)
TAT	—	0.0838*** (14.26)	—	0.1175*** (7.96)
_cons	0.4618*** (13.32)	−0.4916*** (−10.23)	0.0717*** (8.53)	−1.1376*** (−9.43)
Year	YES	YES	YES	YES
Ind	YES	YES	YES	YES
N	5530	5530	5530	5530
R^2	0.0643	0.2349	0.0511	0.1675

注 ***、**和*分别表示1%、5%和10%水平的统计显著性；括号中为相应的t统计量，后同。

控制变量如果是显著的，则表现出预期的结果。具体来看，企业规模、企业营业收入、总资产周转率对总资产收益率（ROA）和净资产收益率（ROE）的回归系数均显著为正，说明规模大、收入高、营运能力强的民营能源企业可以获得较高的企业绩效。这主要是由于，规模大的民营能源企业拥有标准化的生产和管理系统，即使是在复杂的竞争环境中也能够有效推动企业生产效率提升；盈利能力强的民营能源企业能够广泛吸收和利用社会投资，满足企业资金需求，促进企业绩效增长；总资产周转率较高的民营能源企业，其销售能力越强、资产投资的效益越高，这有助于企业规避市场风险，提高企业经济效益。企业年龄和资产负债率的影响系数均显著为负，表明企业年龄和资产负债率会阻碍民营能源企业绩效的增长。可能的原因是，创立时间较久的民营能源企业在管理、投资、战略等方面面临发展阻碍，难以实现可持续发展，且民营能源企业资产负债率高，财务风险也相对较高，资金链容易断裂，导致企业破产等问题，从而对企业绩效增长产生负面影响。

7.2 稳健性检验

7.2.1 剔除特殊样本

重大不利金融事件的冲击可能阻碍民营能源企业的数字化转型进程，企业绩效增长也可能面临停滞。如果忽视这类因素对企业绩效的影响，将产生一定的内生性干扰。样本期间出现了一个相对重要的金融冲击：中国股市震荡（2015年）。但是，现有研究难以利用变量构建的方式来吸收这类因素的影响。因此，本书借鉴唐松等的研究，剔除这类金融危机因素，即剔除股市震荡的影响，保留2012—2014年和2016—2021年的样本进行回归检验。

表7-2的模型M（1）和M（2）的回归结果显示，剔除中国股市震荡的影响后，数字化转型的回归系数均显著为正，再次表明数字化转型显著促进能源企业绩效的提升。从模型M（3）和M（4）的回归结果可以推断，剔除中国股市震荡和新冠肺炎疫情的影响后，数字化转型对民营能源企业绩效仍然产生显著的正向影响。综上，剔除特殊样本不会改变数字化转型与民营能源企业绩效之间的正相关关系，这也从侧面为本书的核心研究结论提供了佐证。

表7-2 剔除特殊样本

变量	M（1）ROA	M（2）ROE	M（3）ROA	M（4）ROE
DT	0.0028** （2.51）	0.0080*** （2.80）	0.0021** （2.07）	0.0065** （2.64）
CS	0.0152*** （3.61）	0.0087 （0.82）	0.0163*** （3.99）	0.0283*** （2.92）

续表

变量	M（1） ROA	M（2） ROE	M（3） ROA	M（4） ROE
CI	0.0145*** （3.56）	0.0624*** （6.09）	0.0079* （1.94）	0.0150 （1.54）
CA	−0.0211*** （−2.48）	−0.0738*** （−3.45）	−0.0245*** （−3.04）	−0.0689*** （−3.59）
TDR	−0.1915*** （−23.50）	−0.3860*** （−18.82）	−0.1501*** （−19.32）	−0.2264*** （−12.26）
TAT	0.0799*** （12.53）	0.1148*** （7.15）	0.0837*** （14.13）	0.1384*** （9.81）
_cons	−0.5064*** （−9.91）	−1.1585*** （−9.00）	−0.4009*** （−8.02）	−0.6778*** （−5.69）
Year	YES	YES	YES	YES
Ind	YES	YES	YES	YES
N	4977	4977	3871	3871
R^2	0.2308	0.1702	0.2661	0.1689

7.2.2 延长观测窗口

在表7-3的研究中，延长了数字化转型影响民营能源企业绩效的时间观测窗口。在模型M（1）和M（2）中，对被解释变量ROA和ROE均进行前置1期处理。结果显示，对民营能源企业ROA和ROE进行前置处理后，数字化转型对民营能源企业绩效均表现出显著的正向促进作用，且这种促进作用随着时间窗口的延长而不断增强。综上，数字化转型能够在较长的一个时间序列内对民营能源企业绩效产生具有叠加特征的正向效应，进而在更大程度上促进民营能源企业的绩效增长，这也为基准回归结果的稳健性提供了更多证据。

表7-3 延长观测窗口

变量	M（1） F1.ROA	M（2） F1.ROE
DT	0.0035*** （2.74）	0.0082*** （2.65）
CS	−0.0032 （−0.67）	−0.0236** （−1.97）

续表

变量	M（1） F1.ROA	M（2） F1.ROE
CI	−0.0023 （−0.47）	0.0215* （1.81）
CA	−0.0344*** （−3.40）	−0.1048*** （−4.22）
TDR	−0.0431*** （−4.65）	−0.0870*** （−3.82）
TAT	0.0487*** （6.74）	0.0567*** （3.19）
_cons	0.2308*** （3.83）	0.3794*** （2.56）
Year	YES	YES
Ind	YES	YES
N	4977	4977
R^2	0.0772	0.0579

7.2.3 替换被解释变量

基准模型采用总资产收益率（ROA）和净资产收益率（ROE）来衡量民营能源企业的绩效。与本书不同的是，易露霞等利用剔除金融收益的资产收益率来衡量企业绩效。具体来看，企业绩效＝（营业利润－投资收益－公允价值变动收益＋对联营企业和合营企业的投资收益）/总资产。因此，本书采用这种变量作为民营能源企业绩效的代理变量进行稳健性检验。表7-4的估计结果显示，虽然民营能源企业绩效这一变量发生变更，但是数字化转型对民营能源企业绩效的促进作用始终保持稳定的作用效果，"数字化转型有助于提升民营能源企业绩效"这一核心结论并未发生改变。

表7-4 替换被解释变量

变量	M（1） MRS	M（2） MRS
DT	0.0032*** （3.08）	0.0013 （1.36）
CS		0.0019 （0.51）

续表

变量	M（1） MRS	M（2） MRS
CI		0.0315*** （8.87）
CA		−0 （−0）
TDR		−0.2013*** （−28.59）
TAT		0.0637*** （11.54）
_cons	0.0385*** （11.57）	−0.6166*** （−13.68）
Year	YES	YES
Ind	YES	YES
N	5530	5530
R^2	0.0273	0.2414

7.2.4 缩尾处理

本部分对所有变量分别进行 5% 和 10% 的双边缩尾处理，即将超出指定范围的数值分别替换成该百分位上的数值，并重新进行回归检验。表 7-5 给出了缩尾处理后数字化转型对民营能源企业影响的回归结果。与基准回归结果对比发现，经缩尾处理后数字化转型的回归系数绝对值随着缩尾处理的百分比增大而出现一定波动，但是数字化转型对民营能源企业绩效的显著性和影响方向并未发生变化。这为本书的核心结论提供了新的证据支持。

表 7-5 缩尾处理

变量	M（1） ROA	M（2） ROE	M（3） ROA	M（4） ROE
DT	0.0031*** （4.48）	0.0057*** （3.73）	0.0034*** （6.71）	0.0064*** （6.48）
CS	0.0124*** （4.59）	0.0229*** （3.84）	0.0096*** （4.99）	0.0157*** （4.23）
CI	0.0069*** （2.65）	0.0249*** （4.36）	0.0011 （0.61）	0.0089** （2.47）

续表

变量	M（1） ROA	M（2） ROE	M（3） ROA	M（4） ROE
CA	−0.0180*** （−2.98）	−0.0478*** （−3.57）	−0.0161*** （−3.46）	−0.0336*** （−3.74）
TDR	−0.1207*** （−23.58）	−0.1621*** （−14.31）	−0.0741*** （−19.44）	−0.0413*** （−5.59）
TAT	0.0951*** （21.26）	0.1686*** （17.03）	0.0880*** （25.95）	0.1539*** （23.44）
_cons	−0.3296*** （−9.76）	−0.8576*** （−11.47）	−0.1689*** （−6.67）	−0.4398*** （−8.98）
Year	YES	YES	YES	YES
Ind	YES	YES	YES	YES
N	5250	5250	4970	4970
R^2	0.3061	0.2529	0.3334	0.3013

7.3 异质性检验

前文基于全样本视角为"数字化转型—民营能源企业绩效"提供了经验证据，且通过多重稳健性检验验证了两者之间的影响效应。但是，这种普适性的检验容易忽视某些关键的异质性信息，可能导致研究结论所引出的政策建议出现钝化。为提高研究精度，将企业在区域、规模、生命周期、行业方面的差异纳入考量，精准刻画在面对同等的数字化转型冲击时，民营能源企业绩效的差异化影响。

7.3.1 区域异质性检验

为了探讨数字化转型对不同地区民营能源企业绩效的异质性影响，本书按照企业所在地将整个样本分为4个子样本：东部地区、东北地区、中部地区和西部地区。在表7-6和表7-7中，模型M（1）的研究结果与基准研究结果一致，这说明数字化转型对东部地区民营能源企业绩效具有显著的正向影响。但是，从模型 M（2）~M（4）的估计结果可以看出，数字化转型对东北地区、中部地区和西部地区的民营能源企业绩效的影响均未通过显著性检验。由于资源禀赋、政策环境、要素流动以及这些因素之间的相互作用，我国各地区间的发展极不均衡。总体上，东部地区较为发达，尤其是在基础设施、科技创新、产业环境等方面。因此，东部地区民营能源企业能够更好地利用数字化转型来提高其绩效。相对而言，中、西部地区虽然拥有各类丰富的能源资源，但是存在基础设施落后、专业技术人才缺乏、技术创新水平低等问题，难以为民营能源企业数字化转型提供基础支撑，且民营能源企业采用数字化转型的意愿普遍较低。

表 7-6 区域异质性检验（ROA）

变量	M（1）ROA	M（2）ROA	M（3）ROA	M（4）ROA
划分依据	东部地区	东北地区	中部地区	西部地区
DT	0.0023* （1.75）	−0.0057 （−1.22）	0.0022 （0.77）	0.0028 （1.02）
CS	0.0169*** （3.40）	−0.0051*** （−4.06）	0.0235** （2.30）	0.0357 （0.64）
CI	0.0079 （1.64）	0.0756*** （6.86）	0.0087 （0.77）	0.0071 （0.64）
CA	−0.0201** （−2.12）	−0.0200*** （−4.00）	−0.0071 （−0.26）	−0.0077 （−0.31）
TDR	−0.1875*** （−20.78）	−0.0526 （−1.09）	−0.1921*** （−9.45）	−0.1976*** （−9.06）
TAT	0.0984*** （12.90）	0.0290* （1.94）	0.1043*** （5.83）	0.0622*** （3.55）
_cons	−0.4162*** （−6.96）	0.1417 （0.63）	−0.6218*** （−5.17）	−0.8299*** （−5.90）
Year	YES	YES	YES	YES
Ind	YES	YES	YES	YES
N	4020	220	740	570
R^2	0.2331	0.4600	0.2457	0.2612

表 7-7　区域异质性检验（ROE）

变量	M（1） ROE	M（2） ROE	M（3） ROE	M（4） ROE
划分依据	东部地区	东北地区	中部地区	西部地区
DT	0.0059* （1.79）	−0.0194* （−1.71）	0.0116 （1.64）	0.0083 （1.40）
CS	0.0059 （0.47）	−0.1168 （−3.58）	0.0722*** （2.85）	0.0427* （1.73）
CI	0.0556*** （4.54）	0.1909*** （7.22）	0.0138 （0.50）	0.0175 （0.73）
CA	−0.0824*** （−3.41）	−0.4349*** （−3.61）	−0.0113 （−0.17）	0.0044 （0.09）
TDR	−0.3680*** （−15.95）	−0.1025 （−0.88）	−0.4594*** （−9.13）	−0.2321*** （−5.00）
TAT	0.1287*** （6.60）	0.0304 （0.85）	0.2413*** （5.45）	0.0915** （2.46）
_cons	−0.9402*** （−6.15）	−0.3310 （−0.61）	−1.7450*** （−2.07）	−1.2083** （−2.52）
Year	YES	YES	YES	YES
Ind	YES	YES	YES	YES
N	4020	220	740	570
R^2	0.1634	0.3986	0.2293	0.1389

7.3.2　规模异质性检验

为了探讨数字化转型对不同规模民营能源企业绩效的异质性影响，本书根据企业总资产将民营能源企业划分为大型企业和小型企业。民营能源企业规模均值为 22.1005，以该值进行划分。表 7-8 的回归结果显示，无论是大型企业和小型企业，数字化转型对民营能源企业绩效的影响均为正，且大型企业数字化转型对民营能源企业绩效的促进作用更大，但是都没有通过显著性检验。这一结论与小型企业在采用数字化转型时更易受到资金和技术障碍的影响有关。大型企业在数字化转型中有足够的资源来建设数字基础设施和提高自主创新能力。此外，大型企业在建立数字管理系统和克服关键技术挑战方面具有明显优势,可以通过整合内部和外部资源,围绕数据、组织和业务流程实现互动创新,提高其核心竞争力,建立持久的竞争优势。因此,与小型企业相比,数字化转型对民营能源企业绩效的推动作用在大型企业中可以得到更有效的发挥。

表 7-8 规模异质性检验

变量	M(1) ROA	M(2) ROE	M(3) ROA	M(4) ROE
划分依据	小规模企业	小规模企业	大规模企业	大规模企业
DT	0.0008 (0.52)	0.0018 (0.49)	0.0015 (0.97)	0.0030 (0.68)
CS	0.0228*** (3.35)	0.0707*** (4.56)	−0.0009 (−0.16)	−0.0207 (−1.21)
CI	0.0199*** (3.19)	0.0306** (2.16)	0.0293*** (5.91)	0.1157*** (7.88)
CA	−0.0303** (−2.49)	−0.0907*** (−15.52)	−0.0018 (−0.15)	−0.0473 (−1.35)
TDR	−0.2100*** (−18.76)	−0.3962*** (−15.52)	−0.2016*** (−16.57)	−0.4299*** (−11.95)
TAT	0.1149*** (12.37)	0.2213*** (10.44)	0.0505*** (6.54)	0.0458** (2.01)
_cons	−0.7487*** (−7.89)	−1.7990 (−8.31)	−0.5116*** (−6.27)	−1.6863*** (−6.99)
Year	YES	YES	YES	YES
Ind	YES	YES	YES	YES
N	3216	3216	2314	2314
R^2	0.2729	0.2117	0.2318	0.1800

7.3.3 生命周期异质性检验

为了探讨数字化转型对不同生命周期民营能源企业绩效的异质性影响,本书按照企业年龄,将民营能源企业分为两类:成长型企业和成熟型企业。民营能源企业年龄均值为2.7128,以该值进行划分。从表7.9的模型M(1)~

M（4）的回归结果中可以发现，成长型民营能源企业数字化转型的回归系数均显著为正，说明数字化转型对成长型民营能源企业绩效有显著促进作用；成熟型民营能源企业数字化转型对总资产收益率的影响不显著，但是对净资产收益率的影响显著为正。相比之下，数字化转型对成长型民营能源企业绩效的显著性和回归系数要高于成熟型民营能源企业绩效。造成这一现象的原因可能是，成长型民营能源企业在面临复杂激烈的市场竞争时，对运用创新技术提高企业绩效有较强的内在需求。虽然处于成长阶段的能源企业经济条件较差，但在数字技术项目上往往会投入一定的资源来保证市场份额和实现跨越式发展。成熟型民营能源企业本身具有满足数字化转型所需的创新技术条件，在融资渠道、盈利方式、技术研发等方面也有明显的优势，可以不断将数字化转型融入组织结构和生产管理中，从而充分发挥数字化转型的效用。但是，成熟期民营能源企业的发展和决策导向不再以数字化转型为导向，推进数字化转型的动力远不如成长型民营能源企业，导致无法满足企业绩效增长的需求。

表 7-9 生命周期异质性检验

变量	M（1）ROA	M（2）ROE	M（3）ROA	M（4）ROE
划分依据	成长型企业	成长型企业	成熟型企业	成熟型企业
DT	0.0036*** （0.52）	0.0084*** （0.49）	0.0027 （1.64）	0.0083** （1.96）
CS	0.0218*** （3.94）	0.0218 （4.56）	0.0058 （−1.01）	−0.0004 （−0.02）
CI	0.0111** （2.09）	0.0533*** （4.12）	0.0239*** （4.29）	0.0708*** （5.01）
CA	0.0171 （1.46）	−0.0057 （−0.20）	0.0237 （0.37）	0.0267 （0.17）
TDR	−0.1613*** （−15.99）	−0.2735*** （−11.09）	−0.2248*** （−18.39）	−0.4784*** （−15.40）
TAT	0.1018*** （12.76）	0.1705*** （8.74）	0.0547*** （6.33）	0.0523** （2.38）

续表

变量	M(1) ROA	M(2) ROE	M(3) ROA	M(4) ROE
划分依据	成长型企业		成熟型企业	
_cons	−0.6805*** (−10.04)	−1.4786*** (−8.92)	−0.5875* (−1.97)	−1.3087*** (−2.69)
Year	YES	YES	YES	YES
Ind	YES	YES	YES	YES
N	2588	2588	2942	2942
R^2	0.3136	0.2396	0.1937	0.1367

7.3.4 行业异质性检验

为了探讨数字化转型对不同能源行业民营能源企业绩效的异质性影响，本书按照能源使用类型，将民营能源企业分为两类：传统能源企业和新能源企业。根据表7.10的回归结果发现，在传统能源企业组别中[模型M(1)~M(2)]，数字化转型的回归系数均为正，其中对民营传统能源企业总资产收益率的影响通过显著性检验，但是对净资产收益率的影响未能通过显著性检验，这表明数字化转型能够显著促进民营传统能源企业总资产收益率的提升。而在新能源企业组别中，数字化转型的回归系数均显著为正，说明数字化转型能够显著提升民营新能源企业的绩效。可以发现，数字化转型对民营传统能源企业和民营新能源企业均有显著的促进作用，且数字化转型对民营新能源企业的促进作用明显高于民营传统能源企业。本书认为，与民营传统能源企业相比，民营新能源企业面临的市场竞争压力更大，为了保证市场份额，这类新能源企业开展创新转型活动的主观意愿更强，且享有国家政策支持，从而不断加快数字化转型落地，以实现较高的企业绩效。而民营传统能源企业较少关注数字技术前沿，缺乏推动数字化转型的主观意愿，难以充分发挥数字化转型的绩效提升作用。

通过上述异质性检验发现，数字化转型对民营能源企业绩效的影响在区域、规模、生命周期和行业维度上均存在异质性。

表 7-10 行业异质性检验

变量	M（1）ROA	M（2）ROE	M（3）ROA	M（4）ROE
划分依据	传统能源企业		新能源企业	
DT	0.0050* （1.75）	0.0094 （1.20）	0.0020* （1.77）	0.0049* （1.79）
CS	−0.0116 （−1.25）	−0.0211 （−0.82）	0.0224*** （5.23）	0.0210** （2.00）
CI	0.0437*** （4.85）	0.0874*** （3.41）	0.0061 （1.46）	0.0509*** （4.99）
CA	−0.0765*** （−2.57）	−0.2116** （−2.54）	−0.0161* （−1.91）	−0.0634*** （−3.06）
TDR	−0.2674*** （−13.99）	−0.5951*** （−11.14）	−0.1780*** （−21.74）	−0.3378*** （−16.82）
TAT	−0.0015 （−0.12）	−0.0621* （−1.81）	0.1121*** （16.55）	0.1785*** （10.74）
_cons	−0.3294*** （−2.55）	−0.4816 （−1.33）	−0.5180*** （−9.93）	−1.2570*** （−9.83）
Year	YES	YES	YES	YES
Ind	YES	YES	YES	YES
N	780	780	4750	4750
R^2	0.3074	0.2113	0.2410	0.1824

7.4 中介效应检验

前述实证分析对数字化转型与民营能源企业绩效之间的核心关系进行了检验，但是尚未对其中的机制黑箱进行探究。在本部分中，上述问题重点对两者之间影响的作用渠道进行识别检验。对此，将中介变量选取设定在两个方向：第一，民营能源企业的数字化转型能够很好地整合自身的资源配置，进而提高对技术创新的重视，并形成良好的创新生态场景，创新水平的提高对企业绩效的提升具有良好的带动作用；第二，民营能源企业在进行一定阶段的数字化转型后，自身生产经营和管理能力将有所提升，能在一定程度上提高自身价值，为促进企业绩效提升提供充足动力。因此，本书选取"技术创新""运营能力"两类渠道进行检验，具体回归结果见表7-11和表7-12。

表7-11 数字化转型影响民营能源企业绩效的机制识别：技术创新

变量	M（1） TI	M（2） ROA	M（3） ROE
DT	−0.1430*** （−3.12）	0.0027** （2.55）	0.0060** （4.22）
TI		−0.0023*** （−7.28）	−0.0022*** （−3.53）
CS	0.7321*** （4.29）	0.0164*** （4.24）	0.0206*** （3.11）
CI	−0.6986*** （−4.21）	0.0125*** （3.31）	−0.0023 （−0.35）
CA	0.2839 （0.79）	−0.0210*** （−2.58）	−0.0275*** （−4.99）
TDR	−0.9763*** （−2.97）	−0.1889*** （−25.28）	−0.1840*** （−14.56）
TAT	−1.5284*** （−5.93）	0.0802*** （13.67）	0.1067*** （10.35）
_cons	2.5203*** （6.57）	−0.4857*** （−10.16）	−0.2614*** （−5.99）
Year	YES	YES	YES
Ind	YES	YES	YES
N	5530	5530	5530
R^2	0.1157	0.2429	0.0983

表7-12 数字化转型影响民营能源企业绩效的机制识别：运营能力

变量	M（1） OC	M（2） ROA	M（3） ROE
DT	−0.0148 （−1.02）	0.0030*** （2.91）	0.0074*** （2.80）

续表

变量	M（1） OC	M（2） ROA	M（3） ROE
OC		0.0033*** （3.18）	0.0073*** （2.81）
CS	−0.4047*** （−7.53）	0.0160*** （4.10）	0.0129 （1.32）
CI	0.2308*** （4.42）	0.0134*** （3.53）	0.0583*** （6.13）
CA	0.2007* （1.77）	−0.0223*** （−2.73）	−0.0772*** （−3.75）
TDR	0.2440** （2.36）	−0.1874*** （−24.98）	−0.3661*** （−19.44）
TAT	−0.3409*** （−4.20）	0.0849*** （14.44）	0.1200*** （8.12）
_cons	5.1246*** （7.73）	−0.5083*** （−10.53）	−1.1748*** （−3.96）
Sobel 检验		−0.9813**	−0.9651**
Year	YES	YES	YES
Ind	YES	YES	YES
N	5530	5530	5530
R^2	0.1879	0.2364	0.1688

在表 7-11 中，基于"数字化转型—技术创新—民营能源企业绩效"的路径进行识别检验。在上述研究中，我们已经证明了数字化转型能够有效提升民营能源企业绩效。在模型 M（1）中，数字化转型对技术创新的回归系数为 −0.1430，且通过 1% 水平的显著性检验，说明数字化转型能够显著抑制民营能源企业技术创新。在模型 M（2）和 M（3）中，技术创新对民营能源企业的 ROA 和 ROE 在 1% 水平下的影响系数分别为 −0.0023 和 −0.0022。同时，数字化转型对民营能源企业绩效的影响均显著为正。这说明技术创新在数字化转型影响民营能源企业绩效中发挥部分中介效应，即民营能源企业的数字化转型会抑制技术创新，从而阻碍企业绩效。显然这使得研究假设 H2a 无法得到验证。加快数字化转型进程，符合国家政策和经济实践对企业的要求，能够帮助企业有效配置创新资源，推动创新模式的重大变革，从而提高

创新效率。而具有较高技术创新水平的民营能源企业，拥有扎实的前沿技术支持，能够更好地促进数字化技术与企业生产经营管理融合，从而促进企业绩效提升。然而，能源企业的数字化转型是一项系统工程，需要更多的专项投入才能实现。目前的民营能源企业无法满足数字化转型的各项需求，从而难以提升企业研发投入及其产出绩效水平。因此，当前民营能源企业数字化转型不能促进技术创新，无法为企业绩效提升提供创新动力。

在表7-12中，转向了"数字化转型—运营能力—民营能源企业绩效"的机制识别检验。在模型M（1）中，数字化转型对技术创新的回归系数为-0.0148，但是没有通过显著性检验，说明数字化转型对民营能源企业技术创新没有产生显著影响。在模型M（2）和M（3）中，技术创新对民营能源企业的ROA和ROE在1%水平下的影响系数分别为0.0033和0.0073。同时，数字化转型对民营能源企业绩效的影响均显著为正。进一步采用Sobel检验法发现，运营能力在数字化转型影响民营能源企业绩效中发挥中介效应，即民营能源企业的数字化转型可以促进运营能力提升，从而提高企业绩效。由此，研究假设H2b得到验证。数字化转型能够在很大程度上提高民营能源企业的资源配置能力和利用效率，降低各经营流程中的管理摩擦，并且基于数字化技术挖掘数据价值，提高系统内部的数据活力，推动民营能源企业发展主营业务并进行跨行业的拓展，这无疑都对企业运营能力提升大有裨益。进一步地，运营能力的不断增长，各类资源的利用效率也随之提升，进而达到提高企业绩效的成效。由此，形成了"数字化转型—（促进）运营能力—（提升）民营能源企业绩效"的正向路径。

第8章　专题研究

　　新型的"实体企业＋数字化"模式会对民营**能源**企业未来的发展态势产生重大影响，并成为我国可持续战略的新动力。在数字经济时代，民营能源行业的首要任务是缩小巨大的数字鸿沟，实现数字化转型。本书基于中国沪深两市 A 股上市民营能源企业 2012—2021 年数据，利用大数据识别技术来刻画民营能源企业数字化转型，检验其对企业绩效的影响，并分析其中存在的非对称效应。在此基础上探讨了技术创新和运营能力在数字化转型影响民营能源企业绩效中的中介效应。主要研究结论如下。

　　第一，民营能源企业数字化转型的总体差异呈缩小趋势，主要来源是区域内差异，东北地区的区域内差异始终最大，且东北与中部区域间差异最大；民营能源企业绩效总体差异呈增长趋势，主要来源是区域内差异，东部与中部的区域间差异最大。此外，民营能源企业数字化转型和绩效的协同化程度均较高，不存在明显的两级或多级分化现象；并且两者发生转移的趋势均不明显，从而导致总体及各地区都存在"俱乐部趋同"和"马太效应"。第二，数字化转型显著提升了民营能源企业绩效，该核心结论在经过剔除特殊样本、延长观测窗口、替换被解释变量、缩尾处理的稳健性检验后依然成立。第三，数字化转型对民营能源企业绩效的影响具有异质性。具体来看，数字化转型对东部地区民营能源企业、成长型民营能源企业以及民营新能源企业绩效的提升效果最为明显。第四，从机制路径来看，数字化转型能够提高民营能源企业的技术创新水平和运营能力，这都有助于提升企业绩效。

基于上述结论，本书提出如下政策建议。

第一，充分发挥政府在民营能源企业数字化转型中的引导作用。数字化转型可能是一个漫长而富有挑战性的过程。尽管数字化转型能够帮助企业提升绩效，但许多企业在开始采用时仍然面临着各种障碍。而政府政策在促进民营能源企业数字化转型方面发挥着至关重要的作用。政府补贴和政策援助为民营能源企业数字化转型提供了良好的政策环境。然而，这些帮助的作用十分有限，可能会导致长期的市场扭曲。因此，关键的一步是建立一个高效的、以市场为导向的投融资体系，拓宽融资渠道，减少资金约束，从而促进民营能源企业的可持续发展。同时，政府部门应支持民营能源企业搭建数字平台，促进业务数字化、业务整合与融合以及商业模式创新，从而大幅降低实施数字化转型战略的成本，以缩短企业学习曲线。

第二，民营能源企业数字化转型的政策制定和实施应注重精细化和差异化。当地政府的产业政策应根据民营能源企业的地理位置、规模、生命周期、行业以及对各种政策的敏感性进行相应调整。例如，政策的财政支持要向中西部地区企业、成熟型企业和传统能源企业倾斜，以实现民营能源企业的健康均衡发展；金融机构应利用数字技术，准确评估不同类型民营能源企业的经营和财务状况，提供多样化的金融服务，增强资源的合理配置，从而提高中西部地区企业、小规模企业、成熟型企业和传统能源企业数字化转型的活力，确保东部地区企业、大规模企业、成长型企业和新能源企业的稳定。此外，民营能源企业要充分把握数字化转型的发展机遇，利用好国家支持性政策，继续推动数字技术与企业技术和组织层面的深度融合，以有效发挥数字化转型的绩效提升作用。

第三，畅通民营能源企业数字化转型的传导机制。技术创新和运营能力在数字化转型影响民营能源企业绩效中发挥着关键作用。一方面，应立足"干中学"方式来引导民营能源企业技术创新与数字化转型需求相互适配，在融合创新过程中最大程度降低企业风险，并建立健全专利知识产权保护体系，推动民营能源企业数字化转型项目以专利的方式进行锁定和保护，引导民营能源企业以科技成果转化的方式，推动数字化转型切实提升企业绩效。另一方面，进一步推动数字技术应用与民营能源企业经营管理相融合。加强数字化硬件设施的配备，完善数字化转型的技术和管理基础，引导数字技术与企业在产品、工艺、组织结构和管理流程等方面的深度融合，从而促进企业运营能力和绩效的提升。此外，民营能源企业要完善信息披露机制，构建跨界共享的数字交流生态圈，从而降低企业内外的信息不对称程度。

这项研究也存在一些局限性：首先，限于数据的可得性，研究样本只包括国内 A 股上市民营能源企业，并未考虑国内未上市民营能源企业以及未在 A 股上市的民营能源企业。下一步研究应考虑纳入更多的民营能源企业来验证上述研究结论。其次，本书采用理论假设与实证检验相结合的策略来探讨数字化转型对民营能源企业绩效的影响机制，以及技术创新和运营能力在该机制中的中介作用。未来的研究可以尝试构建一个理论模型，来解释数字化转型与民营能源企业绩效之间的正相关关系。最后，由于数字化转型定义的模糊性，我们选择的变量可能无法准确衡量企业数字化转型的实际程度。如果能够对数字化转型的程度或者数字化转型的某一特定维度进行量化，将有助于开展企业数字化转型的实证研究。因此，后续研究中应建立一个科学合理的衡量数字化转型的指标。

专题研究一　数字化转型对能源企业全要素生产率的影响

一、引言

推动实体经济转型升级逐步成为决定我国实现经济高质量发展的关键因素，而能源产业作为众多工业产业链的前端，是一切科技活动开展的基础，对于工业经济健康发展发挥支柱作用。改革开放以来，我国能源产业取得了长足进步，产业规模已经居于世界前列，但是仍然面临着自主创新能力不强、生产管理效率不高、产品供给质量较差等问题。从国际上看，能源产业和数字经济的深度融合能不断提高生产效率和产品质量，重塑能源产业的竞争优势，以提升社会智能水平。需要指出的是，当前我国能源企业的数字化水平仍然偏低，根据《能源数字化转型白皮书（2021）》，超过半数的能源企业的数字化仍然处于单点试验和局部推广阶段，将转型深度穿透至制度和业务层面的力度明显不足。因此，在能源短缺成为新常态、能源转型压力升级、产业亟须塑造新竞争力等背景下，以数字化转型为载体驱动能源产业结构变革，是短期内降本增效、提升核心能力，中长期改变商业模式、创造新业态的关键路径。数字化转型正在成为能源企业高质量发展的新引擎之一。

近年来，党中央和国务院高度重视能源企业的数字化转型，党的十九大报告指出，要加快推进能源行业变革，推动大数据、互联网和人工智能与实

数字化转型对民营能源企业绩效的影响机制研究

体经济深度融合。党的十九届五中全会提出，要"发展数字经济，推进数字产业化和产业数字化，促进数字经济与实体经济深度融合，打造具有国际竞争力的数字产业集群"。各地政府已经在政策方面持续更新升级，相继提出加大对能源行业数字化转型的支持力度，有助于改造提升传统产业，这也是构建"以国内大循环为主体，国内、国际双循环相互促进"新发展格局的战略选择和重要支撑。特别是在抵御新冠肺炎疫情对实体经济的冲击中，数字技术、数字经济在不确定性环境中对于能源企业提质增效上发挥着不可替代的重要作用。在此背景下，数字化转型能否成为能源企业高质量发展的新动能？能否提升能源企业全要素生产率？其作用机制是什么？对于上述问题的回答将有利于从微观层面对能源企业数字化转型的实施效果进行准确评估，深刻理解数字化转型对能源企业高质量发展的驱动作用，为相关政策制定提供经验证据。

然而，目前并未有文献确切地将"能源企业数字化转型—全要素生产率"联系起来，两者之间的影响和作用机制只能通过相关研究进行推论。数字化转型与创新绩效关系的研究引起了学界的重视，如刘洋认为，数字化转型作为具有破坏性属性的创新行为，能够从根本上改变产品的基本形态、商业模式，甚至颠覆在位者的竞争格局；Bloom 等研究发现，数字技术可以降低知识和信息的获取成本，促进企业内部资源要素的流动，进而推动企业创新；Vial 构建数字化转型的研究框架，基于案例研究探讨了数字化转型对企业创新活动的正向效应。在数字化驱动下，企业往往通过提高创新能力、吸收能力、适应能力等中介渠道或作用机制，促进自身创新绩效的提升。但是，数字化转型虽然赋予了企业更大的创新活力，也可能存在"数字化悖论"。

Kohtamäki 等发现低水平数字化与高水平服务化之间的相互作用对企业创新绩效产生了显著负面影响。余菲菲等发现，针对数字化的过度投资和对数字技术的盲目应用会阻碍创新绩效的增长。部分学者还探讨了数字化转型对企业绩效的影响机制，认为企业数字化转型能够加快创新转型行为、增强信息处理能力、创造高效生产和组织方式以及提高企业供应链集成程度，进而改善企业经济绩效。但是，数字化转型能够直接促进企业绩效提升的观点也受到一些学者的质疑。

Buttice 等研究发现，数字技术如果出现造假问题会降低企业的经济效益。Shah 等认为，企业数字化转型往往会出现垄断局面，从而削弱其他企业的市场竞争力。戚聿东和蔡呈伟认为，在转型需求和管理组织机构出现匹配滞后的状态下，企业数字化转型会产生大量的衍生管理成本，这明显会降低其对企业绩效的驱动效果。不难发现，基于微观视角的数字化转型研究主要集中在制造业企业，且对企业数字化转型的经济后果判定仍然存在一定分歧；同时，企业存在数字化转型效果与理论最优解的背离，使得数字化转型对能源企业的影响与机制更为复杂，需要后续更加深入的研究。鉴于此，本书拟对"能源企业数字化转型—能源企业全要素生产率"影响的存在性、渠道机制以及非对称效果进行识别检验，为理解中国上市能源企业数字化转型和全要素生产率提供新的证据。

本书可能的边际贡献在于，在研究视角上，在脱实向虚尚未得到有效遏制的大背景下，将能源企业数字化转型和全要素生产率置于同一研究框架中，探讨能源企业数字化转型是否促进全要素生产率提升，从而丰富和深化有关数字化转型的理论研究；在研究数据上，基于沪深两市上市企业年报数据，运用大数据文本识别的方式对能源企业"数字化转型"的关键词进行搜索、配对和加总，为评价能源企业数字化转型强度提供有益借鉴；在研究范式上，构建一个"基准分析—机制分析—异质性检验"的研究框架，并基于其中的渠道进行识别检验，打开了"能源企业数字化转型—全要素生产率"传导机制"黑箱"；在研究拓展上，考虑到能源企业数字化转型可能存在的非对称效果，基于企业属性、生命周期特征和财务行为特征等视角，进一步探究能源企业数字化转型影响全要素生产率的结构差异，为政府精准施策提供了重要参考。

二、理论机制与假说提出

数字经济的核心就是"数字化企业",传统企业创造与获取价值的方式必须利用数字技术完成转型,才可能形成中国经济发展的内核力。企业数字化转型是新时代下微观企业主体遵循发展规律必经的一个重要阶段,实际上是企业生产经营过程与数字科技技术的深度融合,这也是企业生存和发展的必然选择。早期的企业数字化转型侧重于硬件平台和设备的搭建,之后拓展到企业战略、组织结构、业务模型、客户体验乃至经营理念等方面的重构上。与既有的信息技术采纳等概念相比,数字化转型更加持续和全面,具有融合性、跨越性以及强烈的环境依赖性等特征。多数企业将数字化技术应用于提高生产力、降低生产运营成本、提升质量管理能力以及满足定制化需求等方面,孕育了众多新兴业态,促进了平台经济的兴起,并由此成为推动企业全要素生产率提升的重要因素。随着数字化技术在能源企业经营管理中的进一步渗透,能源企业数字化转型的目标和方向逐渐聚焦于降低供需双方的信息不对称,积累更大创新潜能,由此实现技术转型和组织变革的良性循环。具体来看,能源企业数字化转型作用于企业全要素生产率提升,主要通过提高技术创新能力和优化企业内部控制两个层次来实现。

第一,能源企业数字化转型在"投入—产出"层面带来了更强大的技术创新动能,为提升企业全要素生产率提供了重要的技术驱动力。首先,数字化转型是新时代的前沿转型模式,能够为技术创新提供充足的动力源泉和技术需求,有利于在能源企业生产经营中营造良好的创新生态环境,推动能源企业组织架构和技术要素配置向有益于技术创新的形态跃迁。尤其是以云计算、大数据、物联网、人工智能、区块链等新一代信息技术为代表的重要技术方向的广泛运用，实现传统能源企业向智能化升级转型。一方面，当能源企业提出实施智能化改造和数字化转型的主要目标时，在后续时间中能源企业为了实现上述战略目标，往往会加大研发投入。特别是，数字化改变了以企业为主的传统创新模式，通过利用互联网商业模式帮助企业获取市场动向和客户需求等方面的信息，消费者也可以更加广泛地参与产品生产和价值创造的全过程，并且拥有海量数据资源的企业挖掘以用户价值为主导的精准"用户画像"，从而降低客户搜寻商品的时间成本。

为了主动契合这种市场导向，能源企业往往具有更强的动机在研发领域增加投入力度，通过技术创新实现产品差异化，来满足消费者的个性化需求，提高产品核心竞争力。进一步地，当能源企业数字化转型进程不断深入时，能够极大地提高企业对创新资源的利用效率，且与封闭式创新相比，能源企业还利用新一代信息技术，积极搜寻、吸收利用外部知识和成果，形成整合内外部创新资源的开放式创新模式，也大幅提升能源企业的研发效率。数字化转型还能改变组合外界的互动方式，消除不同组织间的边界，促进能源企业整合外部创新资源，其结果是，能源企业对创新资源的高利用率能够带来更多的创新产出成果。这种在创新层面上的"投入—产出"优化，能够在很大程度上影响能源企业的未来发展前景，是影响能源企业全要素生产率的一个重要因素。尤其是在经济高质量发展的背景下，以上变化将有利于能源企业在以后的市场竞争中处于优势地位，资源要素会向这类数字能源企业集聚，全要素生产率水平由此得以提升。

第二，能源企业的数字化转型同样能够有效提升企业价值并且改善财务状况，从而提升全要素生产率水平。一方面，能源企业数字化转型的核心就是通过数据实现对企业生产经营的全面赋能以及生产经营效应的持续提升，利用智能硬件实现互联互通收集数据，软件端根据程序命令对数据进行智能分析，能够大幅提升生产工具的使用效率，降低运行维护成本和库存成本，这不仅可以提升企业生产效率，还可以推动企业的信息化进程，利用云计算、大数据、机器学习区块链等数字技术对研发、生产、销售等环节的信息进行采集和处理，有效提高产业链上下游之间的沟通效率，促进产品全生命周期的精细化管理，实现整个产业链资源的优化配置。数字化信息技术还能够有效处理信息不对称问题，降低企业的信息搜寻成本和产品开发成本，同时，数字技术和互联网商业模式的广泛运用还催生出分享经济的新业态，通过共享技术、设备和服务降低资源利用门槛和生产成本，有效提高生产资料的配置效率。这也进一步加快了传统能源企业向数字能源企业转型，提升企业的创新能力。另一方面，能源企业数字化转型符合新时代数字经济发展的方向和趋势，也是发展我国当前数字经济的新引擎，尤其是暴发的新冠肺炎疫情使得能源企业数字化转型迎来了"机遇期"，这些符合国家政策方针和经济实践导向的能源企业更易获得资本市场的青睐，市场对能源企业的估值也会不断增加，从而加大对能源企业的投资力度，这同样会助推能源企业全要素生产率的提升。特别地，能源企业数字化转型能够通过数字技术显著提高数据处理能力，提高决策制定原理的分析深度，使得经营预测具备更高的精准性，以便在大数据的支持下，实现对宏观市场环境和行业竞争环境的精准分析，有助于能源企业利用有限的财务资源实现资金利用最大化。换言之，能源企业数字化转型进程的不断深入，能够为数字驱动决策的合理制定提供帮助，并确保能源企业的财务管控工作得到有效改善。市场中资本也将流向这些具有良好财务状况的能源企业，从而增加能源企业的生产规模和管理水平，由此提升了全要素生产率水平。基于上述讨论，这里提出了全文的核心研究假设。

H1：在保持其他条件不变的情况下，能源企业的数字化转型将显著提升全要素生产率水平。

三、实证设计与变量分析

（一）计量模型

为了检验能源企业数字化转型对全要素生产率的影响，构建实证研究模型如下：

$$TFP_{it} = \beta_0 + \beta_1 EDT_{it-1} + \sum \beta CVs + \sum Year + \sum Ind + \varepsilon \quad （式1）$$

式中，TFP 为全要素生产率，是被解释变量；EDT 为能源企业数字化转型，是核心解释变量；CVs 为控制变量组；ε 为模型随机误差项。

考虑到能源企业数字化转型影响导致全要素生产率具有一定的时滞性，对 EDT 做滞后一期处理，这样即考虑了实践中变量之间的传递耗时，也在一定程度上避免了反向因果的内生性干扰问题。本书还同时控制了时间（$Year$）和行业（Ind）的虚拟变量，从而更好地吸收固定效应。

（二）数据来源及处理

选择沪深两市 A 股上市能源企业作为初始研究样本，探究能源企业数字化转型对全要素生产率的影响。考虑到 2007 年已经实行新的会计准则，为了确保财务数据口径的一致性，将样本考察期设定为 2010—2021 年。在此基础上，本书对该数据做如下基本处理：首先，剔除 ST、*ST 类财务数据存在特殊性的样本；其次，剔除 IPO 当期样本和公开募股的样本，并选取连续五年以上不存在数据缺失的样本；另外，考虑到极端异常值的影响，对所有连续型变量进行了上下 1% 的缩尾处理。本书中企业层面的数据来源于 Wind、CSMAR 数据库，能源企业数字化转型指标体系通过 Python 软件在企业年报中抓取关键词条来构建。

（三）研究变量及测度

（1）全要素生产率（TFP）

考虑到 OP 方法在估算全要素生产率时要求企业真实投资大于 0，会造成估计中损失较多样本，LP 方法则利用中间投入品作为测算企业全要素生产率的代理变量，通过替换变量的方式可以避免企业样本损失。因此，采用 LP 法对能源企业全要素生产率进行测度。其中，劳动投入用能源企业员工数量衡量，资本投入用能源企业固定资产净值衡量，中间品投入用能源企业购买商品接受劳务支付的现金衡量，产出用能源企业主营业务收入衡量。

（2）能源企业数字化转型（EDT）

目前针对企业数字化转型的研究主要停滞在理论定性分析上，鲜有针对企业数字化转型的定量分析，尤其缺乏对能源企业数字化转型的研究。本书借鉴吴非等（2010）、易露霞等的研究，利用文本分析法对能源企业年报中有关数字化转型的关键词进行识别和词频计数，得出有关能源企业数字化转型的"文本强度"，并以此为代理变量。年报中使用的词语及表达方式能够代表能源企业发展的重要战略导向，体现出企业关注的经营导向和未来的发展线索。

数字化转型词库的构建步骤包括：首先，根据《大数据产业发展规划（2016—2020 年）》《中国金融科技运行报告（2020）》《能源数字化转型白皮书（2021）》《"十四五"数字经济发展规划》以及相关重要会议，并通过与来自政府、学界和企业专家团队的多轮咨询和讨论，明确能源企业数字化转型的关键词词汇表（表 1）。其次，利用 Python 爬虫功能梳理所有上市能源企业的年度报告，并通过 Java PDFbox 库提取所有文本内容，同表 1 的关键词进行搜索、匹配和词频计数，进而分类归集关键技术方向的词频并形成最终的加总词频，最终建立能源企业数字化转型的指标体系。由于这类数据存在典型的"右偏性"特征，本书对其做对数化处理，从而得到了刻画能源企业数字化转型的整体指标。

表1 能源企业数字化转型关键词分类

维度	类别	关键词
底层技术	人工智能	商业智能、人工智能、投资决策辅助系统、智能数据分析、图像理解、智能机器人、深度学习、语义搜索、机器学习、生物识别技术、人脸识别、语音识别、身份验证、自然语言处理
	云计算	云计算、图计算、流计算、内存计算、类脑计算、认知计算、多方安全计算、绿色计算、亿级并发、EB级存储、融合架构、物联网、信息物理系统、超级计算机、计算科学、云平台、边缘计算
	大数据	文本挖掘、数据挖掘、数据可视化、征信、增强现实、异构数据、混合现实、虚拟现实、大数据、成像、ICT
	区块链	区块链、分布式计算、差分隐私技术、数字货币、智能金融合约
实践应用	行业性应用	能源互联网、能源数字化、智能能源、综合智慧能源、智慧能源、智慧能源服务、能源智慧系统、智慧能源管理、数智能源、数字能源、能源数字系统、智能储能、数字能源产品、智能应急、智能运维、数字化连接、数字化生态、数字化流程、数字化业务、可交互电网、智能电表、数字电网、智能电网、智慧电网、电网数字化、电力数字化、智能缆网、智慧水电、水electrónica数字化、智能电池、智能风电、智慧风电、风电数字化、海上风电数字化、新能源信息化、数字化风场、智能微网、智慧光伏、光伏数字化、智慧氢能、智能煤机、虚拟电厂、智慧油气管线、智慧核电、智慧核能、智能矿山、智慧煤矿、数字化油田、智慧油气田、智慧电厂、智慧油气储备库、智慧用能、智慧管网、石油数字化、智能电力设备、数字赋能、能源产业数字化、数字化交付、数字化能源监测、数字化能源管理、新能源+

（3）控制变量

根据既有研究，引入一系列控制变量，包括企业规模（Scale）、企业营业收入（OI）、企业年龄（Ege）、总资产净利润率（NRP）、净资产收益率（ROE）、资产负债率（TDR）、总资产周转率（TAT）。相关数据的描述性统计可参见表2。

表2 描述性统计

变量	样品数	平均值	标准差	最小值	最大值
TFP	9912	1.0153	0.1294	0.9115	1.4842
EDT	9912	46.3573	82.6417	0.0000	1150.1270

续表

变量	样品数	平均值	标准差	最小值	最大值
Scale	9912	23.4503	1.5479	15.1205	28.3392
OI	9912	22.1950	1.6628	−23.8968	28.1655
Ege	9912	2.8321	0.5110	0.0000	4.1060
NPR	9912	0.0461	0.2451	−5.0836	19.2098
ROE	9912	0.0782	1.2911	−27.5798	63.7013
TDR	9912	0.4787	0.2889	−3.4769	11.6663
TAT	9912	0.6997	0.5047	−0.5718	9.2799

四、实证结果及经济解释

（一）基准回归

表3给出了"能源企业数字化转型与全要素生产率"关系的核心检验结果。在模型M（1）中，仅控制了行业和时间固定效应，能源企业数字化转型指标（L.EDT）的回归系数为0.0102，且通过1%水平的显著性检验；在模型M（2）中，则纳入了相关控制变量，能源企业数字化转型（L.EDT）的回归系数为0.0123，依然在1%显著性水平上通过检验。这意味着，随着能源企业数字化转型进程的加快，能源企业的主业绩效会明显提升，两者之间的正相关关系得到经验证据上的支持。这说明，能源企业数字化转型对能源企业全要素生产率具有积极作用，这也与前文的核心假设H1结论一致。

表3 能源企业数字化转型与全要素生产率

变量	M（1） *TFP*	M（2） *TFP*
L.EDT	0.0112*** （3.62）	0.0123*** （3.98）
CVs	NO	YES
Year、Ind	YES	YES

续表

变量	M（1） TFP	M（2） TFP
N	9086	9086
adj. R^2	0.0912	0.1278

注　***、**和*分别表示1%、5%和10%水平的统计显著性；括号中为相应的 t 统计量，下文同。

（二）稳健性检验及内生性处理

（1）删除部分样本

能源企业的数字化转型乃至全要素生产率水平，与全球范围内的重大今日冲击存在一定的关联。重大不利金融事件的冲击将阻碍能源企业自身的数字化转型进程，全要素生产率水平也可能面临停滞。如果忽视这类因素对全要素生产率的影响，将产生一定的内生性干扰。近年来在国际和国内出现了两个相对重要的金融冲击，即国际金融危机（2008年）和"股灾"（2015年）。但是，现有研究难以利用变量构建的方式来吸收这类因素的影响。因此，借鉴唐松等的研究，剔除这类金融危机因素：一是剔除国际金融危机的影响，考虑到危机的后效性特征，删除了2010年的企业样本；二是在剔除国际金融危机的基础上，进一步剔除中国股灾的影响，保留2011—2014年和2016—2021年的样本进行回归检验。另外，考虑到直辖市在政治和经济方面具有较高的特殊性，能源企业数字化转型与全要素生产率的特征也可能存在一定差距。为此，剔除了直辖市的样本后再次进行回归检验。表4的回归结果显示，经三种方式处理后，能源企业数字化转型显著促进全要素生产率的提升，这也从侧面为本书的核心研究结论提供了佐证。

表4　稳健性检验：删除部分样本

变量	M（1） TFP	M（2） TFP	M（3） TFP
L.EDT	0.0061*** （3.70）	0.0073*** （3.82）	0.0078*** （3.97）
划分依据	剔除国际金融 危机的影响	剔除国际金融危机＋ 中国股灾的影响	剔除直辖市的样本

续表

变量	M（1） TFP	M（2） TFP	M（3） TFP
CVs	YES	YES	YES
Year、Ind	YES	YES	YES
N	8260	6608	7434
adj.R²	0.0830	0.0914	0.0927

（2）延长观测窗口

在表5的研究中，延长了能源企业数字化转型影响全要素生产率的时间观测窗口。在模型M（1）~模型M（3）中，对核心解释变量（EDT）进行滞后2~4期处理；在模型M（4）~模型M（6）中，对被解释变量（TFP）进行前置2~4期处理。结果显示，无论是对EDT进行滞后处理还是对TFP进行前置处理，能源企业数字化转型对全要素生产率均表现出显著的正向促进作用，且这种促进作用并未随着时间窗口的延长而显著衰减。综上，能源企业数字化转型能够在较长的一个时间序列内对全要素生产率产生具有叠加特征的正向效应，进而在更大程度上促进了全要素生产率增长，这也说明本书核心结论依旧高度稳健。

表5 稳健性检验：延长观测窗口

变量	M（1） TFP	M（2） TFP	M（3） TFP	M（4） F2.TFP	M（5） F3.TFP	M（6） F4.TFP
EDT				0.0078*** （3.79）	0.0030*** （3.51）	0.0045*** （3.64）
L2.EDT	0.0072*** （3.75）					
L3.EDT		0.0032*** （3.53）				
L4.EDT			0.0029*** （3.41）			
CVs	YES	YES	YES	YES	YES	YES
Year、Ind	YES	YES	YES	YES	YES	YES
N	8260	7434	6608	8260	7434	6608
adj.R²	0.0836	0.0710	0.0686	0.0875	0.0693	0.0723

（3）变更核心变量计算口径

基准模型采用企业年报文本识别的方法来刻画能源企业数字化转型强度，与本书不同的是，张永坤等选取年末无形资产明细项内与数字化转型相关的部分占无形资产的比重（INT）来衡量能源企业的数字化转型强度；何帆和刘红霞使用虚拟变量（TR）衡量企业数字化转型情况，数据基于相关临时和定期公告手工整理获得。因此，采用这两种变量作为能源企业数字化转型的代理变量进行稳健性检验。表6显示，虽然能源企业数字化转型这一变量发生了变更，但是对全要素生产率的促进作用始终保持稳定的作用效果，核心结论"能源企业数字化转型有助于提升全要素生产率"并未发生改变。

表6　稳健性检验：变更核心变量计算口径

变量	M（1） TFP	M（2） TFP
L.INT	0.0214*** （4.12）	
L.TR		0.0072*** （3.77）
CVs	YES	YES
Year、Ind	YES	YES
N	9086	9086
adj. R^2	0.1264	0.0751

（4）缩尾处理

本部分对能源企业数字化转型这一变量分别进行5%和10%的双边缩尾处理，即分别剔除首尾5%和10%的离群值，将超出指定范围的数值分别替换成该百分位上的数值，并重新进行回归检验。表7给出了将能源企业数字化转型进行缩尾处理后对全要素生产率影响的回归结果。与基准回归结果对比发现，经缩尾处理后能源企业数字化转型的回归系数绝对值和显著性随着缩尾处理的百分比增大而减小，但是能源企业数字化转型对全要素生产率的影响方向并未发生变化。这也为本书的核心结论提供了新的证据支持。

表 7　稳健性检验：缩尾处理

变量	M（1）缩尾5%	M（2）缩尾10%
L.EDT	0.0047*** （4.76）	0.0012* （1.72）
CVs	YES	YES
Year、Ind	YES	YES
N	9086	9086
adj. R^2	0.1265	0.0790

（5）内生性处理：多期双重差分模型

前述稳健性检验考虑了样本偏误和变量设定的估计偏误问题，以验证核心结论"能源企业数字化转型能提升全要素生产率"。虽然所有回归中均采用核心解释变量滞后的处理方式来降低互为因果的干扰，但是回归模型中仍然可能存在遗漏变量偏误。考虑到能源企业推动数字化转型是一个渐进式的行为，是极佳的准自然实验。本书借鉴吴非等的研究，采用多期双重差分模型进一步减弱内生性：通过对实验组和对照组对能源企业数字化转型战略前后进行两次差分，以消除个体之间的内在差异以及与实验组无关的时间趋势导致的偏误，从而得出能源企业数字化转型对全要素生产率的"净效应"。据此，本书设定如下模型进行检验：

$$TFP_{it} = \alpha + \varphi_1 du_{it} + \varphi_2 (du_{it} \times dt_{it}) + \varphi_3 dt_{it} + \sum \varphi CVs + \varepsilon \quad （式2）$$

式中，du 为个体虚拟变量，以未进行数字化转型的能源企业为对照组，$du=0$，以具有数字化转型的能源企业为实验组，$du=1$；dt 为时间虚拟变量，如能源企业当年及后续年份中出现数字化转型关键词则将 dt 赋值为 1，否则为 0；φ_2 为了能源企业数字化转型前后全要素生产率的变化，是本书关注的重要参数，其余设定同前文一致。

为了进一步验证双重差分模型的稳健性，对上述模型进行一定变化并再次检验：

$$TFP_{it} = \alpha' + \varphi_1' (du_{it} \times dt_{it}) + \sum \theta' CVs + \sum Year + \sum Ind + \varepsilon \quad （式3）$$

其中，重点控制了时间和行业固定效应，其余设定同上。

表 8 给出了基于双重差分法检验的实证结果。在模型 M（1）中，采用式 2 进行检验，发现 du×dt 的回归系数为正，并在 1% 显著性水平上通过检验，这说明能源企业在进行数字化转型后，能源企业全要素生产率出现明显增长。在模型 M（2）中，采用式 3 进行检验，发现 du×dt 的回归系数有所下降，但仍然通过 1% 水平的检验。综上，在采用双重差分减弱内生性后，能源企业数字化转型所带来的全要素生产率增长。在模型 M（3）中，若干政策冲击前置项的回归系数均没有通过显著性检验，说明实证检验基本通过了平行趋势检验；除了数字化转型实施当年（du×$Current$）回归系数不显著外，政策冲击的后置项都表现出了正值系数的显著特征。这表明，数字化转型对能源企业全要素生产率的正向效应具有较强的持续性。由此，通过准自然试验消除内生性问题后，相关的核心结论依然保持着高度稳健。

表 8　内生性处理：多期双重差分模型（准自然实验）

变量	M（1） TFP	M（2） TFP	M（3） TFP
du	0.0014*** （4.64）		
du×dt	0.0010*** （3.87）	0.0011*** （4.72）	
dt	−0.0095*** （−4.92）		
du×$Before$1			−0.0041 （−1.29）
du×$Before$2			−0.0022 （−1.04）
du×$Before$3[+]			−0.0013 （−0.86）
du×$Current$			0.0046*** （1.35）
du×$After$1			0.0057*** （3.51）
du×$After$2			0.0064*** （3.78）

续表

变量	M（1） TFP	M（2） TFP	M（3） TFP
$du \times After3^+$			0.0092*** （4.60）
CVs	YES	YES	YES
Year、Ind	NO	YES	YES
N	9086	9086	9086
adj. R^2	0.1164	0.1280	0.1373

五、机制路径的识别检验

前述实证分析对能源企业数字化转型与全要素生产率之间的核心关系进行了检验，但是尚未对其中的机制黑箱进行探究。在本部分中，就上述问题重点对两者之间影响的作用渠道进行了识别检验。对此，选取"创新投入与创新产出""企业价值与财务稳定"两类渠道进行检验。为了刻画能源企业数字化转型影响全要素生产率的机制路径，借鉴温忠麟和叶宝娟的研究方法，设置如下递归方程进行检验。

$$TFP_{it+1} = \beta_0 + \beta_1 EDT_{it-1} + \sum \beta CVs + \sum Year + \sum Ind + \varepsilon$$

$$Mediator_{it} = \theta_0 + \theta_1 EDT_{it-1} + \sum \beta CVs + \sum Year + \sum Ind + \tau$$

$$TFP_{it+1} = \beta' + \beta'_1 Mediator_{it} + \beta'_2 EDT_{it-1} + \sum \beta CVs + \sum Year + \sum Ind + \xi$$

其中，$Mediator_{it}$为中介变量组。本书将中介变量选取设定在两个方向上。第一，能源企业的数字化转型能够很好地整合自身的资源配置，进而增强对技术创新的重视，并形成良好的创新生态场景，创新水平的提高能够对全要素生产率的提高发挥良好的带动作用。第二，能源企业在进行一定阶段的数字化转型后，自身生产经营和管理能力将有所提升，在一定程度上提高了自身价值，同时为完善财务建制提供了坚实的技术保障，这种内部控制将成为促进全要素生产率提升的重要动力。基于上述分析，选取创新投入

II（企业研发投入与营业收入的比值）和创新产出 IO（企业专利申请数）作为技术创新的代理变量，刻画能源企业数字化转型对研发创新的"投入—产出"绩效；选取企业价值 EV（托宾 Q 值）和财务稳定 FS（Z-score）作为内部控制的代理变量，反映能源企业数字化转型后的经济绩效和风险水平。由于中介效应模型的变量传导存在一定的时滞性，也为了克服变量间可能存在的反向因果干扰，对被解释变量做前置一期处理，中介变量保持不变，核心解释变量做滞后一期处理。其余设定同上所述。上述两条路径的实证检验结果见表 9 和表 10。

表 9 能源企业数字化转型影响全要素生产率的机制识别：创新投入与创新产出

变量	M（1）F.TFP	M（2）II	M（3）F.TFP	M（4）IO	M（5）F.TFP
L.EDT	0.0112***（4.71）	0.0116***（3.81）	0.0104***（4.52）	0.0083***（3.75）	0.0126***（4.24）
II			0.0095***（3.76）		
IO					0.0074***（3.70）
Sobel 检验		中介变量：创新投入 3.9275*** 机制有效—正向传导		中介变量：创新产出 4.2546*** 机制有效—正向传导	
Ind_eff 检验（P-val）		0.0000 间接效应成立		0.0000 间接效应成立	
CVs	YES	YES	YES	YES	YES
Year、Ind	YES	YES	YES	YES	YES
N	8260	9086	8260	9086	8260
adj. R^2	0.1172	0.1282	0.0952	0.1635	0.0854

表 10 能源企业数字化转型影响全要素生产率的机制识别：企业价值与财务稳定

变量	M（1）F.TFP	M（2）EV	M（3）F.TFP	M（4）FS	M（5）F.TFP
L.EDT	0.0112***（4.71）	0.0086***（4.27）	0.0102***（3.85）	0.0048***（4.15）	0.0165***（4.10）
EV			0.0085***（3.91）		

续表

变量	M(1) F.TFP	M(2) EV	M(3) F.TFP	M(4) FS	M(5) F.TFP
FS					0.0061*** (3.88)
Sobel 检验		中介变量：企业价值 2.5873*** 机制有效—正向传导		中介变量：财务稳定 4.8120*** 机制有效—正向传导	
Ind_eff 检验 (P-val)		0.0000 间接效应成立		0.0000 间接效应成立	
CVs	YES	YES	YES	YES	YES
Year、Ind	YES	YES	YES	YES	YES
N	8260	9086	8260	9086	8260
adj. R^2	0.1172	0.1591	0.1250	0.1364	0.0917

在表9中，基于"能源企业数字化转型—创新投入/创新产出—全要素生产率"的路径进行识别检验。研究发现，模型M(2)中能源企业数字化转型的回归系数为0.0116且通过1%水平的显著性检验，说明能源企业在很大程度上促进自身研发强度的提高。这一现象的主要原因是，能源企业的数字化转型是一项系统工程，需要更多的专项投入才能实现，因而提升了对创新投入的需求；同时，数字化转型为能源企业提供更多高效的创新生态场景，加快提升研发投入的产出绩效水平，刺激能源企业加大投入。进一步地，能源企业数字化转型对创新产出具有显著的正向促进作用 [L.EDT 在模型M(4)中的回归系数为0.0083且高度显著]。这表明，数字化转型能够帮助能源企业在信息搜集、解读、输出等方面提供有力支撑，推动能源企业创新产出率的提升。基于上述讨论，数字化转型能够在很大程度上促进能源企业技术创新。进一步地，具有较高技术创新水平的能源企业，拥有扎实的前沿技术支持，能够更好地促进数字化技术与企业生产经营管理的融合，又会为提升全要素生产率提供良好的基础性保障（创新投入和创新产出的回归系数均为正，且在1%水平上通过检验）。

在表10中，转向了"企业价值与财务稳定"的机制识别检验。研究发现，能源企业的数字化转型程度越高，则企业价值越能得到显著提升[*LEDT* 在模型 M（2）中的回归系数为 0.0086，且高度显著]。能源企业数字化转型能够在很大程度上提高资源配置能力和利用效率，降低各经营流程中的管理摩擦，并且基于数字化技术挖掘数据价值，提高系统内部的数据活力，推动能源企业发展主营业务并进行跨行业的拓展，这无疑对企业价值提升大有裨益。从另一个角度看，能源企业数字化转型程度的提高，也能显著提升企业财务稳定性。数字化转型在一定程度上提高企业经营的创新性和盈利性，也对自身财务建制的完善提供良好的基础支撑。在模型 M（5）中，能源企业的数字化转型对财务稳定的回归系数为 0.0061 且通过 1% 水平的显著性检验，这为上述的结论提供了经验证据的支持。进一步地，内部控制水平的不断增长，各种资源的利用效率也随之提升，进而达到提升全要素生产率的效果。由此，形成了"能源企业数字化转型—（促进）内部控制—（提升）全要素生产率"的正向路径。

六、拓展性研究：基于企业特征异质性下的经验证据

前文基于全样本视角为"数字化转型—能源企业全要素生产率"提供了经验证据，且通过多重稳健性检验验证了两者之间的影响效应。但是，这种普适性的检验容易忽视某些关键的异质性信息，可能导致研究结论所引出的政策建议出现钝化。为提高研究精度，将企业属性的结构性差异纳入考量，精准刻画在面对同等的数字化转型冲击时，能源企业全要素生产率的差异化影响。此外，基于企业脱实向虚行为差异对数字化转型与能源企业数字化转型的关系做进一步研究，其中以能源企业金融化程度来反映"脱实向虚"，以能源企业研发投入占比主营业务作为研发强度来反映"脱虚向实"。具体的回归结果见表 11~表 13。

表 11　异质性检验：基于产权属性的视角

变量	M（1） TFP	M（2） TFP
L.EDT	0.0026* （1.75）	0.0165*** （3.79）
划分依据	国有能源企业	非国有能源企业
CVs	YES	YES
Year、Ind	YES	YES
N	2974	6639
adj. R^2	0.0975	0.1467

表 12　异质性检验：基于生命周期的视角

变量	M（1） TFP	M（2） TFP	M（3） TFP
L.EDT	0.0143*** （3.84）	0.0172*** （3.95）	0.0052 （0.76）
划分依据	成长期	成熟期	衰退期
CVs	YES	YES	YES
Year、Ind	YES	YES	YES
N	8130	8437	8343
adj. R^2	0.1451	0.1824	0.1337

表 13　异质性检验：基于脱实向虚的视角

变量	M（1） TFP	M（2） TFP	M（3） TFP	M（4） TFP
L.EDT	0.0103 （0.84）	0.0172*** （3.95）	0.0143*** （3.94）	0.0172 （1.27）
划分依据	金融化较高	金融化较低	研发强度较高	研发强度较低
CVs	YES	YES	YES	YES
Year、Ind	YES	YES	YES	YES
N	7246	8384	8953	7935
adj. R^2	0.1873	0.2465	0.2140	0.1684

根据表 11 的实证结果发现，在国有能源企业组别中［模型 M（1）~M（2）］，能源企业数字化转型对全要素生产率的回归系数为 0.0026 且在 10%

水平上通过显著性检验;而在非国有能源企业组别中,能源企业数字化转型在 1% 显著性水平下的回归系数为 0.0165。可以看出,国有和非国有能源企业数字化转型均能够显著提升全要素生产率,且非国有能源企业的数字化转型对全要素生产率的促进作用明显高于国有能源企业。与国有能源企业相比,非国有能源企业面临的市场竞争压力更大,为了保证市场份额,这类能源企业开展创新转型活动的主观意愿更强,从而不断加快数字化转型落地,实现较高的全要素生产率。而国有能源企业享有国家信誉支持,面临较小的市场竞争压力,较少关注数字技术前沿,缺乏推动数字化转型的主观意愿。

在表 12 的模型 M（1）~M（3）中,针对能源企业生命周期差异进行了异质性检验。研究发现,处于成长期和成熟期的能源企业,数字化转型对全要素生产率的促进作用十分显著,尤其是对于成熟期能源企业而言,数字化转型的提升效应更大,而衰退期能源企业数字化转型的回归系数并未通过显著性检验。对此可能的原因是,处在成长期的能源企业面对复杂激烈的市场竞争,对运用创新技术提高全要素生产率具有较强的内在需求。虽然在成长阶段能源企业的经济条件较差,但将一定资源投入数字科技项目中,是保证市场份额和实现跨越发展的重要途径。而就成熟期能源企业而言,其本身就具有能够满足数字化转型所需的创新技术条件,在融资渠道、盈利方式、技术研发等方面的优势明显,持续将数字化转型融入自身组织架构和生产管理中,有助于充分发挥数字化转型的效用。相比之下,处于衰退期的能源企业面临着经营困难、亏损严重等现实问题,维持日常运营成为现阶段能源企业的主要任务,其发展和决策导向不再以数字化转型为目标,且早已失去深度数字化转型的客观技术基础条件。因此,这类能源企业的数字化转型程度普遍较低,显然无法带来显著的全要素生产率增长。

表 13 基于能源企业脱实向虚的行为差异视角进行了异质性检验。在模型 M（1）~M（2）中,金融化较高的能源企业数字化转型对全要素生产率的促进作用没有通过显著性检验,而金融化较低的能源企业数字化转型的驱动效

果得以展现。与之相反，研发强度较高的能源企业数字化转型对全要素生产率的驱动效应成立，而研发强度较低的能源企业数字化转型的驱动效果不显著。这主要是由于，能源企业的金融化程度较高时，会对企业内部现有的资源产生"挤占效应"，阻碍数字化转型的进程及应用；尤其是引导企业决策导向逐渐向金融决策而非生产创新决策转移，这也同能源企业的"全要素生产率"之间存在一定的错位。但是，能源企业的金融化程度较低时，会逐渐展现数字化转型的驱动效果。类似地，研发强度较高的能源企业具有更好的技术创新条件，承担了数字化转型领头羊的角色，有助于提升全要素生产率；而研发强度较小的能源企业缺乏数字化转型的支撑条件，从而难以对全要素生产率产生显著正向促进作用。由此可见，能源企业只有重视实业发展即加强研发强度，且降低金融化倾向以优化资源配置和决策体制，才会凸显数字化转型的作用效果。

七、研究结论与政策启示

新型的"实体企业+数字化"模式会对能源企业未来的发展态势产生重大影响，并成为我国绿色发展战略的新动力。基于中国沪深两市A股上市能源企业2010—2021年数据，利用大数据识别技术来刻画能源企业数字化转型，检验其对全要素生产率的影响，并在分析机制路径的基础上识别其中存在的非对称效应。研究发现：第一，能源企业数字化转型显著提升了全要素生产率，该核心结论在经过各类稳健性检验和内生性处理后依然成立。第二，从渠道机制路径来看，能源企业数字化转型能够改善企业创新的投入产出状况，优化内部控制水平，这些都有助于提升全要素生产率水平。第三，能源企业数字化转型对全要素生产率的影响具有影响的异质性差异。具体来看，数字化转型对非国有能源企业、成长期和成熟期企业以及专注于实业

（研发）投资的企业的全要素生产率驱动效果最为明显。

本书总结如下政策启示：第一，继续推进能源企业数字化转型。能源企业应充分把握数字化转型的发展机遇，继续推动数字技术与企业技术和组织层面的深度融合。政府部门要将惠企政策向能源企业大力倾斜，为产业升级和经济动能转型奠定微观基础。第二，能源企业数字化发展应注重精细化和差异化。根据不同企业的特殊情况发展独具特色的数字化转型模式，应扶持引导非国有能源企业更加广泛地运用数字化转型相关技术，提高自身的市场核心竞争力；集中力量推动成长期和成熟期能源企业加强数字化转型，并重视数字应用市场化推广，尤其要关注能源企业的脱实向虚行为，避免企业资源出现空转。第三，畅通数字化转型的传导机制。应立足"干中学"方式来引导能源企业技术创新与数字化转型需求相互适配，在融合创新过程中最大程度降低企业风险，并建立健全专利知识产权保护体系，推动能源企业数字化转型项目以专利的方式进行锁定和保护，引导能源企业以科技成果转化的方式，推动数字化转型切实提升全要素生产率。进一步推动数字科技技术应用与能源企业经营管理相融合，实现各项资源的优化配置，避免盲目扩大自主研发投资，为能源企业全要素生产率提升提供良好的基础条件。

能源企业在国民经济发展中占据重要地位，提升其全要素生产率是数字经济背景下中国能源产业迈入高质量发展新阶段的重要目标。基于沪深两市A股上市企业2010—2021年数据，借助爬虫技术归集能源企业年报中的"数字化转型"关键词，刻画出能源企业数字化转型程度，进而探讨能源企业数字化转型对全要素生产率的影响。研究发现，能源企业数字化转型显著提升了全要素生产率，上述结论在经过多重稳健性、内生性处理后依旧成立。渠道机制表明，能源企业数字化转型能够提高创新动能、优化内部控制，这些都有助于全要素生产率的提升。异质性检验发现，对非国有能源企业以及"成长期—成熟期"企业，能源数字化转型对全要素生产率的提升更为显著，而对具有较强脱实向虚偏好的能源企业而言，数字化转型的全要素生产率驱动效果较差。

专题研究二　数字化转型对新能源企业绩效的影响

一、引言

随着人工智能、区块链、大数据等新兴技术的持续创新，数字化（数字科技）在全球范围内成为企业创新变革的一大突破点。数字化转型已成为世界经济发展的大趋势。数字化转型作为利用先进数字技术进行数据收集、存储和分析的过程，已成为许多企业提高生产力的战略选择。随着数字经济时代的到来，带来了技术和市场环境的深度调整，越来越多的中国企业开始转向数字技术，以促进组织优化、加快产品和服务的创新步伐，从而为中国经济的扩张创造新的动力。在此背景下，中国企业能否高效运用数字技术建立适合自身禀赋的转型战略体系，将是数字经济与高质量发展叠加背景下的重大课题。习近平同志指出，要"以信息流带动技术流、资金流、人才流、物资流，促进资源优化配置"，这为中国推动科技创新、实现动能转换和高质量发展提供了可行路径。《中华人民共和国国民经济和社会发展第十四个五年规划和2035年远景目标纲要》提出，要加快数字化发展，打造数字经济新优势，协同推进数字产业化和产业数字化转型。2022年，中国数字产业化和产业数字化规模分别达到9.2万亿元和41万亿元，分别占数字经济比重的18.3%和81.7%，已然成为国民经济发展的主要动能。

如今，数字化转型象征着一场基于数字技术的新工业革命，以提供新的内生增长动力。企业作为宏观经济的微观载体，肩负着数字经济创造与经济高质量发展的双重任务，其数字化转型既是数字科技与生产经营深度融合的微观转变，也是从传统生产系统向数字系统转型的创新标志。在数字化经济时代，越来越多的企业选择采用数字技术来推动组织模式转型，加快产品和服务的升级与创新。数字化转型已成为企业形成可持续竞争力、提升绩效水平的战略选择。从根本上来说，企业数字化转型是一项系统工程，是利用前沿数字技术提高数据处理效率，从而提高核心竞争力和市场竞争力。可以推断，企业数字化转型是一个长期的过程。近年来，各地政府相继出台一系列推进企业数字化转型的政策措施，包括财政支持、技术支持、人才培养和公共服务等方面，尤其鼓励和支持先进制造业和战略性新兴产业的数字化转型行动。然而，这些转型在微观层面上大多只是表面现象，数字化转型对系统和业务层面的渗透率仍然偏低。埃森哲（Accenture）发布的《2022中国企业数字化转型指数》显示，只有17%的中国企业的数字化转型成效显著。

党的二十大报告对能源发展做出新部署，提出新要求，提出要积极稳妥推进碳达峰碳中和、深入推进能源革命、加快规划建设新型能源体系、确保能源安全、积极参与应对气候变化全球治理等。我国的能源消费结构一直是以煤炭为主导，在取得经济快速增长的同时造成的环境污染问题日趋严重。新能源代表了能源发展的未来，也是我国能源转型的主攻方向。近年来，中国大力推进新能源产业发展，在短期内其发展规模已跃居世界前列。据统计数据显示，截至2022年底，全国风电累计装机容量达到3.65亿千瓦，太阳能发电累计装机容量3.93亿千瓦，生物质发电装机容量4132万千瓦，新能源等清洁能源的替代作用显著，进一步优化了能源结构和增强了节能减排。同时，新能源产业是新兴产业与新兴技术的深度融合，产业规模集聚效应和辐射效应强，能够有效推动地区就业和城市发展，并承担了相当程度的社会责任。与化石能源相比，新能源面临着技术、成本、市场应用等方面的现实差距，而新能源企业在不确定环境下仍然存在自主创新能力弱、生产管理效率低、产品供应质量差等问题，严重阻碍了企业绩效提升。面对能源短缺成为新常态、产业转型升级压力不断加重和产业亟须塑造新竞争力，以数字化转型为载体驱动新能源产业创新升级，是短期内降本提效、提升核心能力，中长期内改变商业模式、创造新业态的重要路径。新能源产业和数字经济的深度融合能够不断提高产品质量和生产率，扩大新能源产业的竞争优势，提升社会智能水平。需要指出的是，当前中国企业的数字化水平仍然偏低，超过半数企业的数字化仍然处于单点试验和局部推广阶段，将转型深度穿透至制度和业务层面的力度明显不足。

显然，在当今社会，宏观趋势和微观结构主体之间往往存在明显偏差，理论最优解与转型成效的背离，使得数字化转型对新能源企业绩效的影响与机制正成为学界关注的现实焦点问题：新能源企业在经营管理中使用数字技术能否改善生产经营状况，促进企业绩效的提升？如果促进作用得到了验证，其渠道机制是什么？数字化转型对新能源企业绩效的影响效应在不同情形下是否有异质性？但是，既有的研究并未对此展开细致探讨。对于上述问题的研判，将有助于在微观层面准确评估新能源企业数字化转型的经济效果，对提升新能源产业核心竞争力、支撑能源高质量发展、稳步实现"双碳"目标具有重要意义。因此，拟对"数字化转型—新能源企业绩效"影响的存在性、渠道机制及非对称效果进行识别检验，以期为深度理解数字化转型与新能源企业绩效提供新的证据。

本书的主要贡献在于：在研究立意上，明晰了"数字化转型—新能源企业绩效"之间的关系，拓展了关于数字化转型对新能源企业影响后果的研究；在研究数据上，基于沪深A股上市企业年报数据，运用文本分析技术对"数字化转型"的关键词进行搜索、配对和加总，为剖析新能源企业数字化转型及其经济效应提供有益借鉴；在研究范式上，构建一个"基准分析—机制解析—异质性检验"的研究框架，打开了数字化转型与新能源企业绩效间的机制"黑箱";在研究拓展上,从产权性质、生命周期、地理区位、脱实向虚行为等视角出发,全面解读了数字化转型影响新能源企业绩效的结构差异,为差异化的政策治理引导提供经验借鉴。

二、文献综述与理论假设

(一)相关文献综述

数字化转型是企业在数字经济时代生存和发展的必然选择。现有数字化转型研究多聚焦于数字化转型的内涵界定,但是尚未形成统一结论。Fitzgerald等认为,数字化转型是利用先进数字技术来推动重大的业务改进,如增强客户体验、优化运营流程、创新商业模式等。Tabrizi等指出,数字化转型是一种战略变革,可以拓展数字化技术的应用场景、改善企业运营管理和推进企业战略发展规划。Piccinini等和Majchrzak等对数字化转型的定义与Fitzgerald等的基本一致。因此,企业数字化转型可以概括为"企业+技术+数据",其主要特征是价值创造和模式创新。遵循Fitzgerald等对于数字化转型的定义,认为新能源企业的数字化转型是开放的、共享的、协作的和适应性强的,重点是如何使企业提高经济效益。此外,关于如何推动企业数字化转型这一问题,企业的团队管理能力和动态协作能力被认为是数字化转型的核心动力。

目前,鲜有文献将数字化转型与新能源企业绩效联系起来,两者之间的影响和作用机制只能根据相关研究进行推断。随着数字化转型的普及和深入,数字化转型与创新绩效之间的关系研究引起了学者们的广泛关注。Bloom等认为,数字技术可以帮助企业减少获取知识和信息的支出,促进内部资源要素的快速流动,从而刺激企业的创新活动。Paunov和Rollo进一步考虑了互联网的知识外溢效应,发现它能够显著提高企业的生产效率和创新绩效。Gaglio 等发现,数字通信工具包括社交媒体的使用,能够对企业创新绩效产生积极效应。相反地,Kohtamäki 等指出,可能存在一个"数字悖论",具体来说,尽管数字化转型赋予了企业强大的创新活力,但低层次的数字化和高层次的服务之间缺乏互动会对企业创新造成负向影响。部分学者探索了数字化转型能否提高企业绩效,在大量研究的基础上对这一问题均持肯定态度,认为企业数字化转型能够提升运营效率、降低运营成本和激发创新活力,进而提高企业的经济效益。李唐等根据资源编排理论指出,企业在数字化转型中依靠自身创新和信息获取优势,能够优化内部资源配置,提高企业生产率。刘新争认为数字化转型催生了很多新的商业模式,促进了平台经济的出现,这也成为促进企业生产效率增长的关键。但是,也有学者指出,传统的数字技术对企业发展并没有产生实质性影响。

综上,前期研究为理解数字化转型和新能源企业绩效之间的关系提供了重要借鉴。然而,以下研究空间仍有待进一步扩展。一是现有文献主要集中在数字化转型与创新绩效或制造企业绩效的关系上,而对于数字化转型影响新能源企业绩效的作用机制及路径,很少有文献从更高层面、更系统的角度进行探讨。二是对于如何量化数字化转型程度缺乏统一标准,部分文献采用的结构化量表或硬件设备规模等指标并不符合数字化转型的特征,也缺乏相应的统计数据。三是多数研究关注整体效应而忽略了企业或地区间的异质性,导致研究结果不准确。对于不同特征的新能源企业,数字化行为可能存在一定的非对称效果,基于此的结构化识别检验尤为重要。

(二)理论假设

企业数字化转型是微观企业主体在新时代遵循发展规律所必经的关键阶段,也是企业生存与发展的必然选择。早期,企业的数字化转型起于数字化平台的建设,逐渐扩展到商业模式、用户体验、发展理念等方面。新能源企业本身具有劳动和资本密集度高、创新基础薄弱、更新迭代要求高等特征，如果一直采用传统封闭式的发展模式，很难破解其基础薄弱和质效较低等难题，而改变现状的关键可能是借助数字化转型获取外界新要素。数字化转型能够通过多种方式获得各种类型的结构化、半结构化及非结构化的海量数据，这进一步扩大了数据挖掘的潜力，进而有助于从海量数据集中提取有价值的信息。因此，数字化转型可以通过提高应对市场需求和产销协同的能力来优化新能源企业的运营管理，同时数字化转型有助于降低企业的运营成本。数字技术的特点包括开放性、交互性和共享性，可以减小信息不对称带来的不利影响，降低合作双方的交易成本。另外，数字技术将创新内化为企业发展动能，从数据要素、万物互联、融合发展全方位激发创新动力，促使不同类型企业之间不断学习和积极合作，以优化和重构创新实践体系，为绩效增长提供持久动力。进一步地，数字化转型作用于新能源企业绩效提升，主要通过促进创新投入和创新产出、优化内部控制和改善财务稳定两个层次实现。

数字化转型在投入和产出层面均带来了更高的技术创新动力，为提高新能源企业绩效提供了强大的技术力量。首先，数字化转型作为新时代业务模式创新的核心，是技术进步的重要灵感来源，为新能源企业生产经营管理创新营造了良好的生态环境，有利于优化技术创新的发展方向，尤其是随着尖端数字技术的广泛运用，有力地推动了传统能源企业向数字能源企业的转型升级。一方面，当新能源企业提出实施智能化改造和数字化转型的目标时，往往会不断加大研发投入，持续提升创新能力，以实现上述战略目标。另一方面，数字化带来了多元化的商业模式，颠覆与重塑了传统商业的价值创造模式，以打造全新的或升级的数字化商业模式，这也为新能源企业获取市场趋势和消费者需求的数据和信息提供了新的渠道。同时，消费者可以更广泛地、实时地参与产品生产和价值创造的全过程，使得企业价值链主导权从生产商、流通商转到消费者手中。

为了主动适应这种市场导向，新能源企业在战略制定、商业模式设计、业务拓展和组织设计等方面均以用户为中心，更重要的是，将有更大的动力主动参与研发，通过技术创新与用户精准互动，实现柔性生产和快速响应。其次，企业数字化转型战略能够提高创新资源的使用效率。新能源企业运用最新的信息技术，积极地从外界寻求和吸收转化外部知识，形成开放式的创新模式，整合内部和外部的创新资源和创新要素，进而提高研发效率和创新产出。进一步地，在创新层面优化投入和产出，有助于新能源企业在市场竞争中获得更显著的优势，特别是随着国际化进程的加速，能够助力开创新能源企业国际合作新格局。最后，新能源企业数字化转型符合新时代数字经济的发展方向，也是中国经济高质量发展的新引擎。数字化转型水平高的新能源企业一般具有较高的生产效率和创新能力，这些能源产业在本地区的集聚，不仅促进了新能源企业与其他企业间资源、信息和知识的交流与共享，也加快了企业间的知识溢出，有助于提高企业绩效和推动区域经济健康增长。

新能源企业的数字化转型可以有效提高内部控制水平，增强财务稳定性，从而提高企业绩效。一方面，企业数字化转型的核心是通过数据实现对企业生产经营的全面赋能，可以显著提高生产工具的利用效率，降低运维成本和库存成本。具体来说，最新的数字技术被广泛应用于新能源企业的科研、生产、销售和管理信息的收集与处理，进而加强企业对市场供需关系的精准预测，大幅提升企业对市场风险的抵御能力。数字技术的持续更新迭代，也强化了企业对非标准、非结构数据的处理和应用，可消除内部各主体间的信息不对称，利于推动组织变革和优化学习环境，从组织结构上促进了内部控制水平的提升。此外，数字化转型通过技术赋能保障了企业经营管理的有序性和科学性，在组织战略、财务稳定、资产安全等多个层次上推动实现企业生产率的稳步攀升。另一方面，企业数字化转型可以借助自身数字技术显著地提高自身数据处理能力，增加项目决策的分析深度，使商业预测的准确性大幅提高。因此,通过数字技术可以实现对宏观市场和竞争环境的精准分析,有助于在有限的财务资源下实现新能源企业的资金利用最大化。也就是说,新能源企业的数字化转型,有利于推动数据驱动决策,切实提高财务管理水平和风险应对能力。而财务状况良好的新能源企业容易吸引投资、扩大影响力,助力提高生产规模和管理水平,进而提升企业绩效。基于上述讨论提出如下核心假设。

H1:在保持其他条件不变的情况下,数字化转型能够推动新能源企业的绩效水平提升。

三、研究设计

(一)模型构建

为研究数字化转型对新能源企业绩效的影响,设定了如下模型加以检验。

$$IG_{i,t} = \beta_0 + \beta_1 DT_{i,t-1} + Controls_{i,t} + Firm_i + Year_t + \varepsilon_{i,t} \quad （式1）$$

式中,营业收入增长率(IG)为被解释变量,用来衡量新能源企业绩效;数字化转型(DT)为核心解释变量;$Controls_{i,t}$为前述控制变量;$\varepsilon_{i,t}$表示随机误差项。

考虑到数字化转型影响企业绩效存在一定时滞,对核心解释变量做滞后1期处理,这样不仅考虑到实践中变量间的传递耗时,而且能够削弱由反向因果所造成的内生性干扰。

(二)变量设计与测量

(1)被解释变量:企业绩效

衡量企业绩效的指标通常包括总资产利润率(ROA)、净资产收益率

（*ROE*）、托宾 *Q* 值、营业收入增长率（*IG*）等。其中，营业收入增长率作为企业发展能力和市场前景的预测指标，能够反映企业发展潜力和市场地位，也能更好地衡量企业的成长能力。因此，选取营业收入增长率作为新能源企业绩效的替代指标。

（2）核心解释变量：数字化转型（*DT*）

借鉴易露霞等的研究，采用文本分析法对上市新能源企业年报中与数字化转型有关的关键词进行识别、词频计数，得到衡量新能源企业数字化转型的"文本强度"，并以此为代理变量。年报中使用的词汇及表达方式代表了企业发展的重要战略取向，体现出它们对业务导向和未来发展方向的重视。为了获得企业的数字化转型信息，首先，根据《"十四五"现代能源体系规划》《"十四五"大数据产业发展规划》《"十四五"数字经济发展规划》以及相关重要会议，并通过与来自政府、学界和企业专家团队的多轮咨询和讨论，明确了与数字技术应用和商业模式创新相关的35+47个关键词。其次，在识别出带有关键词的年报后，利用 Python 软件抓取上市新能源企业年报中的所有文本，以这些关键词进行搜索、匹配和词频计数，进而统计出每个关键词在特定年份的年报中的频数并进行加总处理，得到新能源企业数字化转型的加总词频。最后，考虑到这类计数统计数据具有典型的"右偏性"特征，对这类数据+1后做对数化处理，得到数字化转型的最终指标 *DT*。

（3）控制变量

参考相关研究，为了控制其他因素对企业绩效的影响，选取公司规模（*CS*）、公司年龄（*CA*）、资产负债率（*LEV*）、总资产周转率（*TAT*）、企业性质（*EN*）作为控制变量。具体来看，公司规模用上市公司的总资产衡量；资产负债率用公司负债总额与资产总额的比率衡量；总资产周转率用公司销售收入与资产总额的比率衡量；企业性质用上市公司的性质衡量，为国有企业时取值为1，否则为0。其中，公司规模和公司年龄均做对数处理。

（三）样本选取与数据来源

以 2009—2022 年沪深 A 股新能源上市企业作为研究对象。考虑到新能源企业的分类尚无标准，在样本选取上根据年报中披露的主营业务和主要产品，筛选出涉及风能、核能、氢能、太阳能、地热能和生物质能六类主要新能源概念的上市企业。

在确定最终样本时做了如下处理：一是剔除 ST 和 *ST 财务数据存在特殊性的上市企业；二是保留连续 5 年以上不存在数据缺失的样本；三是为克服极端离群值的影响，对全部连续变量进行上下 1% 缩尾处理。

经过筛选，总共获得 126 家新能源企业作为研究样本。其中企业层面的数据均来自中国经济金融研究数据库（CSMAR 数据库）、万得（WIND）数据库、巨潮资讯网数据库和同花顺网站，经手工整理而得。年报数据则来自上海和深圳的证券交易所官方网站。主要变量的数据结构见表1。其中，营业收入增长率的均值为 0.0951，标准差则达到了 0.3891，说明新能源企业的盈利能力存在明显差距。数字化转型的均值为 2.5460，标准差为 1.6863，表明新能源企业数字化转型水平的差异也较大，新能源产业数字化亟待加强。

表 1 主要变量描述性统计

变量	样本数	平均值	标准差	最小值	最大值
IG	1764	0.0951	0.3891	−0.7259	1.7424
DT	1764	2.5460	1.6863	0.0000	4.5326
CS	1764	3.2291	1.1935	1.8276	8.3340
CA	1764	2.2220	0.5196	1.6094	3.1781
LEV	1764	0.4794	0.1945	0.0520	0.8336
TAT	1764	0.1208	0.4612	−0.7215	2.1045
EN	1764	0.4174	0.1391	0.0000	1.0000

四、实证分析

（一）基准回归

表 2 报告了"数字化转型—新能源企业绩效"关系的核心检验结果。在列①中，仅控制企业和时间固定效应；在列②中，则纳入相关控制变量。在列①中，数字化转型（L.DT）对新能源企业绩效具有显著的促进作用，两者间的正向关系得到经验证据上的支持；列②给出的相关结论依然稳健。说明数字化转型有助于提升新能源企业绩效，这也验证了前文提出的假设 H1。

表 2　数字化转型与新能源企业绩效：基准回归

变量	①	②
	IG	IG
L.DT	0.0136*** （3.52）	0.0120*** （3.16）
Constant	−1.9753*** （−4.97）	−2.1540*** （−5.22）
Controls	No	YES
Firm & Year	YES	YES
N	1638	1638
adj. R^2	0.1275	0.1406

注　***、** 和 * 分别表示 1%、5% 和 10% 水平的统计显著性；括号中为 t 统计量。下文同。

（二）稳健性检验与内生性处理

（1）剔除特殊样本

新能源企业的数字化转型乃至绩效水平，与全球范围内的重大金融冲击有一定联系。2008 年爆发的全球金融危机严重阻碍了新能源企业数字化转型战略的顺利实施，其绩效水平也面临停滞的可能。考虑到金融危机的后效性特征，剔除了2009年的样本进行回归检验。考虑到直辖市在政治和经济方面具有较高的特殊性，剔除北京、上海、广州和深圳的新能源企业的样本数据后重新进行回归检验。根据表3可知，剔除特殊样本后数字化转型和新能源企业绩效之间的正相关关系依然显著，这也为本书的核心结论提供了新的证据支持。

表3 稳健性检验：剔除特殊样本

变量	①	②
	IG	IG
划分依据	剔除金融危机的影响	剔除直辖市的样本
L.DT	0.0134*** （3.45）	0.0132*** （3.39）
Constant	−2.7011*** （−5.17）	−2.5273*** （−4.94）
Controls	YES	YES
Firm & Year	YES	YES
N	1512	1339
adj. R^2	0.1283	0.1409

（2）变换核心变量计算口径

对于核心解释变量，与本书不同的是，张永坤等利用企业年报中无形资产明细项中与数字化转型有关的部分占无形资产的比重衡量数字化转型强度（INT），本书利用该指标进行稳健性检验。对于被解释变量，采用文献中常用的两个指标重新衡量企业盈利能力：一个是总资产收益率（ROA），用上市企业的净利润与总资产之比来计算，反映资产利用的综合效果；另一个是净资产收益率（ROE），用剔除了非经常损益后的净利润与净资产之比来表示。在上述变量替换的基础上，再次进行基准回归检验。根据表4中列①~③的回归结果发现，无论何种改变，数字化转型仍旧促进新能源企业绩效的提升，这与基准模型的研究结论保持一致。

表4　稳健性检验：变换核心变量计算口径

变量	①	②	③
	IG	ROA	ROE
划分依据	替换核心解释变量	替换被解释变量	
L.DT	0.0153*** （3.86）	0.0182*** （3.39）	0.0194*** （3.89）
Constant	−2.7970*** （−4.24）	−1.1643*** （−3.80）	−2.2784*** （−3.71）
Controls	YES	YES	YES
Firm & Year	YES	YES	YES
N	1638	1638	1638
adj. R^2	0.1355	0.1490	0.1403

（3）延长时间考察窗口

在表5中，延长了数字化转型影响新能源企业绩效的时间考察窗口。在列①~③中，对核心解释变量（DT）进行滞后2~4期处理，在列④~⑥中，对被解释变量（IG）做前置1~3期处理，进行交叉比对。结果发现，无论是对核心解释变量进行滞后处理还是对被解释变量进行前置处理，数字化转型的回归系数均显著为正，说明数字化转型对新能源企业绩效仍然存在显著的促进作用，且并未随着时间考察窗口的延长而显著减弱。因此，数字化转型能够在较长一段时期内对新能源企业绩效形成有叠加特征的推进作用，进而可在更大程度上增强企业的盈利能力，这再次验证了本书核心结论的可靠性。

表5　稳健性检验：延长时间考察窗口

变量	①	②	③	④	⑤	⑥
	IG	IG	IG	F1.IG	F2.IG	F3.IG
DT				0.0685*** （3.80）	0.0610*** （3.72）	0.0621*** （3.89）
L2.DT	0.0782*** （4.07）					
L3.DT		0.0615*** （3.93）				

续表

变量	① IG	② IG	③ IG	④ F1.IG	⑤ F2.IG	⑥ F3.IG
L4.DT			0.0734*** (3.74)			
Constant	−2.8775*** (−3.98)	−2.3593*** (−3.74)	−2.0420*** (−3.05)	−2.7072*** (−4.51)	−2.3281*** (−3.95)	−2.6359*** (−4.12)
Controls	YES	YES	YES	YES	YES	YES
Firm & Year	YES	YES	YES	YES	YES	YES
N	1512	1386	1260	1638	1512	1386
adj. R^2	0.1338	0.1316	0.1297	0.1310	0.1212	0.1284

（4）内生性处理：多期双重差分模型

上述稳健性检验考虑了样本选择和核心变量的不同口径问题，以验证本书核心结论的确当性。然而，还可能存在由相互因果关系造成的内生性问题。虽然在所有回归中都对核心解释变量做了滞后处理，但仍然可能存在遗漏变量偏误问题。新能源企业实施数字化转型战略属于一种渐进式的行为，是极佳的准自然实验载体，因而借鉴吴非等的研究，利用多期双重差分模型（DID）削弱内生性。以研究期内开展数字化转型的企业为实验组，即du=1；未开展数字化转型的企业为对照组，即du=0；设置时间虚拟变量dt，若企业当年及以后进行数字化转型，则dt=1，否则dt=0。构建如下模型进行检验：

$$IG_{i,t} = \varphi_0 + \varphi_1(du_{i,t} \times dt_{i,t}) + Controls_{i,t} + Firm_i + Year_t + \varepsilon_{i,t} \quad （式2）$$

式中，$IG_{i,t}$为新能源企业绩效；$Controls_{i,t}$为系列控制变量；$Firm_i$和$Year_t$分别为企业和年份固定效应；$\varepsilon_{i,t}$为随机误差。$du \times dt$的回归系数反映了新能源企业开展数字化转型前后企业绩效的变化，其余设定如上。

在表6的列①中，$du \times dt$的回归系数均显著为正，说明新能源企业在开展数字化转型后，企业绩效都有显著提升。在列②中，还考察了这种冲击的时间变化趋势，发现相关的政策冲击前置项中的回归系数均不显著，说明实证结果基本通过了平行趋势检验；除了数字化转型实施当年的回归系数不显著外，政策冲击的后置项的回归系数均显著为正，表明数字化转型对新能源企业绩效的驱动效应有一定的持续性，这与表 5 的研究结论保持高度一致。

表 6　内生性处理

变量	①	②	③	④
	IG	IG	IG	IG
划分依据	多期双重差分模型		工具变量Ⅰ	工具变量Ⅱ
L.DT			0.1464*** （5.64）	0.1341*** （4.72）
$du \times dt$	0.0124*** （3.17）			
$du \times Before1$		−0.0020 （−1.21）		
$du \times Before2$		−0.0010 （−1.26）		
$du \times Before3^+$		−0.0010 （−1.15）		
$du \times Current$		0.0030 （1.42）		
$du \times After1$		0.0050* （1.83）		
$du \times After2$		0.0060** （2.17）		
$du \times After3^+$		0.0074** （2.46）		
Controls	YES	YES	YES	YES
Firm & Year	YES	YES	YES	YES
Kleibergen–Paap rk *LM* statistic			747.613 [0.0000]	525.641 [0.0000]
Kleibergen–Paap rk Wald *F* statistic			463.265 {48.16}	421.742 {43.25}
N	1638	1638	1638	1638
adj. R^2	0.1314	0.1210	0.1326	0.1205

注　[ ]中为相应的 *P* 值；{ }中为 10% 水平的弱识别检验的临界值。

（5）内生性处理：工具变量法

本部分着重采用工具变量法来降低内生性干扰，以有力提高核心结论的可靠性。在工具变量的选择上，考虑到同一地区其他新能源企业的数字化转型水平会影响本新能源企业的数字化转型战略，但不会直接影响其绩效水平。因此，将除本新能源企业外的同城市所有新能源企业数字化转型均值作为工具变量Ⅰ，并选用两阶段最小二乘法（2SLS）进行检验。此外，新能源企业的数字化转型与辖域内的新能源企业数量存在一定关联，当辖域内新能源企业较为集中时，这些企业往往面临较大的竞争压力，此时更有动力开展数字化转型。同时，一个城市的新能源企业数量是相对稳定的，且与新能源企业绩效之间的关系较弱，即辖域内新能源企业的数量并不影响自身的绩效水平。因此，再选取新能源企业所在城市的上市新能源企业数量作为工具变量Ⅱ。

根据表6中列③和列④的结果发现，在两种工具变量下数字化转型对新能源企业绩效的回归系数依然显著为正。根据工具变量的检验结果，Kleibergen–Paap rk *LM* 统计量和Kleibergen–Paap rk Wald *F* 统计量均拒绝了原假设，表明不存在识别不足和弱工具变量问题。上述结果也再次验证了前文的假设H1。

（6）异质性检验

前文已为解读"数字化转型—新能源企业绩效"的关系提供了经验证据，然而这种普适性检验容易遗漏某些重要的异质性信息，导致由结论所引出的政策启示出现钝化。因此，将企业属性特征的结构性差异纳入考量，进而更好地捕捉在面临同等数字转型冲击时新能源企业绩效的差异化影响。此外，还基于企业的脱实向虚行为差异展开研究。

表7基于企业产权性质的视角对"数字化转型—新能源企业绩效"的关系进行了异质性检验。研究表明，数字化转型对国有新能源企业绩效的促进作用呈现高度显著状态；相比之下，数字化转型对民营新能源企业绩效的影响并不明显。这可能是由于，国有新能源企业拥有宽裕的优质资源，在当前数字经济快速发展的背景下能够把握好历史机遇并投入充足的资源，有利于加快新能源企业数字化转型，优化内部生产组织流程，进而改善企业运行质

量和效率。与国有新能源企业相比，一方面，多数民营新能源企业有严重的资源限制问题，当在数字化转型项目上投入较多资源时，将不可避免地挤出其他用于提升企业绩效的项目；另一方面，民营新能源企业在产业链中往往相对劣势，其经营能力和资本实力明显弱于国有新能源企业，数字化转型对民营新能源企业绩效的促进效果可能需要较长一段时间来展现。

表7　异质性检验：基于产权性质的视角

变量	①	②
	IG	IG
划分依据	国有企业	民营企业
$L.DT$	0.0137*** （3.26）	0.0092 （1.18）
$Constant$	−2.7493*** （−3.86）	−3.4821*** （−4.30）
$Controls$	YES	YES
$Firm \& Year$	YES	YES
N	624	1014
adj. R^2	0.1564	0.0975

表8基于企业生命周期视角对"数字化转型—新能源企业绩效"的关系进行了异质性检验。借鉴刘诗源等的研究，将企业界分为成长期、成熟期和衰退期三个阶段。研究发现，对于成长期和成熟期的新能源企业，数字化转型对企业绩效具有显著的促进作用，而对于衰退期新能源企业的绩效的影响并不显著（t 值仅为1.25）。造成这一现象的原因可能是，成长期的新能源企业处在激烈的市场竞争环境中，对于使用前沿数字技术提高企业绩效的内生性需求较强。另外，成熟期的新能源企业通常具有优良的创新技术和研发实力，且在融资渠道、盈利方式和技术研发等方面也有明显优势，为数字技术与企业运营的良好契合创造了条件。与之相比，衰退期的新能源企业往往面临经营困难、盈利衰减等问题，其发展重心在于维持日常运营，且实施数字化转型战略的客观技术基础早已丧失，难以展现数字化转型对新能源企业绩效的赋能作用。

表8 异质性检验：基于生命周期的视角

变量	①	②	③
	IG	IG	IG
划分依据	成长期	成熟期	衰退期
L.DT	0.0131*** （3.93）	0.0116*** （3.45）	0.0082 （1.25）
Constant	−2.6994*** （−4.37）	−2.7431*** （−4.59）	−2.8584*** （−4.72）
Controls	YES	YES	YES
Firm & Year	YES	YES	YES
N	299	767	572
adj. R^2	0.1468	0.1084	0.0839

表9基于地理区位差异视角对"数字化转型—新能源企业绩效"的关系进行了异质性检验。研究表明，在东部地区，数字化转型对新能源企业绩效的提升效应显著。而在中部和西部地区，数字化转型对新能源企业绩效的影响并不显著。这表明，数字化转型对新能源企业绩效的驱动效果只能在东部地区得到充分展现，而中西部地区"数字化转型—新能源企业绩效"存在严重的渠道不畅问题。对此可能的解释是，东部地区新能源企业在地理位置、市场份额、资源获取和政府政策等方面具有明显优势，与其他地区相比能够率先获得数字红利，这些新能源企业也能够更好地致力于推动数字化转型战略实施，并承担起数字化转型领导者的角色。与东部地区相比，中西部地区新能源企业在资金、政策、基础设施建设等方面缺乏进行数字化转型的支持条件，其生产经营决策也逐渐偏离数字化转型的方向，以致数字化转型对企业绩效的驱动作用无法展现。

表9 异质性检验：基于地理区位的视角

变量	①	②	③
	IG	IG	IG
划分依据	东部地区	中部地区	西部地区
L.DT	0.0162*** （4.63）	0.0116 （1.36）	0.0096 （0.84）

续表

变量	①	②	③
	IG	*IG*	*IG*
Constant	−2.1534*** （−5.12）	−1.4970*** （−4.69）	−1.2957*** （−3.48）
Controls	YES	YES	YES
Firm & Year	YES	YES	YES
N	1274	195	169
adj. R^2	0.1361	0.0954	0.0830

表10基于企业脱实向虚行为视角对"数字化转型—新能源企业绩效"的关系进行了异质性检验。借鉴杜勇等的研究对企业金融化程度进行测算，刻画企业的"脱实向虚"倾向，并以研发投入占比主营业务衡量研发强度来反向刻画企业的"脱虚向实"，进行反向验证。研究发现，在金融化程度较高的新能源企业中，数字化转型对企业绩效的提升作用并不显著（*t*值仅为1.15），而在金融化程度较低的新能源企业中，数字化转型的绩效驱动效果得到展现。

与之相比，在研发强度较高的新能源企业中，数字化转型的绩效驱动效应依然成立，而在研发强度较低的新能源企业中，数字化转型对企业绩效的影响并不显著。这不难解释：新能源企业的金融化行为较强时，容易挤占企业内部的现有资源，不利于数字化转型战略的深入实施，并会阻碍数字化转型落地应用转化为现实的经济绩效；企业的盈利和决策导向也倾向于金融决策而非生产和创新决策，使得数字化转型的驱动效应受到明显抑制。

同样地，研发强度较高的新能源企业能够为数字化转型提供较好的技术基础条件，自身生产经营决策的体制机制也与核心竞争力的关联十分紧密，而研发强度较小的新能源企业难以提供足够的支撑条件，无法对企业绩效产生正向促进作用。因此，新能源企业只有重视实业发展（体现在研发强度更大），数字化转型的应用绩效才能更加显著。

表 10　异质性检验：基于脱实向虚的视角

变量	① IG	② IG	③ IG	④ IG
划分依据	金融化较高	金融化较低	研发强度较高	研发强度较低
L.DT	0.0082 （1.15）	0.0142*** （4.36）	0.0136*** （4.22）	0.0074 （0.91）
Constant	−2.1392*** （−3.89）	−1.8224*** （−3.21）	−1.950*** （−3.64）	−2.5277*** （−4.38）
Controls	YES	YES	YES	YES
Firm & Year	YES	YES	YES	YES
N	897	741	949	689
adj. R^2	0.0785	0.1398	0.1225	0.0838

五、机制路径的识别检验

上述研究为深刻理解"数字化转型—新能源企业绩效"之间的核心关系提供了丰富的实证数据支撑，但尚未对其中的机制黑箱进行研究。本部分针对上述问题着重就两者之间影响的渠道机制进行识别检验。对此，选取了"创新投入与创新产出""内部控制与财务稳定"两类渠道进行研究。为了更好地刻画数字化转型影响新能源企业绩效的机制路径和效应差异，采用了中介效应模型进行识别检验：

$$IG_{i,t} = \beta_0 + \beta_1 DT_{i,t-1} + Controls_{i,t} + Firm_i + Year_t + \varepsilon_{i,t} \quad (式3)$$

$$Med_{i,t} = \theta_0 + \theta_1 DT_{i,t-1} + Controls_{i,t} + Firm_i + Year_t + \varepsilon_{i,t} \quad (式4)$$

$$IG_{i,t} = \phi_0 + \phi_1 Med_{i,t} + \phi_2 DT_{i,t-1} + Controls_{i,t} + Firm_i + Year_t + \varepsilon_{i,t} \quad (式5)$$

式中，$Med_{i,t}$ 代表中介变量组，其余变量设定同模型（式1）。

本书选取了两组中介变量：一组是创新投入（II）和创新产出（IO），刻画新能源企业数字化转型对研发创新的"投入—产出"绩效；另一组是内部控制（IC）和财务稳定性（FS），刻画新能源企业数字化转型后的管理水平和风险水平。一方面，数字化转型战略往往需要大量的研发投入作为基础支撑，以搭建良好的创新生态场景，激发创新动力，这显然有助于活跃新能源企业的经营管理活动；另一方面，新能源企业进行数字化转型后，能够促进自身生产运营项目管理和运营能力得到迅速提升，在一定程度上提高了内部控制水平，并为完善财务建制提供了坚实技术保障，这种优化在一定程度上提升了新能源企业绩效水平。具体来看，创新投入用企业研发投入占比营业收入来衡量；创新产出用企业专利申请数取对数来表示；企业内部控制能力用"迪博·中国上市公司内部控制指数"来衡量；企业财务稳定性用资产负债率来衡量。

新能源企业数字化转型的一个重要特征，即加快探索以研发创新为导向的数字化驱动发展模式，为创新要素加速向企业集聚提供良好载体。表11基于"数字化转型→创新投入（II）/创新产出（IO）→新能源企业绩效"的路径进行了识别检验。结果显示，数字化转型对新能源企业创新投入的回归系数为0.0411且高度显著，说明数字化转型在很大程度上促进了新能源企业研发投入强度的增长。新能源企业的数字化转型是一项系统工程，需要更多的专项投资才能实现，因而对研发经费投入有更高需求。同时，新能源企业数字化转型为自身创造了高效的创新生态场景，促进了研发投入的产出绩效增长，刺激了新能源企业加大投入。创新投入对新能源企业绩效（IG）的回归系数亦显著为正，无疑为上述理论提供了经验证据支持。进一步地，数字化转型对新能源企业创新产出具有正向促进作用（$L.DT$在列③中回归系数为0.0673且高度显著），且创新产出对新能源企业绩效（IG）具有显著的正向促进作用，表明数字化转型能够为新能源企业有效配置创新资源，有助于识别出技术创新演替的最优路径，提高创新成功率，进而提高绩效水平。综上，新能源企业数字化转型从"投入—产出"视角上有利于提高创新潜能。事实上，在前沿数字技术的支持下，创新型的新能源企业可以更好地推进数字技术与生产、管理的深度融合，从而提质增效，提高自身竞争力。

表 11 数字化转型影响新能源企业绩效的机制识别：创新投入与创新产出

变量	① II	② IG	③ IO	④ IG
L.DT	0.0411*** （3.81）	0.0164*** （4.52）	0.0673*** （3.75）	0.0116*** （4.24）
II		0.0389*** （3.70）		
IO				0.0951*** （4.86）
Constant	1.4405*** （3.95）	2.5861*** （4.73）	0.6831*** （6.18）	2.5501*** （7.28）
Controls	YES	YES	YES	YES
Firm & Year	YES	YES	YES	YES
N	10738	10738	10738	10738
adj. R^2	0.1282	0.0952	0.1535	0.0854

表 12 转向了"内部控制（IC）—财务稳定（FS）"的机制识别检验。在列①中，数字化转型对新能源企业内部控制的回归系数为正值且通过 1% 水平的显著性检验，意味着数字化转型策略的实施有助于促进新能源企业内部信息流动，可减轻各经营流程中的管理摩擦，并降低企业与外部金融机构、市场投资者之间的信息不对称，更好地优化企业经营管理模式，这在一定程度上推动了企业内部控制能力的增长，有助于提高新能源企业绩效。由此可见，内部控制水平越高，带来的是企业绩效水平的快速提升（内部控制在列②中的回归系数为正值且在 1% 显著性水平上通过检验），形成了"数字化转型→（增强）内部控制→（提高）新能源企业绩效"的正向路径。从另一角度看，新能源企业数字化转型在增强信息处理能力后，将在一定程度上提高自身的创新能力和盈利能力，也为改善其财务建制提供了良好的基础性保障。在列③中，数字化转型对新能源企业财务稳定的回归系数为 0.0992 且通过显著性检验，为上述猜想提供了经验证据。同样地，一个具有良好财务建制和稳定性的新能源企业，必然在市场中处于竞争的有利地位，从而为企业生产经营管理和生产率提升提供有力支持（财务稳定性在列④中的回归系数

为正值且在 1% 水平上通过显著性检验）。

表 12　数字化转型影响新能源企业绩效的机制识别：内部控制与财务稳定

变量	① IC	② IG	③ FS	④ IG
L.DT	0.0088*** （4.27）	0.0132*** （3.85）	0.0992*** （4.15）	0.0120*** （4.20）
IC		0.5455*** （5.11）		
FS				0.0605*** （3.78）
Controls	3.2354*** （8.97）	1.0367*** （5.66）	6.7140*** （11.75）	5.1168*** （9.64）
Constant	YES	YES	YES	YES
Firm & Year	YES	YES	YES	YES
N	10738	10738	10738	10738
adj. R^2	0.1191	0.0950	0.1264	0.0817

六、研究结论和政策启示

新能源企业数字化转型是数字经济时代下的必然选择，这种创新转型会对新能源企业未来发展态势产生重大影响。基于沪深两市 2009—2022 年 A 股新能源上市企业的面板数据，在考虑时滞性的基础上探讨了数字化转型对新能源企业绩效的影响、机制和非对称效应等问题。研究结论如下：第一，数字化转型显著促进新能源企业绩效的提升，该结论在剔除特殊样本、变换核心变量统计口径、延长时间考察窗口以及内生性处理后依然成立。第二，数字化转型对新能源企业绩效的影响具有明显的异质性。具体来看，数字化转型对国有企业、"成长期—成熟期"企业、东部地区企业和专注于实业（尤其是研发）投资的新能源企业的绩效驱动效力最为明显。第三，数字化转型能够赋能新能源企业的创新活动，改善自身的经营质效，这些都有助于提高新能源企业绩效。

从本书的研究结论中可以得出如下政策启示。第一，数字化转型与新能源企业在技术和组织层面深度融合是提高企业绩效的重要推动力。新能源企业应把握数字化转型机遇，对数字技术与企业在技术和组织层面进行深度融合，为新能源产业升级与经济动能转型奠定微观基础。各地区应对新能源企业数字化转型给予政策倾斜，以推动数字化转型重点项目的落地及应用，进而将数字技术应用转化为实际生产力；引导新能源企业根据数字化技术更迭现状和行业趋势来适配经营业务，探索多样化的数字化转型创新模式和路径。第二，新能源企业数字化转型政策制定与执行应遵循差异化原则。应根据不同企业的特殊情况选择独具特色的数字化路径，并重点扶持和引导国有新能源企业广泛采用数字化转型相关技术，以提升其市场核心竞争力；对于"成长期—成熟期"新能源企业，应集中优势力量引导企业加强数字化转型力度，尤其是加大成熟期企业的数字化应用市场化推广；应从税收、法律、人才等多方面对中西部地区新能源企业予以扶持，加大政策引导和创新激励，提高企业数字化转型积极性；应关注新能源企业的脱实向虚行为，防止企业资金在金融市场中过度空转，为转型活动提供充足的资金保障。第三，打通数字化转型提升新能源企业绩效的传导机制。数字化转型赋能新能源企业发展的本质在于提高企业内外信息的传导质量和效率。考虑到当前中国在经济体系和市场环境中存在大量引致信息不对称的体制机制阻滞，应利用数字化转型的技术冲击，加快构建完善的企业信息披露机制，促进企业、消费者、投资者等市场多方主体间的良性互动，提高市场主体的积极预期，进而为数字化转型提供良好的市场基础条件。更重要的是，应推动新能源企业数字化转型项目通过专利进行锁定和保护，引导企业以科技成果转化的方式推进数字化转型战略。

数字化转型作为激发内在动力的重要举措，能否推动新能源企业实现高质量发展亟待研究。本书基于2009—2022年沪深A股上市新能源企业的面板数据，利用企业年报文本识别方法刻画数字化转型强度，实证检验了数字化转型对新能源企业绩效的影响及渠道机制。结果表明，数字化转型显著促进新能源企业的绩效提升，且通过多重稳健性检验及内生性处理后进一步证实该结论。对不同企业而言，数字化转型对新能源企业绩效的驱动效果有着较强的非对称性特征。具体而言，对于国有企业、"成长期—成熟期"企业以及东部企业，数字化转型的绩效驱动力较好；对于具有较强脱实向虚偏好的企业，其提升效果较差。从渠道路径来看，对于新能源企业数字化转型程度的提升，一是促进企业创新投入和创新产出绩效增长，二是增强内部控制能力和财务稳定性，这些都有助于企业绩效的提升。

参考文献

[1] LI K, KIM D J, LANG K R, et al. How should we understand the digital economy in Asia? Critical assessment and research agenda [J]. Electronic Commerce Research and Applications, 2020, 44: 101004.

[3] MA D, ZHU Q. Innovation in emerging economies: Research on the digital economy driving high-quality green development [J]. Journal of Business Research, 2022, 145: 801-813.

[4] PENG Y Z, TAO C Q. Can digital transformation promote enterprise performance? —From the perspective of public policy and innovation [J]. Journal of Innovation & Knowledge, 2022, 7(3): 100198.

[5] CONG L W, XIE D X, ZHANG L T. Knowledge accumulation, privacy, and growth in a data economy [J]. Management Science, 2021, 67(10): 6480-6492.

[6] BHANU MURTHY K V, KALSIE A, SHANKAR R. Digital economy in a global perspective: Is there a digital divide? [J]. Transnational Corporations Review, 2021, 13(1): 1-15.

[7] LANGE S, POHL J, SANTARIUS T. Digitalization and energy consumption. Does ICT reduce energy demand? [J]. Ecological Economics, 2020, 176: 106760.

[8] DEY K, SAHA S. Influence of procurement decisions in two-period green supply chain [J]. Journal of Cleaner Production, 2018, 190: 388-402.

[9] ADNER R, PURANAM P, ZHU F. What is different about digital strategy? from quantitative to qualitative change [J]. Strategy Science, 2019, 4(4): 253-261.

[10] ZHAI H Y, YANG M, CHAN K C. Does digital transformation enhance a firm's

performance? Evidence from China [J]. Technology in Society, 2022, 68: 101841.

[12] JALIL A, FERIDUN M. The impact of growth, energy and financial development on the environment in China: A cointegration analysis [J]. Energy Economics, 2011, 33(2): 284–291.

[13] LIN B Q, MOUBARAK M. Renewable energy consumption–Economic growth nexus for China [J]. Renewable and Sustainable Energy Reviews, 2014, 40: 111–117.

[15] JI Q, ZHANG D Y. How much does financial development contribute to renewable energy growth and upgrading of energy structure in China? [J]. Energy Policy, 2019, 128: 114–124.

[16] REN S Y, HAO Y, XU L, et al. Digitalization and energy: How does Internet development affect China's energy consumption? [J]. Energy Economics, 2021, 98: 105220.

[18] JI Q, ZHANG D Y. How much does financial development contribute to renewable energy growth and upgrading of energy structure in China? [J]. Energy Policy, 2019, 128: 114–124.

[19] XU B, LIN B Q. Do we really understand the development of China's new energy industry? [J]. Energy Economics, 2018, 74: 733–745.

[20] 苏屹, 李丹. 能源产业集聚与绿色创新绩效的空间效应研究 [J]. 科研管理, 2022, 43(6): 94–103.

[21] 李慧敏, 杨旭, 吴相利, 等. 时空视角下能源密集型产业结构演变的碳排放效应 [J]. 环境科学学报, 2021, 41(5): 2018–2028.

[22] 吴非, 王醒男, 申么. 新冠肺炎疫情下广东金融业结构调整、转型机遇与政策路径 [J]. 金融经济学研究, 2020, 35(3): 116–129.

[23] 易露霞, 吴非, 常曦. 企业数字化转型进程与主业绩效——来自中国上市企业年报文本识别的经验证据 [J]. 现代财经(天津财经大学学报), 2021, 41(10): 24–38.

[24] MUBARAK M F, PETRAITE M. Industry 4.0 technologies, digital trust and technological orientation: What matters in open innovation? [J]. Technological Forecasting and Social Change, 2020, 161: 120332.

[25] GUENZI P, HABEL J. Mastering the digital transformation of sales [J]. California

Management Review, 2020, 62(4): 57−85.

[26] 余东华, 邱璞. 产业政策偏好、社会责任属性与民营企业绩效 [J]. 财经问题研究, 2017(7): 20−27.

[27] VIAL G. Understanding digital transformation: A review and a research agenda [J]. The Journal of Strategic Information Systems, 2019, 28(2): 118−144.

[28] AGARWAL R, GAO G G, DESROCHES C, et al. Research commentary—The digital transformation of healthcare: Current status and the road ahead [J]. Information Systems Research, 2010, 21(4): 796−809.

[29] FITZGERALD M, KRUSCHWITZ N, BONNET D, et al. Embracing digital technology: A new strategic imperative [J]. MIT Sloan Management Review, 2013: 1−12.

[31] MAJCHRZAK A, MARKUS M L, WAREHAM J, et al. Designing for digital transformation: Lessons for information systems research from the study of ICT and societal challenges [J]. MIS Quarterly, 2016, 40(2): 267−277.

[32] REIS J, AMORIM M, MELÃO N, et al. Digital transformation: A literature review and guidelines for future research[C]//ROCHA Á, ADELI H, REIS LP, et al. World Conference on Information Systems and Technologies. Cham: Springer, 2018: 411−421.

[33] MERGEL I, EDELMANN N, HAUG N. Defining digital transformation: Results from expert interviews [J]. Government Information Quarterly, 2019, 36(4): 101385.

[34] SCHALLMO D, WILLIAMS C A, BOARDMAN L. Digital transformation of business models—Best practice, enablers, and roadmap [M]//Digital Disruptive Innovation. WORLD SCIENTIFIC (EUROPE), 2019: 119−138.

[35] 刘洋, 董久钰, 魏江. 数字创新管理: 理论框架与未来研究 [J]. 管理世界, 2020, 36(7): 198−217.

[36] BLOOM N, GARICANO L, SADUN R, et al. The distinct effects of information technology and communication technology on firm organization [J]. Management Science, 2014, 60(12): 2859−2885.

[38] 王才. 数字化转型对企业创新绩效的作用机制研究 [J]. 当代经济管理,

2021, 43(3): 34–42.

[39] PAUNOV C, ROLLO V. Has the Internet fostered inclusive innovation in the developing world? [J]. World Development, 2016, 78: 587–609.

[40] GAGLIO C, KRAEMER-MBULA E, LORENZ E. The effects of digital transformation on innovation and productivity: Firm-level evidence of South African manufacturing micro and small enterprises [J]. Technological Forecasting and Social Change, 2022, 182: 121785.

[41] KOHTAMÄKI M, PARIDA V, PATEL P C, et al. The relationship between digitalization and servitization: The role of servitization in capturing the financial potential of digitalization [J]. Technological Forecasting and Social Change, 2020, 151: 119804.

[42] 余菲菲, 曹佳玉, 杜红艳. 数字化悖论: 企业数字化对创新绩效的双刃剑效应 [J]. 研究与发展管理, 2022, 34(2): 1–12.

[43] 陈春花, 朱丽, 钟皓, 等. 中国企业数字化生存管理实践视角的创新研究 [J]. 管理科学学报, 2019, 22(10): 1–8.

[44] 沈国兵, 袁征宇. 企业互联网化对中国企业创新及出口的影响 [J]. 经济研究, 2020, 55(1): 33–48.

[45] YOO Y, BOLAND R J Jr, LYYTINEN K, et al. Organizing for innovation in the digitized world [J]. Organization Science, 2012, 23(5): 1398–1408.

[47] ARDITO L, RABY S, ALBINO V, et al. The duality of digital and environmental orientations in the context of SMEs: Implications for innovation performance [J]. Journal of Business Research, 2021, 123: 44–56.

[48] LLOPIS-ALBERT C, RUBIO F, VALERO F. Impact of digital transformation on the automotive industry [J]. Technological Forecasting and Social Change, 2021, 162: 120343.

[49] RIBEIRO-NAVARRETE S, BOTELLA-CARRUBI D, PALACIOS-MARQUÉS D, et al. The effect of digitalization on business performance: An applied study of KIBS [J]. Journal of Business Research, 2021, 126: 319–326.

[50] NWANKPA J K, DATTA P. Balancing exploration and exploitation of IT resources:

The influence of Digital Business Intensity on perceived organizational performance [J]. European Journal of Information Systems, 2017, 26(5): 469–488.

[51] BUTTICÈ V, CAVIGGIOLI F, FRANZONI C, et al. Counterfeiting in digital technologies: An empirical analysis of the economic performance and innovative activities of affected companies [J]. Research Policy, 2020, 49(5): 103959.

[52] SHAH S H H, NOOR S, LEI S, et al. Role of privacy/safety risk and trust on the development of prosumption and value co–creation under the sharing economy: A moderated mediation model [J]. Information Technology for Development, 2021, 27(4): 718–735.

[53] 戚聿东, 蔡呈伟. 数字化对制造业企业绩效的多重影响及其机理研究 [J]. 学习与探索, 2020(7): 108–119.

[54] 杨剑锋, 杜金虎, 杨勇, 等. 油气行业数字化转型研究与实践 [J]. 石油学报, 2021, 42(2): 248–258.

[55] 肖旭, 戚聿东. 产业数字化转型的价值维度与理论逻辑 [J]. 改革, 2019(8): 61–70.

[58] 杨伟, 吉梨霞, 周青. 企业数字化转型对创新生态系统的影响: 基于市场规模动态的多Agent模型 [J]. 中国管理科学, 2022, 30(6): 223–232.

[60] HAKALA H. Strategic orientations in management literature: Three approaches to understanding the interaction between market, technology, entrepreneurial and learning orientations [J]. International Journal of Management Reviews, 2011, 13(2): 199–217.

[61] GATIGNON H, XUEREB J M. Strategic orientation of the firm and new product performance [J]. Journal of Marketing Research, 1997, 34(1): 77.

[62] LIU Y H, WU A Q, SONG D. Exploring the impact of cross–side network interaction on digital platforms on internationalization of manufacturing firms [J]. Journal of International Management, 2022, 28(4): 100954.

[63] GATIGNON H, XUEREB J M. Strategic orientation of the firm and new product performance [J]. Journal of Marketing Research, 1997, 34(1): 77–90.

[64] LIN C C, KUNNATHUR A. Strategic orientations, developmental culture, and big data capability [J]. Journal of Business Research, 2019, 105: 49–60.

[65] LYYTINEN K, YOO Y, BOLAND R J Jr. Digital product innovation within four classes of innovation networks [J]. Information Systems Journal, 2016, 26(1): 47–75.

[66] CORSI A, FINDEIS J. True state dependence and heterogeneity in off-farm labour participation [J]. European Review of Agricultural Economics, 2000, 27(2): 127–151.

[67] ODE E, AYAVOO R. The mediating role of knowledge application in the relation ship between knowledge management practices and firm innovation [J]. Journal of Innovation & Knowledge, 2020, 5(3): 210–218.

[68] 李万利, 潘文东, 袁凯彬. 企业数字化转型与中国实体经济发展 [J]. 数量经济技术经济研究, 2022, 39(9): 5–25.

[70] 时大红, 蒋伏心. 我国企业数字化转型如何促进居民消费升级? [J]. 产业经济研究, 2022(4): 87–100.

[72] 李海舰, 田跃新, 李文杰. 互联网思维与传统企业再造 [J]. 中国工业经济, 2014(10): 135–146.

[74] 聂兴凯, 王稳华, 裴璇. 企业数字化转型会影响会计信息可比性吗 [J]. 会计研究, 2022(5): 17–39.

[75] BARON R M, KENNY D A. The moderator-mediator variable distinction in social psychological research: Conceptual, strategic, and statistical considerations [J]. Journal of Personality and Social Psychology, 1986, 51(6): 1173–1182.

[76] GRENADIER S R, MALENKO A. Real options signaling games with applications to corporate finance [J]. The Review of Financial Studies, 2011, 24(12): 3993–4036.

[77] HUTCHINSON M, GUL F A. Investment opportunity set, corporate governance practices and firm performance [J]. Journal of Corporate Finance, 2004, 10(4): 595–614.

[78] ZHANG D Y, CAO H, ZOU P J. Exuberance in China's renewable energy investment: Rationality, capital structure and implications with firm level evidence [J]. Energy Policy, 2016, 95: 468–478.

[79] SUN C W, ZHAN Y H, DU G. Can value-added tax incentives of new energy

industry increase firm's profitability? Evidence from financial data of China's listed companies [J]. Energy Economics, 2020, 86: 104654.

[80] CUI Y, KHAN S U, LI Z X, et al. Environmental effect, price subsidy and financial performance: Evidence from Chinese new energy enterprises [J]. Energy Policy, 2021, 149: 112050.

[81] VERHOEF P C, BROEKHUIZEN T, BART Y, et al. Digital transformation: A multidisciplinary reflection and research agenda [J]. Journal of Business Research, 2021, 122: 889-901.

[84] BUESA M, HEIJS J, BAUMERT T. The determinants of regional innovation in Europe: A combined factorial and regression knowledge production function approach [J]. Research Policy, 2010, 39(6): 722-735.

[85] 陈伟, 郭楷模, 岳芳. 国际能源科技发展动态 研判与战略启示 [J]. 中国科学院院刊, 2019, 34(4): 497-507.

[86] 刘洋, 董久钰, 魏江. 数字创新管理: 理论框架与未来研究 [J]. 管理世界, 2020, 36(7): 198-217.

[87] LEVINSOHN J, PETRIN A. Estimating production functions using inputs to control for unobservables [J]. The Review of Economic Studies, 2003, 70(2): 317-341.

[88] 鲁晓东, 连玉君. 中国工业企业全要素生产率估计: 1999—2007 [J]. 经济学(季刊), 2012, 11(2): 541-558.

[89] 焦勇. 数字经济赋能制造业转型: 从价值重塑到价值创造 [J]. 经济学家, 2020(6): 87-94.

[90] 张永珅, 李小波, 邢铭强. 企业数字化转型与审计定价 [J]. 审计研究, 2021(3): 62-71.

[91] 何帆, 刘红霞. 数字经济视角下实体企业数字化变革的业绩提升效应评估 [J]. 改革, 2019(4): 137-148.

[92] 温忠麟, 叶宝娟. 中介效应分析: 方法和模型发展 [J]. 心理科学进展, 2014, 22(5): 731-745.

[93] 杜勇, 张欢, 陈建英. 金融化对实体企业未来主业发展的影响: 促进还是抑制 [J]. 中国工业经济, 2017(12): 113-131.

[94] CHOI C, HOON YI M. The effect of the Internet on economic growth: Evidence from cross-country panel data [J]. Economics Letters, 2009, 105(1): 39-41.

[95] 宋德勇, 朱文博, 丁海. 企业数字化能否促进绿色技术创新?——基于重污染行业上市公司的考察 [J]. 财经研究, 2022, 48(4): 34-48.

[97] 刘满芝, 杜明伟, 刘贤贤. 政府补贴与新能源企业绩效: 异质性与时滞性视角 [J]. 科研管理, 2022, 43(3): 17-26.

[98] 刘树林, 陈静. 政府补贴对我国新能源企业创新效率的影响——基于随机前沿模型的实证分析 [J]. 北京邮电大学学报(社会科学版), 2019, 21(3): 52-61.

[99] 彭中文, 文亚辉, 黄玉妃. 政府补贴对新能源企业绩效的影响: 公司内部治理的调节作用 [J]. 中央财经大学学报, 2015(7): 80-85.

[100] 尚洪涛, 宋岸玲. 研发补贴对新能源企业创新的非对称性激励效应研究 [J]. 首都经济贸易大学学报, 2023, 25(5): 36-49.

[101] TABRIZI B, LAM E, GIRARD K, et al. Digital transformation is not about technology [J].2019.

[102] KOHLI R, MELVILLE N P. Digital innovation: Areview and synthesis [J]. Information Systems Journal, 2019, 29(1): 200-223.

[103] MORETTI F, BIANCARDI D. Inbound open innovation and firm performance [J]. Journal of Innovation & Knowledge, 2020, 5(1): 1-19.

[104] 赵宸宇, 王文春, 李雪松. 数字化转型如何影响企业全要素生产率 [J]. 财贸经济, 2021, 42(7): 114-129.

[105] TAQUES F H, LÓPEZ M G, BASSO L F, et al. Indicators used to measure service innovation and manufacturing innovation [J]. Journal of Innovation & Knowledge, 2021, 6(1): 11-26.

[106] 李唐, 李青, 陈楚霞. 数据管理能力对企业生产率的影响效应——来自中国企业—劳动力匹配调查的新发现 [J]. 中国工业经济, 2020(6): 174-192.

[108] MIAO Z L. Digital economy value chain: Concept, model structure, and mechanism [J]. Applied Economics, 2021, 53(37): 4342-4357.

[109] 徐喆, 苏春子. 研发补贴对新能源企业创新投入的资源与信号效应 [J]. 科学管理研究, 2022, 40(4): 117-125.

[110] GALINDO-MARTÍN M Á, CASTAÑO-MARTÍNEZ M S, MÉNDEZ-PICAZO M T. Digital transformation, digital dividends and entrepreneurship: A quantitative analysis [J]. Journal of Business Research, 2019, 101: 522–527.

[111] ERNESTO T, NILOOFAR K, CORRADO C, et al. Business model innovation and digital transformation in global management consulting firms [J]. European Journal of Innovation Management, 2022, 25(6): 612–636.

[112] KO A, FEHÉR P, KOVACS T, et al. Influencing factors of digital transformation: Management or IT is the driving force? [J]. International Journal of Innovation Science, 2022, 14(1): 1–20.

[113] 王芃, 武英涛. 能源产业市场扭曲与全要素生产率 [J]. 经济研究, 2014, 49(6): 142–155.

[114] 杨德明, 刘泳文. "互联网+" 为什么加出了业绩 [J]. 中国工业经济, 2018(5): 80–98.

[115] 胡青. 企业数字化转型的机制与绩效 [J]. 浙江学刊, 2020(2): 146–154.

[116] 叶康涛, 曹丰, 王化成. 内部控制信息披露能够降低股价崩盘风险吗? [J]. 金融研究, 2015(2): 192–206.

[117] WIELGOS D M, HOMBURG C, KUEHNL C. Digital business capability: Its impact on firm and customer performance [J]. Journal of the Academy of Marketing Science, 2021, 49(4): 762–789.

[118] BERGSTRÖM F. Capital subsidies and the performance of firms [J]. Small Business Economics, 2000, 14(3): 183–193.

[119] 周亚虹, 蒲余路, 陈诗一, 等. 政府扶持与新型产业发展——以新能源为例 [J]. 经济研究, 2015, 50(6): 147–161.

[120] 张永珅, 李小波, 邢铭强. 企业数字化转型与审计定价 [J]. 审计研究, 2021(3): 62–71.

[121] 刘诗源, 林志帆, 冷志鹏. 税收激励提高企业创新水平了吗?——基于企业生命周期理论的检验 [J]. 经济研究, 2020, 55(6): 105–121.

附 录

附录1 2012—2021年民营企业能源细分行业企业核心变量均值

附表1-1 2012年民营能源细分行业企业核心变量均值

细分行业	CS	CI	CA	ROA	ROE	TDR	TAT	DT	TI	OC
储能	21.5127	20.8735	2.2282	0.0653	0.1167	0.3950	0.7218	3.1239	3.0928	1.5303
地热能	21.8364	21.4946	2.6622	0.0489	0.0915	0.4479	0.7873	1.4026	1.5002	1.6396
地下管网	21.6352	21.0994	2.2897	0.0566	0.1036	0.4536	0.7526	1.3766	3.1915	1.4598
电力	22.4679	21.4572	2.6167	0.0375	0.0783	0.5203	0.4816	2.3425	1.0341	1.4479
风能	21.8957	21.1588	2.4092	0.0477	0.0878	0.4491	0.6304	2.1301	2.6581	1.3895
工业互联	21.1851	20.5142	2.1036	0.0778	0.1439	0.3920	0.7027	3.1909	4.4885	1.5538
供气供热	21.2562	20.6110	2.5100	0.0604	0.1351	0.5366	0.5978	2.0181	0.8192	1.5250
光伏	21.5240	20.7376	2.2754	0.0539	0.0751	0.3386	0.6193	2.2917	2.9414	1.4522
核电核能	21.7561	21.0254	2.2751	0.0460	0.0846	0.4239	0.6621	1.6159	2.8402	1.5459
节能	21.0591	20.2982	2.3276	0.0555	0.0850	0.3411	0.6198	2.2091	1.9034	1.7361
可燃冰	21.5396	20.5993	2.2150	0.0599	0.1137	0.3773	0.4976	1.9338	2.9779	1.7347
绿色照明	21.0997	20.5750	2.3135	0.0868	0.1422	0.3563	0.8697	2.2374	2.8389	1.5971
煤炭	23.5408	23.1851	2.3895	0.0353	0.0655	0.5467	0.9161	1.1973	0.2120	1.1826
氢能源	21.2693	20.5759	2.2401	0.0577	0.0866	0.3415	0.6618	1.5640	2.6737	1.5044
生物质能	21.9870	21.4104	2.6218	0.0485	0.1230	0.5603	0.8047	1.7280	2.1182	1.5037
石油	22.1883	21.6225	2.5311	0.0536	0.0926	0.4083	0.9536	1.1279	0.6186	1.6452
碳中和	21.3735	20.5629	2.4289	0.0596	0.1075	0.4242	0.5835	1.7778	3.0597	1.5877
天然气	21.8191	21.3477	2.4446	0.0608	0.1203	0.4540	0.8834	1.1686	1.7842	1.6724

续表

细分行业	CS	CI	CA	ROA	ROE	TDR	TAT	DT	TI	OC
油气改革	23.4570	23.6516	2.1243	0.0122	0.0904	0.7814	1.4163	1.5455	3.0150	1.0746
智慧城市	21.1397	20.2518	2.3813	0.0731	0.1053	0.3672	0.6142	3.0762	3.9801	1.4039
智慧政务	20.4830	19.7800	2.5185	0.1352	0.2274	0.3863	0.7540	4.2180	13.8794	1.4753
智能电网	20.9422	20.2092	2.2269	0.0700	0.1000	0.3007	0.6613	2.8360	2.9399	1.5756

附表 1-2　2013 年民营能源细分企业行业核心变量均值

细分行业	CS	CI	CA	ROA	ROE	TDR	TAT	DT	TI	OC
储能	21.6035	21.0064	2.3454	0.0658	0.1315	0.4166	0.7277	3.2359	4.3604	1.7977
地热能	21.9636	21.5765	2.7330	0.0469	0.0809	0.4608	0.7869	1.5663	3.7688	1.8810
地下管网	21.7766	21.2731	2.3955	0.0560	0.1110	0.4737	0.7665	1.5375	2.4623	1.5539
电力	22.5104	21.5161	2.6934	0.0318	0.0440	0.5283	0.4671	2.5406	1.7657	1.6292
风能	21.9825	21.2289	2.5043	0.0438	0.0841	0.4711	0.6024	2.2168	2.8603	1.5507
工业互联	21.2668	20.5898	2.2461	0.0749	0.1492	0.4385	0.6784	3.2436	6.3169	1.6733
供气供热	21.5613	20.6059	2.5962	0.0818	0.1399	0.4991	0.5784	2.2610	0.9110	1.6604
光伏	21.6056	20.8291	2.3853	0.0448	0.0430	0.3662	0.6137	2.4156	4.0844	1.6759
核电核能	21.8226	21.0800	2.3870	0.0400	0.0739	0.4474	0.6352	1.6595	3.2639	1.5809
节能	21.1668	20.3299	2.4361	0.0447	0.0675	0.3627	0.5617	2.0760	4.8504	2.0232
可燃冰	21.6899	20.7784	2.3261	0.0585	0.1142	0.4013	0.4805	1.7772	5.3786	2.4427
绿色照明	21.1950	20.6411	2.4251	0.0857	0.1390	0.3618	0.8226	2.3024	4.4144	1.7320
煤炭	23.5331	23.0084	2.4841	0.0114	0.0257	0.5566	0.6747	1.2751	0.5127	1.2584
氢能源	21.4864	20.8238	2.3623	0.0567	0.0963	0.3732	0.6924	1.7899	3.4617	1.4956
生物质能	22.0285	21.4702	2.6946	0.0419	0.1213	0.5484	0.7621	2.0079	2.0180	1.6957
石油	22.2887	21.7420	2.6176	0.0554	0.0975	0.4023	0.9687	1.1896	3.0565	1.8456
碳中和	21.5419	20.6986	2.5187	0.0635	0.1155	0.4448	0.5555	1.6846	4.7313	1.8511
天然气	21.9307	21.3794	2.5322	0.0520	0.1067	0.4756	0.8492	1.2894	2.4066	1.8396
油气改革	23.6643	24.1112	2.2500	0.0097	0.0950	0.8044	1.7567	1.9756	0.2750	1.0733
智慧城市	21.2703	20.4424	2.4804	0.0737	0.1160	0.3913	0.6315	3.1854	6.1290	1.6691
智慧政务	20.4684	19.7701	2.5965	0.1452	0.2434	0.3732	0.7465	4.1807	13.9558	1.4842
智能电网	20.9831	20.3007	2.3480	0.0576	0.0859	0.3037	0.6816	2.8072	6.1399	1.8300

附表 1-3　2014 年民营能源细分行业企业核心变量均值

细分行业	CS	CI	CA	ROA	ROE	TDR	TAT	DT	TI	OC
储能	21.7324	21.1237	2.4468	0.0678	0.1277	0.4383	0.7266	3.3419	3.7138	1.9727
地热能	22.0232	21.6606	2.7988	0.0463	0.0822	0.4778	0.7853	1.5802	3.4939	2.1501
地下管网	21.8255	21.2816	2.4894	0.0461	0.0874	0.4808	0.7357	1.6036	2.3943	1.7103
电力	22.5666	21.5059	2.7636	0.0296	0.0740	0.5357	0.4415	2.5982	1.7122	1.8858
风能	22.0497	21.3444	2.5894	0.0423	0.0800	0.4713	0.6162	2.3759	2.8461	1.8769
工业互联	21.4161	20.7381	2.3642	0.0807	0.1508	0.4238	0.7239	3.1090	4.0375	1.8324
供气供热	21.6673	20.7302	2.6742	0.0744	0.1308	0.5051	0.5629	2.4023	1.2137	1.7627
光伏	21.7272	20.9126	2.4818	0.0490	0.0764	0.3746	0.6005	2.4162	3.9869	1.9027
核电核能	21.8982	21.1448	2.4841	0.0431	0.0827	0.4413	0.6080	1.5919	2.9427	1.8120
节能	21.2143	20.4584	2.5311	0.0372	0.0507	0.3796	0.5952	1.7518	4.0471	2.1987
可燃冰	21.9293	20.8556	2.4249	0.0490	0.0912	0.3993	0.4122	1.4963	6.4329	2.5303
绿色照明	21.3033	20.7421	2.5211	0.0804	0.1365	0.3712	0.7973	2.2534	4.2210	1.9542
煤炭	23.6062	22.8564	2.5690	−0.0033	−0.0297	0.5820	0.5237	1.3171	0.6700	1.3076
氢能源	21.6097	20.9493	2.4665	0.0530	0.0944	0.3917	0.6791	1.8063	3.5516	1.6251
生物质能	22.1348	21.4910	2.7621	0.0568	0.1505	0.5635	0.7531	1.8311	1.3744	2.1190
石油	22.4205	21.7835	2.6951	0.0466	0.0813	0.4132	0.8968	1.0397	3.1658	2.2316
碳中和	21.7231	20.8494	2.6003	0.0523	0.0976	0.4522	0.5285	1.9501	3.9744	2.0016
天然气	22.0795	21.5747	2.6120	0.0551	0.1017	0.4732	0.8437	1.7321	2.6035	1.8777
油气改革	23.8532	24.1879	2.3593	−0.0055	0.0571	0.8345	1.5201	1.5678	0.2600	1.2721
智慧城市	21.4086	20.5272	2.5687	0.0628	0.0942	0.4136	0.5967	3.3403	4.3702	1.9867
智慧政务	20.4715	19.7637	2.6688	0.1310	0.2293	0.4152	0.7557	4.2078	1.3802	1.4663
智能电网	21.1226	20.4441	2.4511	0.0640	0.0995	0.3425	0.7085	2.9193	4.9212	1.8705

附表 1-4　2015 年民营能源细分行业企业核心变量均值

细分行业	CS	CI	CA	ROA	ROE	TDR	TAT	DT	TI	OC
储能	21.9581	21.2928	2.5370	0.0614	0.1176	0.4493	0.7086	3.7560	4.0156	2.6898
地热能	22.1800	21.5949	2.8603	0.0367	0.0610	0.4169	0.6646	2.4711	3.7697	2.9601
地下管网	21.8721	21.1836	2.5742	0.0375	0.0669	0.4699	0.6351	1.9103	2.6984	2.5174
电力	22.6884	21.5459	2.8284	0.0381	0.0835	0.4989	0.4204	2.8882	1.9180	2.4688
风能	22.1549	21.3602	2.6668	0.0429	0.0792	0.4678	0.5757	2.7072	3.1381	2.3980
工业互联	21.6614	20.8622	2.4663	0.0691	0.1245	0.4101	0.6307	3.5727	4.7089	1.9589

续表

细分行业	CS	CI	CA	ROA	ROE	TDR	TAT	DT	TI	OC
供气供热	21.7990	20.7655	2.7458	0.0576	0.0857	0.4883	0.4990	2.5750	1.2017	2.0039
光伏	21.8242	20.9299	2.5683	0.0308	0.0445	0.3666	0.5464	2.8370	4.3892	2.4162
核电核能	21.9957	21.1019	2.5708	0.0244	0.0363	0.4515	0.5269	1.9181	3.3796	2.2987
节能	21.2636	20.4659	2.6160	0.0317	0.0574	0.3786	0.5243	2.3324	4.2547	3.0537
可燃冰	21.9796	20.7600	2.5139	0.0150	0.0302	0.4062	0.3226	2.0906	6.6400	4.0827
绿色照明	21.4569	20.7982	2.6064	0.0742	0.1221	0.3729	0.7840	2.8106	4.5925	2.4989
煤炭	23.5835	22.5352	2.6464	−0.0540	−0.0675	0.6003	0.3699	1.6181	0.8582	1.7779
氢能源	21.7224	20.9517	2.5582	0.0434	0.0745	0.3765	0.6170	2.1665	3.8548	2.0866
生物质能	22.2036	21.5331	2.8251	0.0384	0.0878	0.5209	0.6813	2.0732	1.5183	2.7926
石油	22.5234	21.7823	2.7657	0.0293	0.0458	0.4298	0.9016	1.6001	3.7748	2.8298
碳中和	21.9693	21.1010	2.6752	0.0476	0.0814	0.4487	0.5120	2.4692	4.0519	2.5625
天然气	22.2094	21.5850	2.6854	0.0404	0.0690	0.4533	0.7810	1.9072	2.3232	2.0855
油气改革	24.0683	24.3347	2.4563	0.0092	0.0462	0.7524	1.6614	1.2825	0.4300	1.5000
智慧城市	21.5478	20.6002	2.6489	0.0509	0.0931	0.3990	0.5664	3.6093	5.3453	2.8785
智慧政务	20.5090	19.8062	2.7362	0.1296	0.2095	0.3704	0.7596	4.2623	1.4163	1.5020
智能电网	21.3153	20.6216	2.5420	0.0493	0.0776	0.3552	0.6838	3.2282	4.5853	2.6984

附表 1-5 2016 年民营能源细分行业企业核心变量均值

细分行业	CS	CI	CA	ROA	ROE	TDR	TAT	DT	TI	OC
储能	22.1704	21.5067	2.6185	0.0581	0.1060	0.4540	0.6851	4.0441	4.3461	2.2273
地热能	22.2800	21.4671	2.9179	0.0259	0.0374	0.4161	0.5686	2.8251	5.0226	2.0621
地下管网	22.2298	21.4000	2.6516	0.0410	0.0836	0.4961	0.6003	1.8722	2.5665	2.2653
电力	22.8626	21.7309	2.8888	0.0446	0.0855	0.4743	0.4490	3.1083	2.0517	1.9501
风能	22.2856	21.3560	2.7380	0.0274	0.0411	0.4512	0.5093	2.8031	3.9474	2.0451
工业互联	21.7794	20.9285	2.5569	0.0527	0.1039	0.4059	0.5780	3.7041	6.1358	1.7168
供气供热	22.0177	21.1132	2.8120	0.0709	0.1180	0.4373	0.5409	2.8571	1.0999	1.8823
光伏	21.8980	21.0203	2.6469	0.0394	0.0634	0.3663	0.5418	3.1419	4.4692	2.0425
核电核能	22.0370	21.1538	2.6493	0.0368	0.0654	0.4273	0.4991	2.0893	3.3508	2.1143
节能	21.5396	20.5879	2.6930	0.0341	0.0491	0.3557	0.4976	2.5626	4.2129	3.0069
可燃冰	22.0685	20.4633	2.5951	−0.0339	−0.0655	0.4068	0.2301	2.1416	7.9614	3.0808
绿色照明	21.6641	20.9772	2.6836	0.0673	0.1053	0.3630	0.7423	2.8292	4.2012	2.0946
煤炭	23.3648	22.5601	2.7176	0.0390	0.0790	0.5687	0.4012	1.4476	0.5819	1.5833

续表

细分行业	CS	CI	CA	ROA	ROE	TDR	TAT	DT	TI	OC
氢能源	21.8463	21.0715	2.6405	0.0416	0.0692	0.3435	0.6021	2.3240	4.1739	1.9914
生物质能	22.3348	21.7799	2.8842	0.0542	0.1252	0.5389	0.7567	1.9094	1.7059	1.9392
石油	22.6683	21.8207	2.8307	0.0273	0.0334	0.3674	0.7527	1.8224	3.2448	2.5942
碳中和	22.1356	21.2523	2.7445	0.0464	0.0844	0.4313	0.4838	2.5089	4.2472	2.0606
天然气	22.3904	21.6568	2.7534	0.0254	0.0340	0.4355	0.7044	2.0467	2.2711	1.7520
油气改革	24.0656	24.6093	2.5438	0.0644	0.2446	0.7146	1.6278	2.2387	0.7600	1.5150
智慧城市	21.6873	20.6646	2.7220	0.0446	0.0759	0.3818	0.5216	3.7261	6.3550	2.2357
智慧政务	20.4247	19.7404	2.7993	0.1191	0.1546	0.2513	0.7241	4.0479	6.7830	1.4306
智能电网	21.6538	20.7553	2.6238	0.0366	0.0530	0.3592	0.5925	3.5378	5.4459	2.2981

附表 1-6　2017 年民营能源细分行业企业核心变量均值

细分行业	CS	CI	CA	ROA	ROE	TDR	TAT	DT	TI	OC
储能	22.3215	21.6634	2.6930	0.0478	0.0920	0.4678	0.6668	4.2292	5.0298	1.7948
地热能	22.4547	21.7437	2.9722	0.0316	0.0544	0.4375	0.6249	2.5152	4.2991	2.3177
地下管网	22.3071	21.5308	2.7229	0.0377	0.0752	0.4842	0.6390	2.0482	2.8657	1.9126
电力	22.9827	21.9021	2.9454	0.0281	0.0491	0.4963	0.4563	3.3420	2.0966	1.5985
风能	22.3633	21.5492	2.8038	0.0305	0.0569	0.4504	0.5191	3.0711	3.5297	1.8761
工业互联	21.9363	21.1532	2.6386	0.0663	0.1151	0.4036	0.5774	4.1415	7.1195	1.8326
供气供热	22.1500	21.2730	2.8736	0.0553	0.0939	0.4263	0.5149	2.7888	1.1763	1.7614
光伏	22.0093	21.1415	2.7191	0.0363	0.0607	0.3894	0.5529	3.1573	4.6173	1.6961
核电核能	22.1499	21.3142	2.7213	0.0378	0.0718	0.4232	0.5299	2.1033	3.9288	1.7680
节能	21.6499	20.7950	2.7636	0.0500	0.0785	0.3709	0.5194	2.5442	4.6330	1.9112
可燃冰	22.1985	20.9393	2.6698	0.0086	0.0190	0.4557	0.3212	2.5470	4.5671	1.8281
绿色照明	21.6965	21.1450	2.7544	0.0564	0.0871	0.3419	0.7248	2.9667	4.9961	1.7120
煤炭	23.4078	22.7601	2.7837	0.0347	0.0690	0.4804	0.6701	2.0087	0.6867	1.7185
氢能源	21.9518	21.3169	2.7154	0.0442	0.0730	0.3621	0.7120	2.5359	3.9668	1.6112
生物质能	22.4491	21.9376	2.9399	0.0357	0.0798	0.5660	0.7533	2.0460	1.6704	1.4210
石油	22.6801	21.9482	2.8913	0.0289	0.0436	0.3559	0.8210	2.0558	3.8169	1.6468
碳中和	22.2626	21.3688	2.8089	0.0421	0.0722	0.4303	0.4800	2.8010	4.1682	1.8459
天然气	22.5645	21.9607	2.8168	0.0452	0.0805	0.4622	0.8288	2.3643	2.0840	2.0273
油气改革	24.3211	24.9099	2.6235	0.0241	0.0772	0.6925	1.9297	2.2387	0.6000	1.3871
智慧城市	21.8423	20.8870	2.7895	0.0519	0.0864	0.4009	0.5197	3.8018	5.7788	1.6452

续表

细分行业	CS	CI	CA	ROA	ROE	TDR	TAT	DT	TI	OC
智慧政务	20.4808	19.7445	2.8585	0.0975	0.1371	0.2725	0.5788	4.2801	12.6350	1.5735
智能电网	21.6808	20.9250	2.6984	0.0390	0.0701	0.3743	0.5992	3.4689	4.8988	1.9455

附表1-7　2018年民营能源细分行业企业核心变量均值

细分行业	CS	CI	CA	ROA	ROE	TDR	TAT	DT	TI	OC
储能	22.3896	21.7080	2.7618	0.0258	0.0367	0.4729	0.6161	4.3453	5.7195	1.4182
地热能	22.5103	21.8930	3.0236	0.0082	−0.0481	0.4706	0.6118	2.8671	4.6036	1.2876
地下管网	22.3872	21.6819	2.7890	0.0226	0.0368	0.5107	0.6408	2.0286	2.8450	1.4229
电力	23.0213	21.9368	2.9986	0.0036	0.0104	0.5077	0.4242	3.5162	2.2669	1.3541
风能	22.4694	21.6357	2.8652	0.0272	0.0492	0.4764	0.5110	3.2093	3.6017	1.3981
工业互联	21.9622	21.2572	2.7131	0.0353	0.0577	0.4001	0.5807	4.0074	9.3313	1.3569
供气供热	22.2769	21.3274	2.9312	0.0208	0.0435	0.4574	0.4780	2.6988	1.1241	1.2174
光伏	22.0699	21.2911	2.7860	0.0317	0.0486	0.4078	0.5739	3.2788	4.7003	1.4057
核电核能	22.2441	21.4489	2.7880	0.0125	0.0039	0.4520	0.5460	2.1215	4.0149	1.3807
节能	21.6818	20.9811	2.8290	−0.0093	−0.0568	0.4093	0.5559	2.7227	5.0534	1.6745
可燃冰	22.2302	21.1453	2.7389	0.0225	0.0461	0.4604	0.3790	2.7129	4.5343	1.5789
绿色照明	21.8138	21.2569	2.8198	0.0224	0.0420	0.3742	0.6877	3.0251	5.3876	1.5464
煤炭	23.4497	22.9611	2.8454	0.0478	0.0927	0.4648	0.7953	2.0143	0.5088	1.1983
氢能源	21.9590	21.3040	2.7843	0.0173	0.0165	0.3834	0.6398	2.5178	4.2643	1.3314
生物质能	22.5016	21.9996	2.9924	0.0725	0.1499	0.5385	0.7389	2.2984	1.6597	1.5244
石油	22.6668	22.0280	2.9480	−0.0011	−0.0402	0.3849	0.9016	2.2089	3.2921	1.6747
碳中和	22.3643	21.5029	2.8692	0.0305	0.0478	0.4643	0.4948	2.7284	4.1330	1.3824
天然气	22.6422	22.1814	2.8762	0.0177	0.0085	0.5012	0.9079	2.4229	2.2859	1.4818
油气改革	24.5292	24.8384	2.6968	−0.0649	−0.5161	0.7861	1.5745	2.8919	0.5400	1.1963
智慧城市	21.8869	20.9970	2.8524	0.0156	−0.0065	0.4292	0.5032	3.8921	6.1154	1.4669
智慧政务	20.6215	19.9335	2.9145	0.0880	0.1284	0.2983	0.5473	4.4007	15.3500	1.4596
智能电网	21.6860	20.9700	2.7672	0.0402	0.0703	0.3768	0.6120	3.4432	5.2621	1.5286

附表 1-8　2019 年民营能源细分行业企业核心变量均值

细分行业	CS	CI	CA	ROA	ROE	TDR	TAT	DT	TI	OC
储能	22.4128	21.7355	2.8258	0.0206	0.0385	0.4797	0.5887	4.3836	5.8828	1.5863
地热能	22.5747	21.9459	3.0723	0.0301	0.0549	0.4911	0.6135	2.8589	5.1036	1.3624
地下管网	22.4106	21.7044	2.8508	0.0392	0.0701	0.4982	0.6368	2.0245	3.1719	1.7065
电力	23.1690	22.0729	3.0490	0.0253	0.0508	0.5140	0.4274	3.7097	2.5702	1.4141
风能	22.5332	21.7471	2.9228	0.0304	0.0453	0.4841	0.5280	3.2948	3.6461	1.6348
工业互联	22.0699	21.3549	2.7818	0.0178	0.0078	0.3945	0.5733	4.2302	9.3882	1.5409
供气供热	22.2575	21.4168	2.9855	0.0040	-0.0164	0.4644	0.4817	3.0388	0.8927	1.5698
光伏	22.2048	21.4484	2.8483	0.0228	0.0347	0.4266	0.5900	3.4220	4.6887	1.5865
核电核能	22.2822	21.4687	2.8500	0.0160	0.0223	0.4524	0.5250	2.1214	4.5052	1.5323
节能	21.7176	21.0984	2.8899	0.0333	0.0321	0.4028	0.5981	2.9313	4.4591	1.9043
可燃冰	22.2663	21.3133	2.8033	-0.0190	-0.1222	0.5103	0.4290	2.5809	4.9586	2.0952
绿色照明	21.9061	21.3502	2.8807	0.0377	0.0588	0.4033	0.6820	3.1978	5.5663	1.7240
煤炭	23.4958	22.9975	2.9033	0.0409	0.0799	0.4643	0.7569	2.3327	0.5384	1.2440
氢能源	22.0229	21.4113	2.8482	0.0304	0.0426	0.3916	0.6550	2.6332	4.0811	1.5393
生物质能	22.5087	22.0252	3.0423	0.0307	0.0421	0.4729	0.7112	2.4950	1.8810	1.6657
石油	22.7335	22.1734	3.0013	0.0131	0.0237	0.4257	0.8892	2.0173	2.7584	1.5982
碳中和	22.4529	21.5508	2.9259	0.0312	0.0563	0.4849	0.4813	2.7904	4.6389	1.5748
天然气	22.7457	22.2079	2.9322	0.0217	0.0033	0.5410	0.8229	2.5016	2.6624	1.9642
油气改革	23.8003	22.3498	2.7647	-0.1745	0.1526	0.8202	0.3098	2.9675	1.8000	2.7365
智慧城市	21.9937	21.1178	2.9112	0.0400	0.0672	0.4335	0.4887	4.0821	6.7786	1.6244
智慧政务	20.7828	20.1115	2.9675	0.0783	0.1249	0.3526	0.5596	4.4996	17.1900	1.4648
智能电网	21.7214	21.0446	2.8310	0.0111	-0.0150	0.3923	0.6497	3.6593	5.7219	1.6631

附表 1-9　2020 年民营能源细分行业企业核心变量均值

细分行业	CS	CI	CA	ROA	ROE	TDR	TAT	DT	TI	OC
储能	22.5328	21.8171	2.8856	0.0220	0.0344	0.4864	0.5857	4.5217	5.5765	1.8752
地热能	22.7022	22.0178	3.1187	0.0211	-0.0122	0.5304	0.5961	3.0200	5.3982	1.7397
地下管网	22.4844	21.7286	2.9087	0.0435	0.0784	0.5230	0.6149	2.1590	3.0096	1.8898
电力	23.2768	22.1018	3.0967	0.0259	0.0521	0.5136	0.3763	3.8492	2.6997	1.5688
风能	22.6645	21.9125	2.9770	0.0334	0.0510	0.5080	0.5820	3.4451	3.7600	1.7720
工业互联	22.1738	21.4067	2.8456	0.0234	0.0216	0.4393	0.5323	4.4030	10.6600	1.9801

续表

细分行业	CS	CI	CA	ROA	ROE	TDR	TAT	DT	TI	OC
供气供热	22.3607	21.5291	3.0367	0.0380	0.0497	0.5125	0.4944	2.9623	0.8257	1.7496
光伏	22.2843	21.5110	2.9067	0.0243	0.0336	0.4394	0.5508	3.6103	4.9836	1.8900
核电核能	22.3908	21.4786	2.9082	0.0136	−0.0009	0.4701	0.4949	2.3093	4.6875	1.7213
节能	21.7615	21.1578	2.9468	0.0262	0.0072	0.4073	0.5865	2.9366	4.9682	2.3358
可燃冰	22.2703	21.0798	2.8637	−0.0272	−0.1543	0.5322	0.4152	2.6841	5.9727	2.4279
绿色照明	22.0027	21.3706	2.9378	0.0252	0.0386	0.4163	0.6475	3.3279	6.0703	2.1416
煤炭	23.5555	22.9730	2.9578	0.0399	0.0800	0.4674	0.6939	2.2480	0.5868	1.6128
氢能源	22.1155	21.3877	2.9078	0.0368	0.0600	0.4011	0.5742	2.8760	4.3820	1.6411
生物质能	22.5902	22.0347	3.0897	0.0311	0.0550	0.4979	0.6325	2.6476	2.4267	1.8488
石油	22.6791	21.9717	3.0517	−0.0277	−0.1130	0.4154	0.6850	2.2829	3.0291	1.9634
碳中和	22.5165	21.4761	2.9794	0.0071	0.0053	0.5021	0.4409	3.1905	5.0967	1.6434
天然气	22.9911	22.3328	2.9851	0.0294	0.0400	0.5096	0.8030	2.6720	2.7280	2.3701
油气改革	23.5199	22.3599	2.8280	0.1035	0.2332	0.7973	0.3196	3.0261	2.5800	3.7203
智慧城市	22.0752	21.1776	2.9664	0.0206	0.0273	0.4516	0.4599	4.1319	7.2896	1.7724
智慧政务	21.1662	20.2417	3.0177	0.0524	0.0899	0.3362	0.4847	4.6568	18.0450	1.9237
智能电网	21.7630	21.1214	2.8906	0.0327	0.0415	0.3947	0.6493	3.7910	5.4131	1.6498

附表1−10　2021年民营能源细分行业企业核心变量均值

细分行业	CS	CI	CA	ROA	ROE	TDR	TAT	DT	TI	OC
储能	22.5975	21.8950	2.9433	0.0164	0.0107	0.4828	0.6166	4.5515	5.8206	2.0880
地热能	22.7656	22.0933	3.1644	0.0148	−0.0746	0.5565	0.6385	3.2409	5.0145	1.9877
地下管网	22.4926	21.7854	2.9646	0.0525	0.0809	0.5245	0.6233	2.2518	3.3166	1.9299
电力	23.2906	22.1293	3.1427	0.0087	0.0130	0.5283	0.3737	3.8089	2.5368	1.8253
风能	22.7712	22.0431	3.0259	0.0297	0.0313	0.5211	0.6201	3.3906	3.7099	2.1197
工业互联	22.2032	21.4489	2.9062	0.0407	0.0647	0.4295	0.5462	4.2537	10.7405	2.1607
供气供热	22.3192	21.4381	3.0864	0.0583	0.1215	0.5252	0.4956	3.1400	0.6518	2.0114
光伏	22.3024	21.5591	2.9633	0.0265	0.0439	0.4308	0.5689	3.6250	4.7768	2.1438
核电核能	22.3617	21.5221	2.9642	0.0238	0.0053	0.4506	0.5265	2.3975	4.4211	2.0647
节能	21.7660	21.1412	3.0020	0.0293	0.0289	0.4207	0.5773	3.0409	5.2312	3.1541
可燃冰	22.2742	21.0275	2.9235	−0.0363	−0.2802	0.5647	0.4072	2.7400	4.8200	2.8310
绿色照明	22.0262	21.4258	2.9923	0.0273	0.0433	0.4033	0.7169	3.2707	6.0579	2.5439

续表

细分行业	CS	CI	CA	ROA	ROE	TDR	TAT	DT	TI	OC
煤炭	23.5373	23.0916	3.0094	0.0454	0.0901	0.4717	0.8049	2.2559	0.4947	1.8591
氢能源	22.1440	21.4150	2.9653	0.0334	0.0569	0.3864	0.5620	2.7740	3.8481	2.0963
生物质能	22.5603	22.0154	3.1356	0.0157	0.0144	0.4823	0.6552	2.4930	2.3900	1.7014
石油	22.6451	21.9901	3.1007	−0.0619	−0.2295	0.4088	0.7037	2.1463	2.6723	2.3563
碳中和	22.4937	21.4531	3.0317	−0.0050	−0.0276	0.5002	0.4491	3.1158	4.8644	1.9194
天然气	22.8201	22.1512	3.0361	0.0233	0.0305	0.4913	0.8090	2.5320	3.2596	2.7453
油气改革	23.2434	22.3700	2.8913	0.2276	0.6536	0.3642	0.3516	3.0296	2.2200	4.5491
智慧城市	22.1004	21.2661	3.0204	0.0034	−0.0125	0.4599	0.4880	4.0560	7.6641	1.9193
智慧政务	20.9643	20.2398	3.0656	0.0725	0.1123	0.3243	0.5423	4.5260	17.7750	3.4813
智能电网	21.7377	21.0609	2.9484	0.0597	0.1259	0.3850	0.6427	3.6590	5.7300	1.9640

附录2 2012—2021年东部地区部分民营能源企业核心变量

附表2-1 2012年东部地区部分民营能源企业核心变量

公司	CS	CI	CA	ROA	ROE	TDR	TAT	MRS	DT
NO.1	23.3013	22.1157	3.0910	0.0233	0.0655	0.6437	0.3225	−0.0007	4.2627
NO.2	24.2002	23.2749	2.9444	0.0351	0.0648	0.4577	0.4017	0.0274	3.0445
NO.3	22.4346	20.9587	2.8904	−0.0425	−0.1364	0.6888	0.2303	−0.2188	0.6931
NO.4	24.8663	24.7184	2.9957	0.0306	0.0873	0.6489	0.8533	0.0413	2.7726
NO.5	21.3445	21.8849	2.8332	0.0917	0.3678	0.7506	1.9480	0.1268	2.8904
NO.6	24.3915	25.1022	2.7081	0.0024	0.0093	0.7385	2.2158	−0.0302	2.6391
NO.8	22.2770	22.4463	2.8904	0.0366	0.1550	0.7638	1.2523	0.0394	0.0000
NO.9	21.9123	21.3002	2.9957	0.1319	0.2860	0.5388	0.5690	0.1762	1.0986
NO.11	23.9775	21.9914	2.9444	0.0169	0.1669	0.8986	0.1619	0.0074	0.0000
NO.12	20.7713	20.0719	2.9957	0.0550	0.0994	0.4466	0.5117	−0.0135	0.0000
NO.13	23.2641	22.8588	2.9444	0.0323	0.0462	0.3008	0.6562	0.0260	1.6094
NO.18	22.0114	21.7241	2.7726	0.0084	0.0113	0.2608	0.7377	0.0065	1.9459
NO.20	24.6748	23.0601	3.2189	0.0240	0.1568	0.8470	0.2316	0.0295	0.0000

续表

公司	CS	CI	CA	ROA	ROE	TDR	TAT	MRS	DT
NO.22	22.7570	20.5220	2.9957	0.0482	0.0605	0.2034	0.1046	0.0460	0.0000
NO.24	23.2981	21.1713	2.7081	0.0261	0.1012	0.7417	0.2256	0.0224	1.9459
NO.28	23.2378	22.6943	2.8332	0.0104	0.0692	0.8496	0.5352	0.0048	3.4340
NO.29	22.7530	22.0632	2.6391	0.0125	0.0205	0.3910	0.5255	0.0122	2.0794
NO.32	23.6262	21.2207	2.9444	0.1310	−0.1237	5.4185	1.9187	0.1304	5.4161
NO.33	19.5235	19.1087	2.3979	0.0074	0.0228	0.6758	0.7437	−0.0431	1.3863
NO.34	21.5163	20.4160	2.4849	−0.0918	−0.1995	0.5401	0.2998	−0.1049	4.3307
NO.35	22.6002	22.1895	2.3979	0.0973	0.1718	0.4336	0.6877	0.0750	2.5649
NO.36	21.8949	21.2649	2.4849	0.0110	0.0471	0.7673	0.5510	0.0106	3.7612
NO.37	23.0368	22.7487	2.3979	0.0350	0.1017	0.6555	0.8597	0.0376	2.8904
NO.38	21.2004	20.5770	2.6391	0.0609	0.0822	0.2587	0.5286	0.0653	0.6931
NO.40	21.2567	19.5055	2.4849	0.0445	0.0720	0.3821	0.1902	0.0398	3.0445
NO.41	20.5961	20.2841	2.6391	0.0744	0.0979	0.2397	0.7671	0.0821	0.0000
NO.42	22.1918	21.7851	2.4849	0.0665	0.0952	0.3017	0.7110	0.0590	3.4012
NO.43	21.9108	21.1099	2.3026	−0.0570	−0.2095	0.7277	0.4861	−0.0631	2.3979
NO.44	23.0110	22.2300	2.3979	0.0056	0.0231	0.7564	0.4997	0.0066	3.2189
NO.45	23.1521	22.6438	2.8904	0.0091	0.0438	0.7913	0.6616	0.0114	2.9444
NO.47	20.7991	20.2013	2.8332	0.0418	0.0880	0.5250	0.5898	0.0367	0.6931
NO.48	22.5006	21.7540	2.3979	0.0243	0.0538	0.5474	0.5313	0.0080	2.3026
NO.49	21.2363	21.2249	2.1972	0.0215	0.0454	0.5274	1.0083	0.0143	2.6391
NO.50	21.3385	20.7266	2.9957	0.0457	0.0584	0.2161	0.5640	0.0505	1.6094
NO.51	21.7459	20.9139	2.4849	0.0516	0.0570	0.0952	0.4345	0.0556	1.7918
NO.54	22.9918	21.6538	2.5649	−0.0101	−0.0269	0.6240	0.3134	−0.0213	4.2047
NO.56	21.9170	21.3873	2.8332	0.0113	0.0310	0.6340	0.6055	0.0037	2.7726
NO.57	20.6000	20.8504	2.6391	0.0348	0.0558	0.3768	1.1087	0.0177	0.6931
NO.59	21.6870	21.0629	2.4849	0.0208	0.0524	0.6038	0.5249	−0.0067	1.3863
NO.60	20.7224	20.3667	2.6391	0.1066	0.1378	0.2258	0.7053	0.1171	0.0000
NO.61	22.7029	21.9150	2.8332	−0.0212	−0.1027	0.7934	0.4799	−0.0272	1.9459
NO.62	21.8360	20.1395	2.4849	0.0022	0.0044	0.4907	0.2116	0.0038	1.9459
NO.64	21.0492	21.8880	2.3026	−0.0422	−0.0930	0.5469	2.4487	−0.0739	0.6931
NO.65	20.5385	20.2162	1.7918	0.0247	0.0557	0.5560	0.7606	0.0325	3.6636
NO.66	19.8762	18.8555	2.0794	0.0310	0.0350	0.1159	0.3655	−0.0078	2.1972

续表

公司	CS	CI	CA	ROA	ROE	TDR	TAT	MRS	DT
NO.67	20.8491	20.1869	2.9444	0.0371	0.0779	0.5232	0.5316	0.0319	3.4340
NO.70	20.3313	19.8408	2.3979	0.0168	0.0306	0.4515	0.6209	0.0200	0.6931
NO.71	23.0245	23.4079	2.6391	0.0082	0.1379	0.9403	1.6766	0.0102	0.6931
NO.72	21.5266	21.2915	3.2958	0.0462	0.0608	0.2397	0.8461	0.0591	3.2958
NO.73	21.1157	20.8915	2.1972	−0.0085	−0.0139	0.3919	0.8078	−0.0210	0.0000
NO.74	21.5579	20.0867	1.6094	0.0023	0.0037	0.3806	0.2449	−0.0100	5.6664
NO.77	21.9634	21.2964	1.9459	0.0983	0.1246	0.2114	0.5337	0.1125	1.0986
NO.78	20.4248	19.3440	2.6391	0.0322	0.0386	0.1640	0.3464	0.0170	3.4340
NO.79	20.9459	20.3409	2.5649	0.0461	0.0672	0.3143	0.5852	0.0507	3.6636
NO.80	21.4471	20.8982	2.7081	−0.0399	−0.0600	0.3345	0.5703	−0.0424	2.0794
NO.81	20.2664	19.8271	2.3026	0.0158	0.0185	0.1450	0.6600	0.0222	0.0000
NO.82	22.9629	22.7047	2.3979	0.0983	0.1763	0.4422	0.9698	0.1141	2.0794
NO.83	21.2800	21.2816	1.6094	0.0846	0.1518	0.4426	0.9574	0.0908	1.0986
NO.84	22.0226	21.7421	1.7918	0.0530	0.0745	0.2883	0.7725	0.0597	4.7095
NO.85	21.6505	21.0617	1.6094	0.0652	0.1073	0.3927	0.5862	0.0723	0.6931
NO.87	21.6162	20.4905	1.9459	0.0058	0.0170	0.6581	0.3274	−0.0039	2.8332
NO.88	21.9585	20.5109	2.4849	−0.0239	−0.0296	0.1933	0.2380	−0.0350	2.3026
NO.89	22.7526	22.0591	1.9459	0.0437	0.1107	0.6051	0.5594	0.0521	0.0000
NO.90	20.5328	19.5410	2.3026	0.0231	0.0333	0.3072	0.3756	0.0075	0.0000
NO.92	21.2648	20.3776	2.7081	0.0081	0.0112	0.2751	0.4756	0.0019	2.3026
NO.93	22.1284	22.1048	2.0794	−0.0194	−0.0590	0.6704	1.0157	−0.0313	0.0000
NO.94	22.0881	22.0716	2.7726	0.0451	0.0759	0.4060	1.2280	0.0388	2.6391
NO.95	21.1649	20.4354	2.9444	0.0336	0.0443	0.2417	0.4923	0.0327	0.0000
NO.97	21.4319	20.6657	2.6391	0.0465	0.0798	0.4174	0.5405	0.0521	1.6094
NO.98	23.2147	22.5679	1.6094	0.0250	0.1010	0.7525	0.6459	0.0229	3.0910
NO.99	21.7384	21.7016	1.9459	0.0583	0.0964	0.3953	1.0075	0.0648	1.0986
NO.100	20.8820	19.6507	1.6094	0.0899	0.0946	0.0500	0.3128	0.0826	3.7612
NO.103	20.8583	20.3092	2.5649	0.0590	0.0932	0.3666	0.6382	0.0554	0.0000
NO.104	21.0445	20.4177	1.7918	0.0546	0.0609	0.1023	0.5496	0.0299	3.3322
NO.105	21.0476	20.5420	2.4849	0.0834	0.1184	0.2951	0.6568	0.0762	3.2581
NO.106	22.5718	21.0728	1.7918	0.0227	0.0579	0.6079	0.2760	0.0121	2.1972
NO.107	21.3567	20.8561	2.3026	0.0504	0.1216	0.5856	0.7001	0.0568	2.0794

续表

公司	CS	CI	CA	ROA	ROE	TDR	TAT	MRS	DT
NO.108	22.1405	21.2260	2.0794	0.0293	0.0521	0.4388	0.4240	0.0308	3.6376
NO.109	21.1212	20.8403	2.9444	0.0579	0.0844	0.3137	0.7825	0.0633	2.8904
NO.111	20.6416	20.1516	1.7918	0.0850	0.1052	0.1919	0.7043	0.1108	0.0000
NO.114	20.6972	20.2184	1.6094	0.0198	0.0255	0.2232	0.6274	0.0265	0.0000
NO.115	21.4615	21.3424	1.6094	0.1128	0.1331	0.1529	0.8793	0.1357	1.3863
NO.116	22.3814	21.4451	1.6094	0.0036	0.0115	0.6828	0.4619	0.0046	0.0000
NO.117	20.7139	19.2559	2.9444	0.0304	0.0337	0.1002	0.2373	0.0213	1.7918
NO.118	23.3093	22.4859	2.8904	0.0054	0.0165	0.6717	0.4620	−0.0125	0.0000
NO.119	21.2613	19.6977	1.7918	0.0381	0.0412	0.0764	0.2648	0.0329	2.8332
NO.120	21.6462	20.8193	1.6094	0.0441	0.0559	0.2109	0.4518	0.0502	0.6931
NO.121	20.5128	20.0352	2.3979	0.0562	0.0783	0.2819	0.6295	0.0656	4.2195
NO.122	21.1942	21.2744	2.5649	0.0637	0.0776	0.1793	1.1040	0.0618	1.6094
NO.123	22.1856	21.9535	1.6094	0.0734	0.1021	0.2806	0.9277	0.0856	0.0000
NO.124	21.1120	21.0350	2.3026	0.0328	0.0406	0.1919	0.8828	0.0424	0.0000
NO.125	21.4790	21.0099	1.6094	0.0266	0.0491	0.4580	0.6651	0.0226	0.0000
NO.127	21.2809	19.7603	2.6391	0.0555	0.0678	0.1819	0.2438	0.0523	0.0000
NO.128	22.8337	22.4011	2.3026	0.0582	0.1373	0.5764	0.7374	0.0663	1.0986
NO.129	20.8736	19.9153	2.3979	0.0559	0.0775	0.2783	0.3948	0.0636	2.3979
NO.130	21.8422	22.4888	2.4849	0.0667	0.1026	0.3503	2.0580	0.0889	1.6094
NO.131	21.6895	21.3862	1.3863	0.0155	0.0338	0.5431	0.8028	0.0110	0.0000
NO.132	21.5674	21.9493	2.3026	0.0431	0.0677	0.3625	1.5517	0.0520	0.0000
NO.133	21.8714	20.6698	3.4340	0.0119	0.0164	0.2725	0.3247	0.0107	0.0000
NO.135	20.9596	19.8330	1.7918	0.0387	0.0467	0.1705	0.3225	0.0467	2.3026
NO.136	21.7294	21.1384	1.3863	0.0579	0.0794	0.2710	0.5636	0.0592	1.6094
NO.138	21.3862	20.4682	2.5649	0.0364	0.0442	0.1754	0.4064	0.0437	0.0000
NO.140	20.7701	20.2583	1.6094	0.0649	0.0839	0.2264	0.6690	0.0668	3.7136

附表 2-2 2013 年东部地区部分民营能源企业核心变量

公司	CS	CI	CA	ROA	ROE	TDR	TAT	MRS	DT
NO.1	23.3342	22.1476	3.1355	0.0326	0.0879	0.6288	0.3103	0.0031	4.4067
NO.2	24.2316	23.2370	2.9957	0.0520	0.0922	0.4358	0.3757	0.0451	3.9120
NO.3	22.4171	20.8280	2.9444	0.0135	0.0408	0.6692	0.2023	−0.1624	0.6931

续表

公司	CS	CI	CA	ROA	ROE	TDR	TAT	MRS	DT
NO.4	25.0083	24.7815	3.0445	0.0363	0.1075	0.6626	0.8536	0.0361	2.5649
NO.5	21.9385	22.2054	2.8904	0.0816	0.4216	0.8065	1.6828	0.0977	3.1781
NO.6	24.3926	25.0782	2.7726	−0.0194	−0.0878	0.7785	1.9860	−0.0510	3.5264
NO.8	22.5741	22.6269	2.9444	0.0399	0.1020	0.6092	1.2096	0.0389	1.6094
NO.9	22.1467	21.1203	3.0445	0.1330	0.2671	0.5022	0.4001	0.1243	1.3863
NO.11	24.3192	22.7483	2.9957	0.0297	0.2960	0.8998	0.2430	0.0379	0.0000
NO.12	20.6923	20.1265	3.0445	0.0378	0.0614	0.3836	0.5455	0.0353	0.0000
NO.13	23.3496	23.0491	2.9957	0.0406	0.0595	0.3169	0.7721	0.0365	1.9459
NO.18	21.9907	21.7312	2.8332	0.0217	0.0281	0.2274	0.7635	0.0217	2.3026
NO.20	24.8568	23.5002	3.2581	0.0152	0.0953	0.8409	0.2809	0.0186	0.0000
NO.22	22.8280	20.5811	3.0445	0.0743	0.0926	0.1973	0.1095	0.0558	0.0000
NO.24	23.3019	21.1937	2.7726	0.0261	0.0940	0.7226	0.1217	0.0285	2.7081
NO.28	23.1359	22.7481	2.8904	0.0321	0.1620	0.8017	0.6440	0.0783	2.9444
NO.29	22.7379	22.0709	2.7081	0.0082	0.0134	0.3871	0.5094	0.0081	1.3863
NO.32	23.8810	21.4563	2.9957	0.1143	−0.0543	3.6291	1.6140	0.1178	5.2679
NO.33	22.6761	21.6056	2.4849	0.0419	0.1193	0.6484	0.6576	0.0474	3.4965
NO.34	21.4233	20.4278	2.5649	−0.1008	−0.2490	0.5951	0.3524	−0.1274	4.1744
NO.35	22.6160	22.1898	2.4849	0.0865	0.1476	0.4142	0.6581	0.0375	2.7081
NO.36	22.0896	21.2811	2.5649	0.0093	0.0241	0.6161	0.4888	0.0107	3.2189
NO.37	22.9742	22.5899	2.4849	0.0177	0.0491	0.6398	0.6596	−0.0068	2.0794
NO.38	21.2243	20.7029	2.7081	0.0041	0.0056	0.2760	0.6008	0.0120	0.6931
NO.40	21.5815	19.8825	2.5649	0.0508	0.0744	0.3176	0.2123	0.0512	2.1972
NO.41	20.7626	20.3923	2.7081	0.0441	0.0649	0.3205	0.7479	0.0483	0.0000
NO.42	22.3313	21.9428	2.5649	0.0813	0.1181	0.3114	0.7253	0.0749	2.8904
NO.43	21.9855	21.3275	2.3979	−0.0007	−0.0028	0.7353	0.5372	−0.0033	2.3979
NO.44	23.1298	22.4092	2.4849	0.0080	0.0359	0.7764	0.5153	0.0076	3.6109
NO.45	23.2490	22.7848	2.9444	0.0133	0.0672	0.8020	0.6591	0.0154	2.9957
NO.47	20.9589	20.4201	2.8904	0.0340	0.0809	0.5794	0.6299	0.0388	0.6931
NO.48	22.5940	21.9596	2.4849	0.0188	0.0468	0.5985	0.5550	0.0007	2.3979
NO.49	21.2247	21.2395	2.3026	0.0246	0.0508	0.5167	1.0090	0.0253	1.7918
NO.50	21.3567	20.7494	3.0445	0.0459	0.0571	0.1967	0.5498	0.0476	1.0986
NO.51	22.3702	21.4168	2.5649	0.0131	0.0163	0.1961	0.5020	0.0135	2.8904

续表

公司	CS	CI	CA	ROA	ROE	TDR	TAT	MRS	DT
NO.54	23.0895	22.0387	2.6391	0.0072	0.0212	0.6596	0.3667	0.0041	3.8501
NO.56	21.9236	21.2824	2.8904	0.0102	0.0285	0.6439	0.5284	0.0008	2.7726
NO.57	20.5837	20.2430	2.7081	−0.2193	−0.3859	0.4316	0.7055	−0.2143	1.0986
NO.59	21.7467	20.8585	2.5649	0.0186	0.0492	0.6206	0.4237	−0.0194	1.3863
NO.60	20.8600	20.5602	2.7081	0.1301	0.1720	0.2432	0.7919	0.1424	0.0000
NO.61	22.7351	22.0739	2.8904	−0.0716	−0.2768	0.7412	0.5245	−0.0697	1.0986
NO.62	21.8452	20.1755	2.5649	−0.0328	−0.0724	0.5469	0.1892	−0.0487	1.7918
NO.64	21.0198	22.0704	2.3979	0.0106	0.0223	0.5264	2.8173	−0.0069	1.6094
NO.65	20.9043	20.4696	1.9459	0.0371	0.0642	0.4220	0.7645	0.0309	4.1431
NO.66	19.8632	18.7343	2.1972	0.0055	0.0063	0.1132	0.3213	−0.0217	1.9459
NO.67	21.2293	20.4881	2.9957	0.0332	0.0509	0.3486	0.5661	0.0334	4.4188
NO.70	20.5694	19.8001	2.4849	0.0118	0.0172	0.3159	0.5182	0.0184	0.0000
NO.71	23.2600	24.1195	2.7081	0.0088	0.1579	0.9444	2.6387	0.0152	1.3863
NO.72	21.7875	21.3290	3.3322	0.0172	0.0292	0.4112	0.7143	0.0141	3.0910
NO.73	21.0837	20.8997	2.3026	−0.0474	−0.0819	0.4217	0.8187	−0.0509	1.6094
NO.74	21.6652	20.7855	1.7918	0.0051	0.0090	0.4388	0.4371	0.0015	5.6095
NO.77	22.1125	21.3838	2.0794	0.0891	0.1214	0.2663	0.5184	0.1055	0.0000
NO.78	20.5460	19.6676	2.7081	0.0612	0.0764	0.1990	0.4406	0.0493	3.9703
NO.79	20.9074	20.3258	2.6391	0.0484	0.0653	0.2598	0.5252	0.0542	3.9512
NO.80	21.3181	20.7196	2.7726	−0.1354	−0.2173	0.3770	0.5142	−0.1477	1.7918
NO.81	20.5127	19.9755	2.3979	0.0659	0.0818	0.1953	0.6560	0.0089	2.7726
NO.82	23.2567	23.0307	2.4849	0.1052	0.2064	0.4904	0.9141	0.1213	2.6391
NO.83	21.3928	21.1177	1.7918	0.0738	0.1356	0.4557	0.7563	0.0906	0.0000
NO.84	22.2460	21.9090	1.9459	0.0491	0.0815	0.3974	0.7934	0.0584	5.4337
NO.85	21.7768	21.1160	1.7918	0.0360	0.0639	0.4360	0.5490	0.0368	0.0000
NO.87	21.6820	20.3882	2.0794	0.0050	0.0152	0.6705	0.2833	−0.0116	2.8332
NO.88	21.9887	20.4277	2.5649	0.0023	0.0030	0.2327	0.2131	−0.0282	3.5264
NO.89	22.8816	22.1240	2.0794	0.0386	0.1038	0.6280	0.4990	0.0456	0.6931
NO.90	20.5148	19.7193	2.3979	0.0229	0.0319	0.2834	0.4473	0.0163	0.0000
NO.92	21.4040	20.5182	2.7726	−0.0148	−0.0242	0.3873	0.4411	−0.0294	2.9444
NO.93	22.3613	22.1685	2.1972	0.0026	0.0072	0.6355	0.9203	−0.0167	0.6931
NO.94	22.1158	22.3034	2.8332	0.0544	0.0868	0.3734	1.2231	0.0510	3.3673

续表

公司	CS	CI	CA	ROA	ROE	TDR	TAT	MRS	DT
NO.95	21.1863	20.4549	2.9957	0.0350	0.0463	0.2429	0.4864	0.0339	0.0000
NO.97	21.5538	20.6237	2.7081	0.0382	0.0676	0.4359	0.4185	0.0232	2.5649
NO.98	23.4466	22.8120	1.7918	0.0169	0.0800	0.7890	0.5914	0.0066	4.7875
NO.99	21.8547	21.7701	2.0794	0.0712	0.1188	0.4006	0.9722	0.0798	1.3863
NO.100	20.9803	19.5539	1.7918	0.1026	0.1071	0.0422	0.2520	0.0856	3.6636
NO.103	20.9271	20.4937	2.6391	0.0603	0.0940	0.3587	0.6706	0.0496	3.8918
NO.104	21.1960	20.6486	1.9459	0.0722	0.0840	0.1403	0.6222	0.0505	3.0910
NO.105	21.2215	20.6020	2.5649	0.0750	0.0951	0.2111	0.5849	0.0538	1.7918
NO.106	22.7692	21.9720	1.9459	0.0218	0.0635	0.6572	0.4949	0.0102	3.0445
NO.107	21.8279	21.0232	2.3979	0.0366	0.0723	0.4932	0.5507	0.0417	1.3863
NO.108	22.1937	21.2524	2.1972	0.0161	0.0296	0.4556	0.4005	0.0176	3.6636
NO.109	21.0976	20.7167	2.9957	0.0446	0.0623	0.2835	0.6752	0.0465	3.6889
NO.111	20.9415	20.5334	1.9459	0.1174	0.1626	0.2779	0.7639	0.1522	0.0000
NO.114	20.6317	20.2392	1.7918	0.0270	0.0337	0.1986	0.6533	0.0299	0.0000
NO.115	21.5567	21.4928	1.7918	0.1372	0.1623	0.1547	0.9827	0.1594	1.0986
NO.116	22.6398	21.6040	1.7918	0.0011	0.0043	0.7540	0.4005	0.0010	0.6931
NO.117	20.7920	19.3074	2.9957	0.0302	0.0354	0.1461	0.2354	0.0151	0.0000
NO.118	23.3636	22.9372	2.9444	0.0039	0.0124	0.6885	0.6706	0.0034	1.0986
NO.119	21.3031	19.9067	1.9459	0.0204	0.0235	0.1309	0.2527	0.0151	3.1781
NO.120	22.0055	21.1158	1.7918	0.0480	0.0627	0.2347	0.4838	0.0486	0.6931
NO.121	20.6735	20.1254	2.4849	0.0510	0.0779	0.3453	0.6244	0.0653	4.3694
NO.122	21.2706	21.3185	2.6391	0.0508	0.0652	0.2214	1.0891	0.0419	2.1972
NO.123	22.3744	22.0507	1.7918	0.0688	0.1089	0.3683	0.7915	0.0600	0.0000
NO.124	21.3064	21.3407	2.3979	0.0142	0.0213	0.3327	1.1352	0.0205	0.6931
NO.125	21.5436	21.1104	1.7918	0.0063	0.0124	0.4902	0.6693	−0.0040	1.0986
NO.127	21.4190	20.5298	2.7081	0.0620	0.0785	0.2110	0.4393	0.0636	0.0000
NO.128	23.0243	22.4285	2.3979	0.0268	0.0727	0.6315	0.6035	0.0323	0.0000
NO.129	20.9422	20.0521	2.4849	0.0529	0.0737	0.2815	0.4247	0.0586	1.6094
NO.130	21.9840	22.6073	2.5649	0.0537	0.0898	0.4021	1.9972	0.0731	1.6094
NO.131	21.8644	21.5753	1.6094	0.0060	0.0166	0.6359	0.8143	0.0000	0.6931
NO.132	21.6900	21.9758	2.3979	0.0418	0.0540	0.2251	1.4124	0.0468	0.6931
NO.133	21.9473	20.8564	3.4657	0.0304	0.0440	0.3086	0.3486	0.0259	0.6931

续表

公司	CS	CI	CA	ROA	ROE	TDR	TAT	MRS	DT
NO.135	20.9946	20.0227	1.9459	0.0553	0.0662	0.1648	0.3850	0.0626	2.1972
NO.136	21.9291	21.4004	1.6094	0.0764	0.1119	0.3175	0.6480	0.0594	2.4849
NO.138	21.5972	20.9375	2.6391	0.0466	0.0657	0.2898	0.5714	0.0572	0.0000
NO.140	21.3088	20.3468	1.7918	0.0387	0.0519	0.2534	0.4826	0.0433	3.8067

附表 2-3　2014 年东部地区部分民营能源企业核心变量

公司	CS	CI	CA	ROA	ROE	TDR	TAT	MRS	DT
NO.1	23.4128	22.1845	3.1781	0.0321	0.0865	0.6289	0.3043	0.0095	4.3820
NO.2	24.3724	23.2495	3.0445	0.0608	0.1148	0.4705	0.3482	0.0563	3.6109
NO.3	22.3439	20.9336	2.9957	−0.0834	−0.3059	0.7274	0.2351	−0.1834	1.0986
NO.4	25.1981	24.9728	3.0910	0.0346	0.1112	0.6892	0.8738	0.0359	1.3863
NO.5	22.2656	22.5779	2.9444	0.0669	0.3407	0.8036	1.5881	0.0804	2.9444
NO.6	24.4258	25.0697	2.8332	−0.0084	−0.0401	0.7912	1.9355	−0.0326	3.3322
NO.8	22.6110	22.6696	2.9957	0.0438	0.1073	0.5916	1.0799	0.0463	1.7918
NO.9	22.2949	20.9726	3.0910	0.0897	0.1729	0.4810	0.2862	0.0895	1.0986
NO.11	24.4936	23.1561	3.0445	0.0369	0.2099	0.8241	0.2853	0.0382	3.7377
NO.12	20.6754	20.1306	3.0910	0.0468	0.0699	0.3311	0.5751	0.0374	0.0000
NO.13	23.5026	23.2371	3.0445	0.0167	0.0276	0.3966	0.8253	0.0155	2.0794
NO.18	21.8537	21.3822	2.8904	0.0169	0.0189	0.1063	0.5813	0.0210	1.7918
NO.20	25.1308	23.5753	3.2958	0.0105	0.0656	0.8396	0.2398	0.0059	3.9890
NO.22	23.0214	20.8673	3.0910	0.0780	0.1017	0.2330	0.1272	0.0795	0.6931
NO.24	23.3349	21.1067	2.8332	0.0151	0.0544	0.7221	0.1095	0.0167	3.1355
NO.28	23.0644	22.6097	2.9444	0.0759	0.3120	0.7566	0.6120	0.0883	2.7081
NO.29	22.7688	22.1477	2.7726	−0.0241	−0.0424	0.4323	0.5457	−0.0262	1.9459
NO.32	24.1358	21.6919	3.0445	0.0977	0.0151	1.8398	1.3093	0.1052	5.0938
NO.33	23.0004	21.9232	2.5649	0.0356	0.1225	0.7094	0.3953	0.0422	3.4657
NO.34	21.2339	20.6200	2.6391	0.0058	0.0113	0.4886	0.4901	−0.0270	2.3026
NO.35	22.6968	22.4399	2.5649	0.0996	0.1659	0.3997	0.8046	0.0863	2.8332
NO.36	22.0824	21.3005	2.6391	0.0239	0.0583	0.5895	0.4559	0.0075	3.4657
NO.37	23.0648	22.6106	2.5649	0.0101	0.0298	0.6604	0.6637	0.0084	1.3863
NO.38	21.1844	20.6537	2.7726	0.0315	0.0402	0.2159	0.5764	0.0331	1.0986
NO.40	21.8058	20.0337	2.6391	0.0504	0.0864	0.4169	0.1890	0.0506	0.0000

续表

公司	CS	CI	CA	ROA	ROE	TDR	TAT	MRS	DT
NO.41	21.4088	20.5080	2.7726	0.0499	0.0630	0.2082	0.5331	0.0303	0.0000
NO.42	22.4160	22.0238	2.6391	0.0927	0.1337	0.3067	0.7042	0.0663	2.1972
NO.43	22.0681	21.3532	2.4849	0.0088	0.0342	0.7429	0.5094	0.0124	2.5649
NO.44	23.2576	22.5154	2.5649	0.0078	0.0388	0.7998	0.5065	0.0088	3.6889
NO.45	23.3557	22.7994	2.9957	0.0143	0.0749	0.8092	0.6039	0.0147	3.9890
NO.47	20.9654	20.6017	2.9444	0.0373	0.0903	0.5873	0.6973	0.0309	0.0000
NO.48	22.8096	22.2104	2.5649	0.0214	0.0629	0.6591	0.6083	0.0158	2.8904
NO.49	21.2454	21.2240	2.3979	0.0262	0.0534	0.5099	0.9890	0.0356	3.8712
NO.50	21.4029	20.8868	3.0910	0.0398	0.0500	0.2051	0.6107	0.0419	0.0000
NO.51	22.3643	21.5748	2.6391	0.0033	0.0042	0.2024	0.4527	−0.0011	3.0910
NO.54	23.3739	22.2852	2.7081	0.0093	0.0196	0.5268	0.3842	0.0101	3.9512
NO.56	21.9525	21.3527	2.9444	0.0137	0.0382	0.6403	0.5569	0.0055	2.7726
NO.57	20.3137	20.1191	2.7726	0.0192	0.0250	0.2328	0.7127	0.0077	2.9444
NO.59	21.7869	20.9259	2.6391	0.0135	0.0362	0.6271	0.4312	0.0002	1.9459
NO.60	20.9576	20.7130	2.7726	0.1451	0.1896	0.2350	0.8212	0.1557	0.0000
NO.61	22.7100	22.2529	2.9444	−0.0180	−0.0724	0.7509	0.6252	−0.0494	1.6094
NO.62	21.8073	20.5542	2.6391	0.0020	0.0043	0.5366	0.2802	−0.0179	0.6931
NO.64	21.4696	22.8302	2.4849	0.0265	0.0491	0.4602	4.7606	0.0369	1.9459
NO.65	21.0294	20.5299	2.0794	0.0455	0.0775	0.4123	0.6448	0.0475	4.3694
NO.66	20.3254	19.9883	2.3026	0.3119	0.3585	0.1302	0.8760	0.3178	1.7918
NO.67	21.3843	20.6891	3.0445	0.0323	0.0556	0.4182	0.5376	0.0319	4.0604
NO.70	20.7466	19.8337	2.5649	0.0097	0.0168	0.4249	0.4368	0.0117	0.0000
NO.71	23.5598	24.1927	2.7726	0.0087	0.1830	0.9526	2.1633	0.0102	3.1355
NO.72	21.8249	21.5381	3.3673	0.0172	0.0296	0.4183	0.7648	0.0019	2.9444
NO.73	21.8896	21.8395	2.3979	0.0459	0.0809	0.4330	1.3149	0.0462	3.9703
NO.74	21.8850	20.1177	1.9459	−0.0015	−0.0035	0.5608	0.1895	−0.0090	5.6595
NO.77	22.1158	21.3069	2.1972	0.0579	0.0770	0.2473	0.4461	0.0697	1.0986
NO.78	20.6916	19.9423	2.7726	0.0838	0.1061	0.2107	0.5070	0.0843	4.2047
NO.79	21.0350	20.5765	2.7081	0.0267	0.0401	0.3350	0.6725	0.0166	3.3673
NO.80	21.5071	20.8942	2.8332	0.0286	0.0526	0.4556	0.5928	0.0102	2.0794
NO.81	20.3906	19.9248	2.4849	0.0081	0.0092	0.1209	0.5893	0.0113	3.1355
NO.82	23.6001	23.2648	2.5649	0.0948	0.1976	0.5201	0.8367	0.1084	2.8904

续表

公司	CS	CI	CA	ROA	ROE	TDR	TAT	MRS	DT
NO.83	21.6406	21.1798	1.9459	0.0823	0.1209	0.3198	0.6811	0.0888	1.6094
NO.84	22.5630	22.2147	2.0794	0.0537	0.0885	0.3931	0.8168	0.0583	5.1761
NO.85	21.8974	21.0627	1.9459	0.0203	0.0393	0.4838	0.4601	0.0218	0.0000
NO.87	21.4120	20.4327	2.1972	0.0058	0.0113	0.4866	0.3252	−0.0451	3.1781
NO.88	21.9745	20.6376	2.6391	−0.0025	−0.0033	0.2569	0.2608	−0.0370	3.7136
NO.89	23.0006	22.3952	2.1972	0.0529	0.1121	0.5280	0.5783	0.0622	1.0986
NO.90	20.4587	19.5213	2.4849	0.0239	0.0311	0.2304	0.3807	0.0092	0.0000
NO.92	21.3579	20.5547	2.8332	0.0056	0.0087	0.3528	0.4376	−0.0045	2.7726
NO.93	22.5626	22.1677	2.3026	−0.0197	−0.0661	0.7025	0.7414	−0.0317	2.1972
NO.94	22.2661	22.4892	2.8904	0.0506	0.0868	0.4168	1.3437	0.0479	4.5218
NO.95	21.3633	20.3249	3.0445	0.0303	0.0463	0.3449	0.3853	0.0245	0.0000
NO.97	21.5434	20.5118	2.7726	0.0073	0.0126	0.4184	0.3546	0.0040	2.1972
NO.98	23.5632	22.9475	1.9459	0.0146	0.0482	0.6970	0.5717	0.0168	4.6634
NO.99	21.9820	21.7886	2.1972	0.0532	0.0750	0.2915	0.8765	0.0612	1.7918
NO.100	21.0011	19.0905	1.9459	0.0458	0.0487	0.0614	0.1495	0.0328	3.2581
NO.103	21.1733	20.4765	2.7081	0.0387	0.0504	0.2323	0.5592	0.0340	3.5835
NO.104	21.3236	20.7795	2.0794	0.0878	0.1036	0.1528	0.6173	0.0566	3.4340
NO.105	21.4128	20.8265	2.6391	0.0708	0.0997	0.2897	0.6094	0.0582	3.0910
NO.106	23.1731	22.0865	2.0794	0.0223	0.0546	0.5911	0.4046	0.0133	2.9957
NO.107	21.9399	21.0226	2.4849	0.0268	0.0556	0.5185	0.4220	0.0310	1.7918
NO.108	22.1198	21.1639	2.3026	0.0080	0.0135	0.4106	0.3703	0.0082	3.3322
NO.109	21.2613	21.0217	3.0445	0.0449	0.0683	0.3418	0.8512	0.0492	3.6376
NO.111	21.0353	20.6143	2.0794	0.1007	0.1349	0.2538	0.6872	0.1351	0.0000
NO.114	20.6388	20.1672	1.9459	0.0384	0.0481	0.2022	0.6263	0.0344	0.0000
NO.115	21.6630	21.5792	1.9459	0.1515	0.1832	0.1728	0.9685	0.1710	1.6094
NO.116	22.3429	21.4358	1.9459	−0.0686	−0.2645	0.7406	0.3442	−0.0916	0.6931
NO.117	20.8381	19.5659	3.0445	0.0388	0.0459	0.1535	0.2867	0.0274	2.1972
NO.118	23.4378	22.9407	2.9957	0.0026	0.0089	0.7097	0.6309	−0.0172	0.0000
NO.119	21.7667	20.3661	2.0794	0.0192	0.0252	0.2365	0.3026	0.0211	3.0910
NO.120	22.1194	21.3556	1.9459	0.0504	0.0693	0.2737	0.4924	0.0475	0.6931
NO.121	20.7727	20.1341	2.5649	0.0506	0.0787	0.3576	0.5542	0.0553	4.3944
NO.122	21.4091	21.4195	2.7081	0.0451	0.0660	0.3171	1.0804	0.0463	3.4965

续表

公司	CS	CI	CA	ROA	ROE	TDR	TAT	MRS	DT
NO.123	22.6013	22.3720	1.9459	0.0475	0.0835	0.4314	0.8849	0.0530	0.0000
NO.124	21.1971	21.4956	2.4849	0.0208	0.0277	0.2495	1.2743	0.0351	0.0000
NO.125	21.5390	21.3463	1.9459	−0.0144	−0.0288	0.4981	0.8228	−0.0164	1.7918
NO.127	21.4354	20.1361	2.7726	0.0615	0.0771	0.2026	0.2750	0.0591	0.6931
NO.128	22.9642	22.5039	2.4849	0.0173	0.0413	0.5806	0.6122	0.0182	0.0000
NO.129	20.9573	19.9589	2.5649	0.0426	0.0574	0.2580	0.3712	0.0434	1.6094
NO.130	22.0563	22.6950	2.6391	0.0571	0.0954	0.4014	1.9624	0.0746	2.7081
NO.131	21.8741	21.6146	1.7918	0.0047	0.0132	0.6402	0.7751	−0.0021	0.0000
NO.132	21.6938	21.8360	2.4849	0.0270	0.0345	0.2175	1.1550	0.0277	0.0000
NO.133	22.0258	21.1570	3.4965	0.0364	0.0552	0.3407	0.4359	0.0325	1.0986
NO.135	21.0600	19.9859	2.0794	0.0629	0.0747	0.1577	0.3528	0.0657	2.8332
NO.136	22.0441	21.6504	1.7918	0.0804	0.1227	0.3447	0.7133	0.0881	3.0910
NO.138	21.5323	20.5675	2.7081	0.0274	0.0352	0.2223	0.3687	0.0291	0.0000
NO.140	21.3934	20.5834	1.9459	0.0432	0.0608	0.2899	0.4637	0.0449	2.8904

附表 2-4 2015 年东部地区部分民营能源企业核心变量

公司	CS	CI	CA	ROA	ROE	TDR	TAT	MRS	DT
NO.1	23.6199	22.3115	3.2189	0.0533	0.1474	0.6382	0.2963	0.0116	4.6444
NO.2	24.7849	23.1329	3.0910	0.0354	0.0827	0.5717	0.2307	0.0371	3.7377
NO.3	22.2449	21.0197	3.0445	−0.1811	−1.5109	0.8801	0.2792	−0.2680	0.6931
NO.4	25.3939	24.7955	3.1355	0.0213	0.0640	0.6675	0.6033	0.0235	2.6391
NO.5	21.9478	22.8556	2.9957	0.0905	0.2572	0.6480	2.0881	0.1069	2.9444
NO.6	24.3985	25.0128	2.8904	−0.0049	−0.0224	0.7794	1.8232	−0.0323	3.4657
NO.8	22.6650	22.6484	3.0445	0.0476	0.1119	0.5747	1.0101	0.0489	1.3863
NO.9	22.8020	21.0904	3.1355	0.0304	0.0886	0.6571	0.2254	0.0375	1.0986
NO.11	24.7378	23.4567	3.0910	0.0472	0.2018	0.7661	0.3115	0.0482	4.2341
NO.12	20.7823	20.2899	3.1355	0.1363	0.1859	0.2670	0.6438	0.0171	1.0986
NO.13	23.5796	23.2231	3.0910	0.0059	0.0105	0.4418	0.7271	0.0013	2.9957
NO.18	21.8687	21.2514	2.9444	0.0095	0.0106	0.1115	0.5434	0.0090	0.6931
NO.20	25.2829	23.6885	3.3322	0.0129	0.0804	0.8395	0.2184	0.0174	4.6250
NO.22	23.3439	20.9305	3.1355	0.1106	0.1377	0.1969	0.1038	0.1097	2.5649
NO.24	23.3180	21.0051	2.8904	0.0023	0.0081	0.7186	0.0981	0.0045	2.8904

141

续表

公司	CS	CI	CA	ROA	ROE	TDR	TAT	MRS	DT
NO.28	22.9832	22.5350	2.9957	0.0994	0.2769	0.6410	0.6129	0.1138	2.7726
NO.29	22.8428	22.0473	2.8332	0.0131	0.0241	0.4563	0.4681	0.0023	2.3979
NO.32	24.3906	21.9275	3.0964	0.0810	0.0845	0.0504	1.0046	0.0926	4.8828
NO.33	23.1770	22.0609	2.6391	0.0464	0.1287	0.6395	0.3564	0.0546	3.6636
NO.34	21.1690	20.2945	2.7081	0.0090	0.0160	0.4385	0.4036	0.0041	3.7842
NO.35	22.7491	22.4438	2.6391	0.0984	0.1520	0.3522	0.7561	0.0773	3.4657
NO.36	22.2475	21.5002	2.7081	0.0262	0.0602	0.5646	0.5126	0.0175	3.2958
NO.37	23.0605	22.4912	2.6391	0.0065	0.0182	0.6396	0.5647	−0.0022	3.6109
NO.38	21.2081	20.6095	2.8332	0.0170	0.0221	0.2316	0.5561	0.0117	1.3863
NO.40	22.2364	19.8759	2.7081	0.0055	0.0067	0.1747	0.1144	0.0012	1.3863
NO.41	21.4264	20.5349	2.8332	0.0396	0.0490	0.1910	0.4136	0.0299	0.6931
NO.42	22.5466	22.1089	2.7081	0.0692	0.1042	0.3358	0.6876	0.0559	1.9459
NO.43	22.1205	21.2334	2.5649	0.0280	0.0571	0.5096	0.4227	0.0256	2.7726
NO.44	23.4039	22.6232	2.6391	0.0074	0.0411	0.8201	0.4916	0.0098	3.8067
NO.45	23.4244	22.8643	3.0445	0.0143	0.0778	0.8164	0.5907	0.0179	3.3322
NO.47	22.6274	21.7332	2.9957	0.0875	0.1931	0.5469	0.6875	0.0948	4.5951
NO.48	22.8024	22.4859	2.6391	0.0421	0.1091	0.6140	0.7261	0.0341	2.5649
NO.49	21.3329	21.2626	2.4849	0.0254	0.0407	0.3767	0.9729	0.0312	4.0775
NO.50	21.4659	20.8479	3.1355	0.0274	0.0359	0.2374	0.5560	0.0289	0.6931
NO.51	22.1775	21.6086	2.7081	−0.1422	−0.1742	0.1839	0.5134	−0.1531	2.1972
NO.54	23.7717	22.3402	2.7726	0.0101	0.0206	0.5109	0.2859	0.0090	4.4998
NO.56	21.7578	21.2747	2.9957	0.0146	0.0221	0.3381	0.5570	0.0086	3.0910
NO.57	21.0107	19.8513	2.8332	0.0144	0.0210	0.3163	0.4188	0.0151	5.3471
NO.59	21.7764	20.7062	2.7081	−0.0611	−0.1779	0.6567	0.3411	−0.0836	1.3863
NO.60	21.5470	20.6057	2.8332	0.0688	0.0852	0.1926	0.5019	0.0695	2.0794
NO.61	22.6721	22.2360	2.9957	−0.0793	−0.4334	0.8171	0.6343	−0.0826	2.8332
NO.62	21.7201	20.1520	2.7081	−0.1323	−0.3570	0.6294	0.1994	−0.1276	2.4849
NO.64	21.7660	22.8041	2.5649	0.0267	0.0444	0.3973	3.2393	0.0198	1.3863
NO.65	21.4727	20.8335	2.1972	0.0542	0.0905	0.4013	0.6428	0.0474	4.1744
NO.66	21.8609	21.4406	2.3979	0.0946	0.1514	0.3753	1.0810	0.1070	2.3026
NO.67	21.8025	20.8432	3.0910	0.0278	0.0656	0.5771	0.4621	0.0289	5.3566
NO.70	20.7117	19.4526	2.6391	−0.1862	−0.4223	0.5591	0.2790	−0.1925	2.5649

续表

公司	CS	CI	CA	ROA	ROE	TDR	TAT	MRS	DT
NO.71	23.7897	24.5901	2.8332	0.0106	0.0700	0.8485	2.4812	0.0147	2.5649
NO.72	21.8724	21.5481	3.4012	0.0179	0.0314	0.4301	0.7402	0.0050	3.9512
NO.73	22.9375	22.3233	2.4849	0.0237	0.0393	0.3956	0.8012	0.0190	3.4012
NO.74	22.1698	20.4058	2.0794	0.0073	0.0119	0.3863	0.1956	0.0036	5.6768
NO.77	22.2570	21.0293	2.3026	0.0152	0.0195	0.2213	0.3136	0.0188	2.0794
NO.78	20.7327	19.6555	2.8332	0.0087	0.0113	0.2293	0.3475	0.0036	4.3041
NO.79	21.4380	20.3088	2.7726	0.0083	0.0162	0.4878	0.3876	−0.0179	4.1897
NO.80	21.3161	20.6188	2.8904	−0.1744	−0.3599	0.5154	0.4505	−0.1827	2.1972
NO.81	22.6246	21.6330	2.5649	0.0333	0.0581	0.4263	0.6701	0.0328	5.5835
NO.82	23.6807	23.3374	2.6391	0.0644	0.1306	0.5066	0.7381	0.0749	3.7136
NO.83	21.6347	21.2248	2.0794	0.1122	0.1458	0.2307	0.6350	0.1026	2.8332
NO.84	22.7522	22.3150	2.1972	0.0489	0.0967	0.4941	0.7067	0.0475	5.6971
NO.85	22.0214	21.1279	2.0794	0.0286	0.0445	0.3585	0.4346	0.0256	0.0000
NO.87	21.8804	20.3030	2.3026	0.0059	0.0154	0.6169	0.2540	0.0046	4.1589
NO.88	22.1618	20.6158	2.7081	−0.0008	−0.0012	0.2855	0.2330	−0.0334	4.1431
NO.89	23.0359	22.6384	2.3026	0.0583	0.1154	0.4945	0.6839	0.0683	0.6931
NO.90	21.4325	20.2173	2.5649	0.0999	0.1210	0.1736	0.4307	0.1145	3.0445
NO.92	21.2761	20.4866	2.8904	−0.0390	−0.0589	0.3366	0.4355	−0.0484	2.8332
NO.93	22.5566	22.1183	2.3979	0.0047	0.0107	0.5568	0.6432	−0.0415	2.3026
NO.94	22.3414	22.6471	2.9444	0.0548	0.0901	0.3919	1.4086	0.0537	5.4596
NO.95	21.2815	20.2353	3.0910	0.0085	0.0121	0.2970	0.3369	−0.0486	0.6931
NO.97	22.3516	20.5871	2.8332	0.0153	0.0250	0.3890	0.2369	0.0145	3.4012
NO.98	23.7842	23.2198	2.0794	0.0247	0.0929	0.7345	0.6313	0.0286	5.2933
NO.99	22.0169	21.7244	2.3026	0.0310	0.0443	0.3013	0.7594	0.0329	2.0794
NO.100	21.9057	19.9221	2.0794	0.0326	0.0371	0.1221	0.1959	0.0288	4.0073
NO.103	21.3042	20.5977	2.7726	0.0419	0.0590	0.2908	0.5256	0.0344	4.3041
NO.104	21.4339	20.8033	2.1972	0.0740	0.0893	0.1713	0.5616	0.0424	3.8712
NO.105	21.5752	20.9746	2.7081	0.0695	0.1037	0.3294	0.5929	0.0647	3.7136
NO.106	23.4921	22.3559	2.1972	0.0137	0.0322	0.5744	0.3718	0.0092	4.3820
NO.107	22.0140	20.7471	2.5649	−0.0331	−0.0799	0.5859	0.2921	−0.0309	1.6094
NO.108	22.0788	21.0118	2.3979	0.0070	0.0113	0.3792	0.3370	0.0056	2.3026
NO.109	21.3820	21.1032	3.0910	0.0221	0.0368	0.3999	0.8023	0.0171	3.2581

续表

公司	CS	CI	CA	ROA	ROE	TDR	TAT	MRS	DT
NO.111	20.9874	20.3296	2.1972	0.0662	0.0806	0.1790	0.5056	0.0931	0.0000
NO.114	22.1830	19.7907	2.0794	0.0063	0.0182	0.6543	0.1507	0.0046	1.9459
NO.115	21.7883	21.7336	2.0794	0.1670	0.2024	0.1750	1.0060	0.1919	1.3863
NO.116	21.4909	21.1474	2.0794	−0.0549	−0.0992	0.4461	0.4242	−0.0841	0.6931
NO.117	20.9509	19.8619	3.0910	0.0487	0.0618	0.2116	0.3555	0.0384	4.1431
NO.118	23.3237	23.0939	3.0445	−0.0007	−0.0021	0.6756	0.7494	−0.0153	2.3026
NO.119	22.0292	20.6435	2.1972	0.0311	0.0338	0.0804	0.2828	0.0348	3.6109
NO.120	22.2729	21.2915	2.0794	−0.0097	−0.0161	0.3931	0.4035	−0.0187	1.0986
NO.121	20.9183	20.2934	2.6391	0.0475	0.0807	0.4111	0.5742	0.0542	4.2905
NO.122	21.4600	21.4232	2.7726	0.0309	0.0487	0.3654	0.9884	0.0328	3.2189
NO.123	22.8087	22.1769	2.0794	0.0233	0.0334	0.3041	0.5865	0.0230	0.0000
NO.124	21.5750	21.4306	2.5649	0.0600	0.0661	0.0927	1.0272	0.0462	1.0986
NO.125	22.1331	21.5024	2.0794	0.0228	0.0463	0.5077	0.6858	0.0192	4.8442
NO.127	21.5302	19.8125	2.8332	0.0281	0.0376	0.2526	0.1880	0.0041	1.3863
NO.128	22.9986	22.5049	2.5649	0.0166	0.0394	0.5784	0.6209	0.0167	1.0986
NO.129	21.2850	19.8735	2.6391	0.0095	0.0146	0.3546	0.2834	0.0070	1.3863
NO.130	22.0667	22.6256	2.7081	0.0468	0.0751	0.3759	1.7579	0.0599	4.2627
NO.131	21.7637	21.2755	1.9459	−0.0291	−0.0782	0.6275	0.5799	−0.0367	0.0000
NO.132	21.7300	21.6946	2.5649	0.0330	0.0429	0.2313	0.9827	0.0353	2.3026
NO.133	22.2031	21.3322	3.5264	0.0351	0.0523	0.3295	0.4556	0.0328	2.1972
NO.135	21.3235	20.3131	2.1972	0.0368	0.0545	0.3240	0.4118	0.0387	4.5433
NO.136	22.1980	21.8222	1.9459	0.0789	0.1288	0.3873	0.7395	0.0851	4.0604
NO.138	21.6290	20.5234	2.7726	0.0190	0.0261	0.2723	0.3459	0.0130	0.6931
NO.140	21.6505	21.0263	2.0794	0.0494	0.0663	0.2549	0.6042	0.0506	3.0445

附表 2-5 2016 年东部地区部分民营能源企业核心变量

公司	CS	CI	CA	ROA	ROE	TDR	TAT	MRS	DT
NO.1	23.7970	22.5872	3.2581	0.0194	0.0516	0.6238	0.3227	0.0086	4.9345
NO.2	24.8319	23.1497	3.1355	0.0231	0.0567	0.5921	0.1903	0.0283	4.2341
NO.3	22.1966	21.1769	3.0910	0.2898	0.6249	0.5362	0.3520	−0.0425	0.6931
NO.4	25.5485	24.6573	3.1781	0.0059	0.0188	0.6860	0.4418	0.0003	2.5649
NO.5	22.3614	22.8894	3.0445	0.0680	0.2331	0.7085	2.0412	0.0819	3.4340

续表

公司	CS	CI	CA	ROA	ROE	TDR	TAT	MRS	DT
NO.6	24.4334	24.9592	2.9444	0.0053	0.0226	0.7674	1.7214	0.0086	3.6889
NO.8	22.8154	22.6642	3.0910	0.0488	0.1218	0.5989	0.9242	0.0476	1.7918
NO.9	23.6333	22.0926	3.1781	0.0293	0.1639	0.8214	0.2985	0.0317	1.3863
NO.11	24.9882	23.6975	3.1355	0.0415	0.1896	0.7811	0.3075	0.0457	4.2905
NO.12	21.0104	21.5808	3.1781	0.1677	0.2275	0.2628	1.9698	0.0406	2.0794
NO.13	23.6246	23.3770	3.1355	0.0007	0.0013	0.4702	0.7804	−0.0026	3.4657
NO.18	21.9263	21.1908	2.9957	0.0330	0.0379	0.1306	0.4931	0.0363	0.6931
NO.20	25.4169	24.1963	3.3673	0.0164	0.0795	0.7938	0.3148	0.0201	4.2195
NO.22	23.4352	21.1035	3.1781	0.0664	0.0869	0.2360	0.1016	0.0664	1.7918
NO.24	23.6640	21.1880	2.9444	−0.0060	−0.0222	0.7278	0.0985	−0.0047	3.6376
NO.28	22.9409	22.4055	3.0445	0.0432	0.1088	0.6029	0.5731	0.0574	2.5649
NO.29	23.0153	22.0897	2.8904	0.0100	0.0165	0.3968	0.4304	−0.0026	2.3026
NO.32	24.6455	22.1630	3.1372	0.0714	0.0856	0.1695	0.6999	0.0800	4.6151
NO.33	23.2679	22.5410	2.7081	0.0646	0.2129	0.6964	0.5054	0.0799	4.1271
NO.34	21.2051	20.3631	2.7726	0.0355	0.0612	0.4196	0.4386	0.0336	3.9512
NO.35	23.0621	22.6633	2.7081	0.0727	0.1360	0.4649	0.7753	0.0658	3.2958
NO.36	22.2956	21.6139	2.7726	0.0206	0.0458	0.5510	0.5179	0.0160	4.0604
NO.37	23.1896	22.4863	2.7081	0.0068	0.0178	0.6158	0.5269	−0.0072	3.6376
NO.38	21.2821	20.6641	2.8904	0.0103	0.0142	0.2761	0.5590	0.0088	1.7918
NO.40	22.5025	20.0196	2.7726	0.0057	0.0082	0.3023	0.0945	0.0022	2.6391
NO.41	21.7423	20.8893	2.8904	0.0374	0.0461	0.1884	0.4929	0.0387	1.6094
NO.42	22.5889	22.2057	2.7726	0.0622	0.0923	0.3262	0.6961	0.0601	2.3026
NO.43	21.9084	21.0983	2.6391	0.0796	0.1103	0.2786	0.3978	0.0960	3.6889
NO.44	23.4780	22.5674	2.7081	0.0087	0.0492	0.8240	0.4172	0.0093	4.0943
NO.45	23.3145	22.8978	3.0910	0.0172	0.0820	0.7903	0.6230	0.0205	3.4340
NO.47	23.0471	22.2831	3.0445	0.1011	0.2608	0.6123	0.5621	0.1083	4.5850
NO.48	23.7474	22.9170	2.7081	0.0206	0.0511	0.5974	0.6278	0.0172	2.4849
NO.49	21.3486	21.3036	2.5649	0.0466	0.0697	0.3317	0.9635	0.0410	4.3438
NO.50	21.4733	20.8968	3.1781	0.0494	0.0622	0.2047	0.5639	0.0497	0.0000
NO.51	22.2595	21.9334	2.7726	0.0479	0.0599	0.2000	0.7513	0.0526	2.0794
NO.54	23.8585	22.6377	2.8332	0.0176	0.0379	0.5366	0.3078	0.0158	4.7875
NO.56	22.1770	21.4481	3.0445	0.0253	0.0378	0.3309	0.5821	0.0248	3.1781
NO.57	21.3671	20.4988	2.8904	0.0802	0.0934	0.1414	0.4936	0.0313	5.5094

续表

公司	CS	CI	CA	ROA	ROE	TDR	TAT	MRS	DT
NO.59	21.9256	20.9166	2.7726	0.0123	0.0212	0.4200	0.3918	−0.0134	1.9459
NO.60	21.6128	20.6967	2.8904	0.0661	0.0818	0.1923	0.4132	0.0715	2.9444
NO.61	22.6350	22.2236	3.0445	−0.0120	−0.0680	0.8230	0.6504	−0.0093	3.3322
NO.62	21.7174	20.5332	2.7726	0.0098	0.0257	0.6166	0.3056	0.0079	1.0986
NO.64	22.1899	22.7925	2.6391	0.0439	0.0598	0.2663	2.2082	0.0450	1.0986
NO.65	21.5557	20.8179	2.3026	0.0211	0.0379	0.4430	0.4980	0.0066	4.3694
NO.66	24.6875	22.4821	2.4849	−0.0052	−0.0611	0.9155	0.2081	−0.0074	1.6094
NO.67	22.2812	21.3088	3.1355	0.0106	0.0181	0.4161	0.4670	0.0114	5.4806
NO.70	20.6347	19.2258	2.7081	−0.1002	−0.2678	0.6257	0.2350	−0.1064	1.6094
NO.71	23.7031	24.6776	2.8904	0.0806	0.3893	0.7929	2.5353	0.0181	4.4773
NO.72	22.9143	21.7778	3.4340	0.0079	0.0127	0.3822	0.4745	0.0018	4.6728
NO.73	23.5563	23.1952	2.5649	0.0514	0.0971	0.4708	0.9059	0.0513	3.1781
NO.74	22.2927	20.8557	2.1972	0.0268	0.0476	0.4372	0.2522	0.0223	5.8051
NO.77	22.3565	21.0249	2.3979	0.0167	0.0205	0.1872	0.2772	0.0209	3.6109
NO.78	20.7238	19.7043	2.8904	0.0090	0.0114	0.2050	0.3592	0.0011	4.3944
NO.79	21.6127	20.5565	2.8332	0.0169	0.0224	0.2471	0.3781	0.0185	4.2341
NO.80	21.5020	21.0659	2.9444	0.0706	0.1492	0.5270	0.7065	0.0669	1.9459
NO.81	22.8440	22.3776	2.6391	0.0540	0.0920	0.4128	0.6957	0.0596	5.5910
NO.82	23.8549	23.6827	2.7081	0.0702	0.1483	0.5265	0.9150	0.0804	3.9318
NO.83	22.3381	21.4086	2.1972	0.0529	0.0987	0.4636	0.5126	0.0550	3.2581
NO.84	23.3983	22.6410	2.3026	0.0378	0.0617	0.3871	0.6153	0.0404	6.0822
NO.85	22.0290	20.7867	2.1972	0.0225	0.0340	0.3391	0.2898	0.0229	2.9957
NO.87	22.0307	21.1650	2.3979	0.0245	0.0480	0.4893	0.4523	0.0047	3.4012
NO.88	22.1023	20.6727	2.7726	−0.0484	−0.0689	0.2972	0.2323	−0.0492	3.8712
NO.89	23.0596	22.6955	2.3979	0.0474	0.0899	0.4729	0.7031	0.0568	1.6094
NO.90	21.5453	20.7593	2.6391	0.1029	0.1247	0.1744	0.4813	0.1145	3.0445
NO.92	21.2173	20.2283	2.9444	0.0089	0.0125	0.2876	0.3610	0.0038	3.1781
NO.93	22.5412	22.1144	2.4849	0.0050	0.0110	0.5467	0.6476	−0.0287	1.0986
NO.94	22.3391	22.5764	2.9957	0.0415	0.0677	0.3871	1.2663	0.0310	5.7301
NO.95	21.2083	19.8463	3.1355	−0.0633	−0.0910	0.3043	0.2468	−0.0799	2.9957
NO.97	22.4131	21.2368	2.8904	0.0321	0.0404	0.2055	0.3179	0.0324	4.6540
NO.98	23.9390	23.1473	2.1972	0.0037	0.0157	0.7641	0.4881	−0.0008	4.8283
NO.99	22.0784	21.7158	2.3979	0.0409	0.0593	0.3096	0.7173	0.0436	1.6094

续表

公司	CS	CI	CA	ROA	ROE	TDR	TAT	MRS	DT
NO.100	21.9054	20.3483	2.1972	0.0461	0.0505	0.0879	0.2107	0.0339	3.9120
NO.103	21.3546	20.7154	2.8332	0.0442	0.0624	0.2905	0.5410	0.0372	4.2047
NO.104	21.6723	21.0039	2.3026	0.0252	0.0381	0.3390	0.5733	0.0016	3.7377
NO.105	21.7950	21.0751	2.7726	0.0357	0.0631	0.4344	0.5401	0.0263	4.2905
NO.106	23.6715	22.7820	2.3026	0.0157	0.0416	0.6224	0.4476	0.0125	5.1240
NO.107	22.5502	21.0023	2.6391	−0.0046	−0.0088	0.4794	0.2684	−0.0147	2.3979
NO.108	22.1271	21.0345	2.4849	0.0051	0.0085	0.4056	0.3434	0.0029	1.3863
NO.109	21.5766	21.2980	3.1355	0.0353	0.0672	0.4742	0.8302	0.0327	4.4308
NO.111	21.0816	20.2871	2.3026	0.0648	0.0827	0.2160	0.4731	0.0870	0.0000
NO.114	22.3619	20.9139	2.1972	0.0809	0.2103	0.6152	0.2560	0.0834	2.3026
NO.115	22.0238	21.9237	2.1972	0.1827	0.2442	0.2517	1.0108	0.2086	1.6094
NO.116	21.1210	20.7001	2.1972	0.0095	0.0117	0.1886	0.5364	0.0095	0.0000
NO.117	21.5351	20.0552	3.1355	0.0381	0.0433	0.1208	0.2923	0.0277	3.9318
NO.118	23.3785	23.2491	3.0910	0.0022	0.0070	0.6907	0.9027	0.0027	1.7918
NO.119	22.1055	20.9170	2.3026	0.0355	0.0402	0.1172	0.3163	0.0345	3.8067
NO.120	22.3140	21.3542	2.1972	0.0301	0.0491	0.3861	0.3909	0.0306	1.0986
NO.121	21.0415	20.2988	2.7081	0.0454	0.0817	0.4447	0.5051	0.0475	4.4188
NO.122	21.5489	21.5358	2.8332	0.0463	0.0776	0.4027	1.0308	0.0541	3.6109
NO.123	22.8693	22.4940	2.1972	0.0593	0.0858	0.3084	0.7079	0.0648	0.0000
NO.124	22.0404	20.0894	2.6391	0.0293	0.0313	0.0634	0.1746	0.0336	1.0986
NO.125	22.7121	21.7552	2.1972	0.0301	0.0997	0.6985	0.4923	0.0317	4.7707
NO.127	21.3682	19.5137	2.8904	−0.0562	−0.0691	0.1877	0.1439	−0.0677	0.0000
NO.128	23.0172	22.3215	2.6391	−0.0283	−0.0752	0.6234	0.5034	−0.0354	2.4849
NO.129	21.3899	20.2132	2.7081	0.0265	0.0437	0.3943	0.3245	0.0259	1.3863
NO.130	22.2476	22.6402	2.7726	0.0308	0.0406	0.2397	1.6144	0.0411	4.0775
NO.131	21.6841	21.3348	2.0794	0.0118	0.0278	0.5756	0.6772	0.0122	0.0000
NO.132	21.9048	21.6932	2.6391	0.0190	0.0292	0.3516	0.8799	0.0139	0.6931
NO.133	22.4595	21.6064	3.5553	0.0309	0.0601	0.4854	0.4804	0.0312	1.6094
NO.135	21.7696	20.9802	2.3026	0.0426	0.0915	0.5340	0.5538	0.0488	4.4773
NO.136	22.2945	21.8974	2.0794	0.0533	0.0878	0.3927	0.7047	0.0539	4.0604
NO.138	21.7927	20.5315	2.8332	0.0079	0.0126	0.3712	0.2930	0.0051	0.6931
NO.140	22.0606	21.7685	2.1972	0.1222	0.1869	0.3461	0.8977	0.1452	3.9703

147

附表 2-6　2017 年东部地区部分民营能源企业核心变量

公司	CS	CI	CA	ROA	ROE	TDR	TAT	MRS	DT
NO.1	24.0231	22.6792	3.2958	0.0119	0.0325	0.6331	0.2882	0.0031	5.0752
NO.2	25.0701	23.4671	3.1781	0.0109	0.0342	0.6799	0.2252	0.0146	4.8520
NO.3	21.7824	21.4390	3.1355	0.0001	0.0002	0.2980	0.5645	0.0039	0.6931
NO.4	25.5954	25.0579	3.2189	0.0242	0.0730	0.6689	0.5979	0.0274	3.1781
NO.5	22.7539	23.2479	3.0910	0.0477	0.2004	0.7618	1.9563	0.0650	3.1781
NO.6	23.4447	22.9753	2.9957	0.0458	0.0921	0.5028	0.3392	0.0324	3.8286
NO.8	23.0237	22.8169	3.1355	0.0213	0.0535	0.6029	0.8975	0.0218	1.0986
NO.9	25.0083	23.7979	3.2189	0.0315	0.2371	0.8670	0.4759	0.0408	2.3026
NO.11	25.4101	23.5719	3.1781	0.0198	0.1124	0.8242	0.1758	0.0208	3.8067
NO.12	21.1750	22.0067	3.2189	0.0516	0.0776	0.3344	2.4858	0.0354	3.1781
NO.13	23.4828	23.0256	3.1781	−0.0896	−0.1712	0.4765	0.5697	−0.0921	3.8918
NO.18	21.9599	21.3989	3.0445	0.0271	0.0313	0.1332	0.5802	0.0393	2.0794
NO.20	25.7818	24.2717	3.4012	0.0145	0.1022	0.8579	0.2607	0.0173	3.8918
NO.22	23.4860	21.2020	3.2189	0.0695	0.0900	0.2277	0.1045	0.0721	2.3979
NO.24	23.6683	21.3668	2.9957	0.0133	0.0435	0.6950	0.1003	0.0143	4.2047
NO.28	22.9594	22.4215	3.0910	−0.0130	−0.0357	0.6354	0.5894	−0.0194	3.0445
NO.29	23.0276	22.2622	2.9444	0.0048	0.0082	0.4198	0.4680	0.0005	2.6391
NO.32	24.9003	22.3986	3.1781	0.0617	0.0867	0.2886	0.3953	0.0674	4.2485
NO.33	23.3862	22.6013	2.7726	0.0707	0.1734	0.5924	0.4831	0.0859	4.2195
NO.34	21.3011	20.6724	2.8332	0.0528	0.0917	0.4238	0.5588	0.0514	1.7918
NO.35	23.3697	23.1708	2.7726	0.1213	0.2349	0.4835	0.9447	0.1324	3.7136
NO.36	22.3950	21.6227	2.8332	0.0176	0.0421	0.5827	0.4849	0.0201	5.1299
NO.37	23.3530	22.8370	2.7726	0.0059	0.0184	0.6795	0.6456	0.0036	2.9444
NO.38	21.2984	20.7513	2.9444	0.0235	0.0322	0.2700	0.5833	0.0170	3.0445
NO.40	22.5552	19.8701	2.8332	0.0030	0.0047	0.3649	0.0700	−0.0110	2.7081
NO.41	21.8043	21.1082	2.9444	0.0420	0.0527	0.2030	0.5139	0.0440	2.4849
NO.42	22.6387	22.2262	2.8332	0.0408	0.0615	0.3357	0.6785	0.0367	2.7726
NO.43	22.0387	21.0927	2.7081	0.0429	0.0643	0.3328	0.4136	0.0483	3.9512
NO.44	23.5863	22.6149	2.7726	0.0091	0.0547	0.8332	0.3990	0.0113	4.0604
NO.45	23.2895	22.8185	3.1355	0.0209	0.0903	0.7681	0.6166	0.0289	3.2958
NO.47	23.5622	22.2998	3.0910	0.0491	0.1018	0.5172	0.3543	0.0591	5.1240

续表

公司	CS	CI	CA	ROA	ROE	TDR	TAT	MRS	DT
NO.48	23.8341	23.0523	2.7726	0.0361	0.0888	0.5934	0.4774	0.0448	3.2958
NO.49	21.6162	21.4511	2.6391	0.0397	0.0577	0.3133	0.9606	0.0404	4.3307
NO.50	21.6152	21.1906	3.2189	0.0876	0.1141	0.2319	0.7004	0.0975	1.0986
NO.51	22.2648	22.1069	2.8332	0.0318	0.0392	0.1881	0.8562	0.0386	1.9459
NO.54	24.1575	22.9896	2.8904	0.0191	0.0454	0.5808	0.3572	0.0212	5.3982
NO.56	22.5860	21.8372	3.0910	0.0116	0.0241	0.5189	0.5683	0.0039	2.7726
NO.57	21.4805	20.6571	2.9444	0.0359	0.0436	0.1774	0.4638	0.0496	5.0938
NO.59	21.9955	21.1674	2.8332	0.0256	0.0448	0.4277	0.4521	0.0309	1.0986
NO.60	21.8584	21.1961	2.9444	0.0719	0.1254	0.4262	0.5787	0.0790	2.0794
NO.61	22.6322	22.2502	3.0910	−0.0119	−0.0721	0.8345	0.6815	−0.0082	2.8332
NO.62	21.8133	20.5628	2.8332	−0.0129	−0.0384	0.6642	0.3001	−0.0150	1.0986
NO.64	22.2781	23.1252	2.7081	0.0762	0.1050	0.2747	2.4355	0.0947	2.6391
NO.65	21.5253	20.8981	2.3979	0.0143	0.0247	0.4223	0.5260	−0.0089	5.0626
NO.66	24.2936	23.7831	2.5649	0.0409	0.2029	0.7987	0.4835	−0.1261	2.9444
NO.67	22.3950	21.2436	3.1781	0.0055	0.0105	0.4721	0.3342	0.0061	5.5413
NO.70	20.4327	19.1453	2.7726	0.0132	0.0282	0.5310	0.2482	−0.0716	0.6931
NO.71	23.7908	24.8404	2.9444	0.0148	0.0739	0.7998	2.9818	0.0112	4.4773
NO.72	22.9876	22.3590	3.4657	0.0443	0.0530	0.1652	0.5529	0.0462	5.0689
NO.73	23.7794	23.4387	2.6391	0.0549	0.1160	0.5267	0.7903	0.0589	3.9318
NO.74	22.4725	21.1386	2.3026	0.0284	0.0576	0.5072	0.2871	0.0300	5.9189
NO.77	22.3578	21.2264	2.4849	0.0234	0.0295	0.2065	0.3228	0.0261	3.8712
NO.78	20.7915	19.7196	2.9444	0.0140	0.0185	0.2453	0.3539	0.0206	4.1744
NO.79	21.4699	20.3595	2.8904	0.0061	0.0074	0.1648	0.3059	0.0041	3.9120
NO.80	21.5455	20.7886	2.9957	−0.1277	−0.3927	0.6748	0.4793	−0.1242	1.6094
NO.81	22.8820	22.3688	2.7081	0.0423	0.0706	0.4006	0.6099	0.0445	5.6937
NO.82	24.0031	23.9634	2.7726	0.0793	0.1412	0.4386	1.0321	0.0940	4.2485
NO.83	22.5979	22.0146	2.3026	0.0818	0.1468	0.4431	0.6216	0.0967	3.0445
NO.84	23.5605	22.8756	2.3979	0.0263	0.0465	0.4340	0.5450	0.0224	5.8377
NO.85	22.6238	20.8816	2.3026	0.0153	0.0297	0.4865	0.2257	0.0149	4.2341
NO.87	21.8009	20.8869	2.4849	0.0352	0.0530	0.3347	0.3551	0.0269	2.8332
NO.88	21.9214	20.7706	2.8332	−0.1736	−0.2596	0.3314	0.2879	−0.1787	3.4965
NO.89	23.1005	22.7558	2.4849	0.0369	0.0694	0.4691	0.7229	0.0443	2.0794

续表

公司	CS	CI	CA	ROA	ROE	TDR	TAT	MRS	DT
NO.90	21.8779	21.3159	2.7081	0.0962	0.1400	0.3126	0.6640	0.1157	2.9444
NO.92	21.1749	20.2203	2.9957	0.0041	0.0054	0.2526	0.3768	0.0012	0.0000
NO.93	22.5576	22.3945	2.5649	0.0096	0.0224	0.5730	0.8565	0.0130	2.9957
NO.94	22.6753	22.7259	3.0445	0.0155	0.0274	0.4340	1.2271	0.0116	5.6312
NO.95	21.1751	20.0662	3.1781	0.0102	0.0141	0.2759	0.3245	0.0065	2.7081
NO.97	22.4917	21.4291	2.9444	0.0330	0.0432	0.2367	0.3591	0.0377	4.7536
NO.98	24.1837	23.6893	2.3026	0.0121	0.0415	0.7090	0.6842	0.0102	5.0370
NO.99	22.3229	21.7646	2.4849	0.0260	0.0430	0.3959	0.6418	0.0302	0.6931
NO.100	21.9743	20.5511	2.3026	0.0797	0.0889	0.1035	0.2492	0.0892	3.8501
NO.103	21.4334	20.7191	2.8904	0.0452	0.0641	0.2941	0.5088	0.0523	4.1897
NO.104	21.8924	21.4758	2.3979	0.0659	0.1085	0.3922	0.7316	0.0573	4.6444
NO.105	22.0046	21.2048	2.8332	0.0276	0.0512	0.4612	0.4963	0.0309	4.0254
NO.106	23.8256	23.0984	2.3979	0.0293	0.0826	0.6451	0.5204	0.0358	4.9127
NO.107	22.5691	21.2692	2.7081	0.0113	0.0226	0.4995	0.2751	0.0092	3.4340
NO.108	22.1363	21.0711	2.5649	−0.0042	−0.0072	0.4165	0.3462	−0.0057	0.6931
NO.109	21.7943	21.5186	3.1781	0.0279	0.0628	0.5552	0.8414	0.0317	4.5850
NO.111	21.1229	20.3804	2.3979	0.0677	0.0924	0.2681	0.4857	0.0902	0.6931
NO.114	22.6903	21.6274	2.3026	0.1448	0.3476	0.5834	0.4017	0.1711	1.9459
NO.115	22.1579	22.0850	2.3026	0.1956	0.2557	0.2352	0.9920	0.2271	1.7918
NO.116	21.0179	21.0924	2.3026	0.0294	0.0316	0.0711	1.0219	0.0294	0.0000
NO.117	21.6042	20.1972	3.1781	0.0466	0.0543	0.1429	0.2533	0.0484	4.7274
NO.118	23.3186	23.4502	3.1355	0.0047	0.0147	0.6774	1.1065	0.0156	3.1355
NO.119	22.7430	21.0926	2.3979	0.0260	0.0320	0.1870	0.2512	0.0285	3.2189
NO.120	22.3931	21.5462	2.3026	0.0306	0.0516	0.4065	0.4457	0.0177	0.6931
NO.121	21.3769	20.6366	2.7726	0.0419	0.0991	0.5773	0.5562	0.0472	4.5109
NO.122	21.6435	21.7433	2.8904	0.0484	0.0872	0.4445	1.1571	0.0757	3.4965
NO.123	22.9897	23.8245	2.3026	0.0878	0.1270	0.3084	2.4430	0.1031	0.0000
NO.124	22.1334	20.4582	2.7081	0.0323	0.0359	0.1015	0.1960	0.0378	1.6094
NO.125	22.9846	21.9291	2.3026	0.0253	0.1007	0.7485	0.3951	0.0252	4.7791
NO.127	21.4010	19.9560	2.9444	0.0033	0.0042	0.2218	0.2396	0.0084	0.0000
NO.128	23.1292	22.5876	2.7081	0.0344	0.0762	0.5481	0.6144	0.0477	1.0986
NO.129	21.7900	20.4431	2.7726	0.0215	0.0363	0.4079	0.3114	0.0185	2.9957

续表

公司	CS	CI	CA	ROA	ROE	TDR	TAT	MRS	DT
NO.130	22.3723	22.7516	2.8332	0.0372	0.0512	0.2726	1.5522	0.0396	4.4067
NO.131	21.8123	21.7173	2.1972	0.0167	0.0438	0.6185	0.9676	0.0245	3.2189
NO.132	21.9036	22.0747	2.7081	0.0509	0.0734	0.3063	1.1858	0.0504	1.7918
NO.133	22.5591	21.9682	3.5835	0.0553	0.1093	0.4940	0.5814	0.0634	1.0986
NO.135	21.7838	21.0709	2.3979	0.0217	0.0449	0.5175	0.4937	0.0308	4.6444
NO.136	22.5405	22.1518	2.1972	0.0620	0.1133	0.4527	0.7609	0.0709	4.1431
NO.138	21.7531	20.9116	2.8904	0.0059	0.0089	0.3428	0.4150	0.0065	2.3979
NO.140	22.8026	22.2011	2.3026	0.1836	0.3632	0.4945	0.7425	0.1878	3.7612

附表 2-7　2018 年东部地区部分民营能源企业核心变量

公司	CS	CI	CA	ROA	ROE	TDR	TAT	MRS	DT
NO.1	24.1194	23.1887	3.3322	0.0223	0.0636	0.6499	0.4114	0.0378	5.1705
NO.2	25.1668	23.6425	3.2189	0.0084	0.0261	0.6769	0.2283	0.0118	4.6151
NO.3	21.9194	21.3572	3.1781	0.0038	0.0061	0.3841	0.6089	−0.0023	0.6931
NO.4	25.7914	25.2612	3.2581	0.0256	0.0776	0.6702	0.6460	0.0438	3.5835
NO.5	22.9005	23.5710	3.1355	0.0596	0.2321	0.7433	2.0983	0.0754	3.6376
NO.6	23.4960	23.0268	3.0445	0.0660	0.1588	0.5844	0.6416	0.0320	4.0431
NO.8	23.0352	22.9105	3.1781	0.0162	0.0389	0.5825	0.8879	0.0141	3.4012
NO.9	25.0534	24.0212	3.2581	0.0329	0.2342	0.8593	0.3643	0.0446	2.1972
NO.11	25.3478	23.6238	3.2189	0.0142	0.0735	0.8067	0.1343	0.0010	3.6376
NO.12	21.1077	20.2632	3.2581	0.0308	0.0419	0.2654	0.4153	0.0293	1.0986
NO.13	23.1620	22.3906	3.2189	−0.1984	−0.3935	0.4958	0.3704	−0.2093	4.0775
NO.18	21.8662	21.4100	3.0910	0.0086	0.0102	0.1566	0.6040	0.0082	1.6094
NO.20	26.1644	24.4425	3.4340	0.0174	0.1065	0.8363	0.2125	0.0235	3.4340
NO.22	23.5649	21.4347	3.2581	0.0422	0.0575	0.2655	0.1226	0.0464	2.7081
NO.24	23.6751	21.5588	3.0445	0.0265	0.0820	0.6762	0.1209	0.0297	3.8067
NO.28	22.9600	22.6046	3.1355	0.0230	0.0605	0.6192	0.7011	0.0279	2.7081
NO.29	22.9999	22.3435	2.9957	−0.0340	−0.0616	0.4477	0.5115	−0.0200	1.7918
NO.32	25.1551	22.6342	3.2189	0.0520	0.0878	0.4077	0.0906	0.0549	3.6636
NO.33	23.3724	22.5224	2.8332	0.0433	0.0996	0.5655	0.4245	0.0534	4.4188
NO.34	21.3771	20.7276	2.8904	0.0035	0.0065	0.4612	0.5421	−0.0082	1.3863
NO.35	23.6648	23.1238	2.8332	0.0911	0.2007	0.5463	0.6675	0.0861	3.8067

续表

公司	CS	CI	CA	ROA	ROE	TDR	TAT	MRS	DT
NO.36	22.5215	21.9768	2.8904	0.0233	0.0563	0.5854	0.6167	0.0281	4.2767
NO.37	23.0535	22.9640	2.8332	−0.2245	−1.0871	0.7935	0.7785	−0.2009	2.6391
NO.38	21.3452	20.8440	2.9957	0.0207	0.0289	0.2825	0.6200	0.0219	2.0794
NO.40	22.5467	20.0609	2.8904	0.0071	0.0112	0.3648	0.0829	−0.0062	3.4657
NO.41	21.8464	21.2313	2.9957	0.0502	0.0620	0.1898	0.5519	0.0607	2.7081
NO.42	22.7487	22.2933	2.8904	0.0388	0.0625	0.3790	0.6690	0.0324	3.1781
NO.43	22.1418	21.0811	2.7726	0.0291	0.0471	0.3809	0.3640	0.0370	4.1744
NO.44	23.7314	22.8405	2.8332	0.0101	0.0639	0.8423	0.4400	0.0126	4.2485
NO.45	23.3994	23.0146	3.1781	0.0136	0.0645	0.7889	0.7180	0.0376	3.2189
NO.47	23.7479	22.3578	3.1355	0.0283	0.0680	0.5847	0.2721	0.0281	5.1985
NO.48	23.9031	23.1610	2.8332	0.0412	0.0900	0.5417	0.4925	0.0525	3.1781
NO.49	21.7782	21.5229	2.7081	0.0146	0.0251	0.4209	0.8373	0.0156	4.3041
NO.50	21.7559	21.3343	3.2581	0.1094	0.1512	0.2766	0.7021	0.1187	1.3863
NO.51	22.3012	22.2085	2.8904	0.0470	0.0592	0.2067	0.9281	0.0560	2.4849
NO.54	24.4774	23.3447	2.9444	0.0185	0.0502	0.6317	0.3733	0.0101	5.3519
NO.56	22.4259	21.8266	3.1355	−0.0393	−0.0766	0.4870	0.5053	−0.0451	2.7726
NO.57	21.2505	20.7582	2.9957	−0.2152	−0.2600	0.1726	0.5412	−0.2797	5.5175
NO.59	22.0771	21.2657	2.8904	0.0266	0.0487	0.4537	0.4623	0.0306	1.6094
NO.60	21.9028	21.2723	2.9957	0.0623	0.1087	0.4267	0.5442	0.0641	2.9957
NO.61	22.2624	22.2870	3.1355	−0.0132	−0.0641	0.7944	0.8375	−0.0243	2.8904
NO.62	21.6149	20.0367	2.8904	0.0044	0.0107	0.5880	0.1859	−0.0192	1.9459
NO.64	22.6145	23.2964	2.7726	0.0617	0.0908	0.3206	2.3072	0.0687	3.2581
NO.65	21.4193	20.8508	2.4849	−0.1494	−0.2909	0.4864	0.5363	−0.1733	4.9836
NO.66	24.3099	23.8110	2.6391	0.0337	0.1422	0.7628	0.6121	0.0204	3.1355
NO.67	22.3768	21.0102	3.2189	−0.0487	−0.1049	0.5359	0.2527	−0.0571	5.9428
NO.70	19.8199	19.3778	2.8332	−0.8394	−17.8899	0.9531	0.4517	−0.7754	1.3863
NO.71	23.5359	24.4380	2.9957	−0.1459	−1.2192	0.8803	2.1524	−0.1389	4.1744
NO.72	23.0206	22.5639	3.4965	0.0490	0.0593	0.1743	0.6438	0.0556	5.4250
NO.73	24.0351	23.5508	2.7081	0.0460	0.1130	0.5933	0.6945	0.0519	3.8712
NO.74	22.5690	20.8373	2.3979	0.0140	0.0308	0.5447	0.1855	0.0134	5.8051
NO.77	23.2116	21.7829	2.5649	0.0228	0.0440	0.4823	0.3361	0.0241	5.0304
NO.78	20.8421	19.6809	2.9957	0.0092	0.0128	0.2774	0.3210	0.0020	4.6913

续表

公司	CS	CI	CA	ROA	ROE	TDR	TAT	MRS	DT
NO.79	21.4495	20.3746	2.9444	0.0068	0.0082	0.1789	0.3379	0.0024	3.6376
NO.80	21.6881	21.3208	3.0445	0.1450	0.3393	0.5727	0.7420	0.1457	1.7918
NO.81	22.8466	22.1320	2.7726	0.0042	0.0067	0.3797	0.4807	0.0462	5.7301
NO.82	24.1158	23.8909	2.8332	0.0284	0.0556	0.4893	0.8435	0.0358	4.0073
NO.83	22.7219	22.1811	2.3979	0.0504	0.0930	0.4580	0.6124	0.0575	2.9444
NO.84	23.4017	22.8794	2.4849	−0.1646	−0.3586	0.5410	0.5462	−0.1755	5.8111
NO.85	22.7488	21.3916	2.3979	−0.0191	−0.0364	0.4737	0.2734	−0.0909	4.2627
NO.87	21.8449	20.6827	2.5649	−0.0630	−0.1095	0.4246	0.3197	−0.0547	1.7918
NO.88	22.0682	21.1074	2.8904	0.0099	0.0174	0.4352	0.4106	0.0032	3.7136
NO.89	23.1824	22.9197	2.5649	0.0351	0.0710	0.5059	0.8004	0.0422	2.0794
NO.90	22.1219	20.8712	2.7726	0.0423	0.0729	0.4202	0.3211	0.0356	3.2189
NO.92	21.3034	20.3068	3.0445	0.0248	0.0360	0.3112	0.3928	0.0421	2.9957
NO.93	22.6019	22.4822	2.6391	0.0219	0.0535	0.5914	0.9068	0.0287	3.1781
NO.94	22.7171	22.8912	3.0910	0.0157	0.0286	0.4508	1.2150	0.0168	5.5491
NO.95	21.2194	20.3695	3.2189	0.0210	0.0294	0.2844	0.4369	0.0211	2.7081
NO.97	22.5543	21.6218	2.9957	0.0302	0.0426	0.2921	0.4059	0.0350	5.0999
NO.98	23.9651	23.5402	2.3979	−0.0081	−0.0232	0.6502	0.5827	−0.0036	4.5747
NO.99	22.3685	22.1252	2.5649	0.0595	0.0937	0.3651	0.8019	0.0725	0.0000
NO.100	21.9844	20.7192	2.3979	0.0726	0.0876	0.1715	0.2831	0.0789	4.7185
NO.103	21.7660	20.9459	2.9444	0.0364	0.0493	0.2610	0.5130	0.0433	4.8122
NO.104	21.9502	21.5244	2.4849	0.0522	0.0884	0.4102	0.6721	0.0526	4.8828
NO.105	22.0454	21.3972	2.8904	0.0243	0.0449	0.4600	0.5336	0.0279	4.2627
NO.106	23.9405	23.3536	2.4849	0.0312	0.0762	0.5904	0.5879	0.0357	5.1120
NO.107	22.9799	21.8907	2.7726	0.0298	0.0575	0.4810	0.4046	0.0351	3.5553
NO.108	22.1085	21.2451	2.6391	0.0045	0.0074	0.3956	0.4159	0.0056	1.7918
NO.109	21.9959	21.6596	3.2189	0.0299	0.0585	0.4882	0.7862	0.0341	4.6444
NO.111	20.9949	20.6141	2.4849	0.1079	0.1315	0.1799	0.6396	0.1499	0.6931
NO.114	22.6884	21.0451	2.3979	0.0476	0.1056	0.5489	0.1932	0.0561	2.1972
NO.115	22.2524	22.2427	2.3979	0.2122	0.2677	0.2074	1.0371	0.2486	2.0794
NO.116	21.0708	21.1404	2.3979	0.0061	0.0069	0.1129	1.1005	0.0037	1.0986
NO.117	21.6184	20.2271	3.2189	0.0471	0.0553	0.1480	0.2505	0.0422	5.1417
NO.118	23.3609	23.6205	3.1781	0.0088	0.0242	0.6337	1.3237	0.0134	3.4657

续表

公司	CS	CI	CA	ROA	ROE	TDR	TAT	MRS	DT
NO.119	22.7949	21.7235	2.4849	0.0332	0.0414	0.1977	0.3514	0.0376	3.4657
NO.120	22.3676	21.8855	2.3979	0.0645	0.0968	0.3341	0.6096	0.0760	0.6931
NO.121	21.4944	20.7031	2.8332	0.0416	0.1015	0.5895	0.4799	0.0460	4.4543
NO.122	21.8336	21.8805	2.9444	0.0505	0.0840	0.3994	1.1473	0.0567	3.4340
NO.123	23.1670	24.0528	2.3979	0.0734	0.1134	0.3533	2.6392	0.0821	0.6931
NO.124	22.2368	20.7173	2.7726	0.0327	0.0372	0.1222	0.2301	0.0341	2.8904
NO.125	22.4643	21.7943	2.3979	−0.0890	−0.2685	0.6687	0.3815	−0.1046	5.4072
NO.127	21.3710	19.9576	2.9957	0.0040	0.0049	0.1942	0.2397	0.0034	0.0000
NO.128	23.1522	22.7903	2.7726	0.0700	0.1391	0.4966	0.7043	0.0847	1.6094
NO.129	21.9161	20.8071	2.8332	0.0314	0.0573	0.4529	0.3507	0.0252	3.0445
NO.130	22.3963	22.8698	2.8904	0.0366	0.0507	0.2773	1.6248	0.0500	4.6052
NO.131	21.7926	21.8501	2.3026	0.0456	0.1048	0.5654	1.0487	0.0546	2.4849
NO.132	22.0469	22.2935	2.7726	0.0546	0.0851	0.3581	1.3712	0.0533	1.0986
NO.133	22.5329	22.0116	3.6109	0.0710	0.1256	0.4345	0.5860	0.0833	0.0000
NO.135	21.6141	20.7752	2.4849	−0.1007	−0.2155	0.5327	0.3956	−0.1004	4.7875
NO.136	22.4984	22.0283	2.3026	0.0333	0.0548	0.3930	0.6118	0.0110	4.0604
NO.138	21.7810	21.0925	2.9444	0.0265	0.0406	0.3461	0.5069	0.0243	1.7918
NO.140	23.3275	22.3335	2.3979	0.0905	0.1534	0.4100	0.4650	0.1138	3.9512

附表2-8　2019年东部地区部分民营能源企业核心变量

公司	CS	CI	CA	ROA	ROE	TDR	TAT	MRS	DT
NO.1	24.1314	23.2085	3.3673	0.0236	0.0665	0.6456	0.3979	0.0250	4.7449
NO.2	25.2888	23.7590	3.2581	0.0190	0.0545	0.6506	0.2298	0.0205	4.4427
NO.3	21.8924	20.9242	3.2189	0.0080	0.0125	0.3593	0.3747	0.0073	0.0000
NO.4	25.8714	25.1755	3.2958	0.0146	0.0456	0.6802	0.5185	0.0331	3.6889
NO.5	22.8946	23.6379	3.1781	0.0764	0.2341	0.6738	2.0967	0.0943	4.0943
NO.6	23.7992	23.1069	3.0910	0.0538	0.1348	0.6008	0.5757	0.0493	4.5539
NO.8	23.0504	22.9839	3.2189	0.0098	0.0235	0.5842	0.9428	0.0089	3.7136
NO.9	24.9705	23.8582	3.2958	0.0449	0.2309	0.8053	0.3152	0.0587	3.0445
NO.11	25.5094	23.7772	3.2581	0.0096	0.0555	0.8268	0.1134	0.0107	3.4965
NO.12	21.1543	19.9747	3.2958	0.0422	0.0573	0.2633	0.3146	0.0252	0.6931
NO.13	23.0962	22.2986	3.2581	0.0091	0.0171	0.4667	0.4229	−0.0569	4.3307

续表

公司	CS	CI	CA	ROA	ROE	TDR	TAT	MRS	DT
NO.18	21.8541	21.4591	3.1355	0.0165	0.0191	0.1377	0.6696	0.0217	2.3979
NO.20	26.4966	24.9394	3.4657	0.0198	0.1219	0.8378	0.2454	0.0265	3.4340
NO.22	23.6747	21.5206	3.2958	0.0560	0.0795	0.2957	0.1224	0.0592	2.7726
NO.24	23.6667	21.5420	3.0910	0.0256	0.0680	0.6241	0.1190	0.0294	3.7136
NO.28	22.9999	22.7202	3.1781	0.0607	0.1338	0.5465	0.7711	0.0855	3.0445
NO.29	22.9502	22.2878	3.0445	0.0217	0.0374	0.4189	0.5028	0.0057	2.7726
NO.32	25.2332	22.8256	3.2581	0.0535	0.0902	0.4067	0.0935	0.0568	3.5553
NO.33	23.5451	22.3909	2.8904	0.0375	0.0860	0.5642	0.3425	0.0445	4.3694
NO.34	21.2641	20.5787	2.9444	−0.0713	−0.1335	0.4659	0.4754	−0.0709	4.2767
NO.35	23.6077	22.9811	2.8904	0.0344	0.0678	0.4927	0.5192	0.0355	3.7842
NO.36	22.4928	21.8731	2.9444	0.0100	0.0281	0.6429	0.5304	0.0115	4.3694
NO.37	22.8864	22.9320	2.8904	0.0026	0.0104	0.7460	0.9594	0.0828	2.8904
NO.38	21.3339	20.8650	3.0445	0.0374	0.0491	0.2381	0.6222	0.0333	2.8904
NO.40	22.6794	20.5099	2.9444	0.0076	0.0134	0.4340	0.1218	−0.0008	3.4657
NO.41	21.7816	21.1776	3.0445	−0.0419	−0.0518	0.1907	0.5289	−0.0348	3.4340
NO.42	22.9031	22.5764	2.9444	0.0651	0.1108	0.4123	0.7769	0.0698	2.7081
NO.43	22.9089	21.3824	2.8332	0.0322	0.0552	0.4167	0.2968	0.0374	5.4931
NO.44	23.9832	23.1341	2.8904	0.0094	0.0721	0.8693	0.4814	0.0117	4.1109
NO.45	23.4789	23.2034	3.2189	0.0246	0.1165	0.7884	0.7894	0.0331	3.2581
NO.47	23.9489	22.3244	3.1781	0.0019	0.0053	0.6402	0.2167	0.0033	5.1475
NO.48	24.1003	23.3326	2.8904	0.0488	0.1118	0.5636	0.5097	0.0534	3.2958
NO.49	21.8293	21.6669	2.7726	0.0446	0.0786	0.4323	0.8718	0.0479	4.0604
NO.50	21.8495	21.4874	3.2958	0.1103	0.1544	0.2853	0.7287	0.1230	0.6931
NO.51	22.3959	22.2923	2.9444	0.0532	0.0698	0.2382	0.9443	0.0599	2.8904
NO.54	24.6175	23.5498	2.9957	0.0257	0.0614	0.5817	0.3678	0.0255	5.4161
NO.56	22.2918	21.9430	3.1781	0.0176	0.0311	0.4329	0.6583	0.0188	2.8904
NO.57	21.3241	20.4528	3.0445	0.0519	0.0640	0.1895	0.4338	0.0018	4.9345
NO.59	22.2107	21.4195	2.9444	0.0264	0.0549	0.5186	0.4835	0.0313	0.6931
NO.60	21.9756	21.3149	3.0445	0.0700	0.1192	0.4128	0.5353	0.0719	2.3979
NO.61	22.2536	22.2716	3.1781	0.0166	0.0865	0.8078	1.0137	0.0123	3.1355
NO.62	21.5206	19.9717	2.9444	−0.1013	−0.2822	0.6411	0.2025	−0.1021	1.3863
NO.64	22.8588	23.5593	2.8332	0.0566	0.0856	0.3385	2.2596	0.0625	3.2189

续表

公司	CS	CI	CA	ROA	ROE	TDR	TAT	MRS	DT
NO.65	21.4356	20.6389	2.5649	0.0056	0.0110	0.4893	0.4540	−0.0262	5.0039
NO.66	24.3561	23.8715	2.7081	0.0229	0.0903	0.7464	0.6302	0.0305	4.4773
NO.67	22.5132	21.0156	3.2581	0.0025	0.0063	0.5983	0.2389	0.0022	5.9162
NO.70	19.9740	19.5262	2.8904	0.1098	0.7209	0.8477	0.6882	0.0680	1.3863
NO.71	21.6701	19.5634	3.0445	−4.7821	64.0564	4.9952	0.0326	−4.6412	4.1431
NO.72	23.1314	22.6821	3.5264	0.0363	0.0453	0.1987	0.6734	0.0375	5.5722
NO.73	24.2577	23.6480	2.7726	0.0296	0.0750	0.6049	0.6038	0.0261	4.0943
NO.74	22.5595	20.7758	2.4849	0.0124	0.0263	0.5279	0.1672	0.0128	5.8319
NO.77	23.2252	22.0134	2.6391	0.0426	0.0778	0.4517	0.2997	0.0440	4.9767
NO.78	20.9695	19.6413	3.0445	0.0094	0.0147	0.3584	0.2818	0.0084	4.9488
NO.79	21.4763	20.2558	2.9957	0.0236	0.0279	0.1550	0.2990	0.0069	3.9318
NO.80	21.9054	21.9099	3.0910	0.4935	0.5863	0.1583	1.1133	0.4942	1.7918
NO.81	22.8264	21.8897	2.8332	0.0124	0.0192	0.3530	0.3880	−0.0308	5.7621
NO.82	24.2689	24.2828	2.8904	0.0369	0.0793	0.5346	1.0915	0.0477	4.1589
NO.83	22.6563	21.9814	2.4849	0.0213	0.0500	0.5746	0.4872	0.0214	2.8904
NO.84	23.3463	22.8208	2.5649	0.0023	0.0043	0.4727	0.5749	−0.0055	5.3375
NO.85	22.3143	21.4458	2.4849	−0.4272	−1.1636	0.6328	0.3298	−0.4054	4.8598
NO.87	21.1560	20.8243	2.6391	−0.8187	−2.4814	0.6701	0.4798	−0.7923	1.7918
NO.88	21.6427	21.2214	2.9444	0.0240	0.0270	0.1115	0.5187	0.0267	3.0910
NO.89	23.2108	22.9832	2.6391	0.0381	0.0743	0.4870	0.8077	0.0457	2.1972
NO.90	22.0693	20.9077	2.8332	0.0410	0.0654	0.3729	0.3047	0.0405	3.2581
NO.92	21.3406	20.5921	3.0910	0.0354	0.0497	0.2879	0.4819	0.0352	4.2905
NO.93	22.6172	22.5661	2.7081	0.0303	0.0721	0.5803	0.9575	0.0368	1.7918
NO.94	22.7511	23.0001	3.1355	0.0307	0.0544	0.4368	1.3045	0.0300	5.2933
NO.95	21.2184	20.4815	3.2581	0.0304	0.0417	0.2704	0.4783	0.0297	2.0794
NO.97	22.6870	21.7369	3.0445	0.0405	0.0628	0.3560	0.4124	0.0465	5.1533
NO.98	23.7872	23.1935	2.4849	0.0056	0.0140	0.5952	0.5033	−0.0114	4.2341
NO.99	22.5114	22.2132	2.6391	0.0849	0.1424	0.4040	0.7951	0.0971	0.0000
NO.100	22.0426	20.7286	2.4849	0.0832	0.1045	0.2033	0.2758	0.0747	4.4773
NO.103	21.8953	21.1014	2.9957	0.0544	0.0776	0.2994	0.4813	0.0625	5.0752
NO.104	21.7067	21.5306	2.5649	−0.1645	−0.2825	0.4178	0.7370	−0.1388	4.8283
NO.105	21.9997	21.3338	2.9444	0.0199	0.0353	0.4372	0.5021	0.0203	4.2627

续表

公司	CS	CI	CA	ROA	ROE	TDR	TAT	MRS	DT
NO.106	24.0132	23.3873	2.5649	0.0279	0.0677	0.5876	0.5542	0.0310	5.1648
NO.107	22.9812	21.9238	2.8332	−0.0001	−0.0002	0.4878	0.3476	−0.0024	3.6109
NO.108	22.1124	21.3992	2.7081	0.0045	0.0075	0.3941	0.4911	0.0054	1.0986
NO.109	21.9416	21.6074	3.2581	0.0292	0.0502	0.4177	0.6965	0.0292	4.6151
NO.111	21.1269	20.5523	2.5649	0.0985	0.1245	0.2083	0.6001	0.1058	1.6094
NO.114	22.6157	20.0494	2.4849	−0.1037	−0.2761	0.6244	0.0740	−0.0996	1.6094
NO.115	22.2970	22.2632	2.4849	0.2041	0.2521	0.1905	0.9883	0.2448	1.7918
NO.116	21.6257	21.7805	2.4849	0.1316	0.2048	0.3574	1.4832	0.1451	1.3863
NO.117	21.7360	20.4358	3.2581	0.0455	0.0554	0.1792	0.2885	0.0449	5.4553
NO.118	23.3460	23.8632	3.2189	0.0017	0.0046	0.6319	1.6649	0.0083	3.3322
NO.119	22.8217	21.8548	2.5649	0.0314	0.0390	0.1942	0.3854	0.0349	2.7726
NO.120	22.4443	22.0430	2.4849	0.0746	0.1094	0.3178	0.6951	0.0899	0.0000
NO.121	21.9224	20.9087	2.8904	0.0310	0.1059	0.7071	0.4394	0.0350	4.6052
NO.122	21.8305	21.9583	2.9957	0.0562	0.0920	0.3897	1.1345	0.0592	3.3322
NO.123	23.3716	24.1264	2.4849	0.0447	0.0771	0.4200	2.3440	0.0490	0.6931
NO.124	22.2459	20.8408	2.8332	0.0331	0.0411	0.1946	0.2465	0.0379	3.8712
NO.125	22.1682	21.4202	2.4849	−0.1300	−0.4099	0.6827	0.4038	−0.1204	5.2149
NO.127	21.4320	19.8521	3.0445	−0.0281	−0.0385	0.2708	0.2123	−0.0265	1.0986
NO.128	23.2123	22.8258	2.8332	0.0568	0.1103	0.4848	0.6999	0.0706	1.7918
NO.129	21.9348	21.0221	2.8904	0.0512	0.0873	0.4134	0.4052	0.0520	3.3673
NO.130	22.4032	23.0183	2.9444	0.0401	0.0544	0.2631	1.8563	0.0565	4.1271
NO.131	21.7025	21.7550	2.3979	0.0072	0.0155	0.5353	1.0065	0.0085	1.9459
NO.132	22.0344	22.3425	2.8332	0.0790	0.1127	0.2991	1.3523	0.0864	1.3863
NO.133	22.6152	22.1267	3.6376	0.0594	0.1079	0.4501	0.6388	0.0714	1.9459
NO.135	21.8043	20.8709	2.5649	0.0478	0.1110	0.5696	0.4305	0.0372	4.7449
NO.136	22.4824	21.9488	2.3979	0.0322	0.0502	0.3578	0.5818	0.0311	3.8501
NO.138	21.9933	21.4160	2.9957	0.0446	0.0776	0.4251	0.6198	0.0534	1.3863
NO.140	23.3774	22.3988	2.4849	0.0249	0.0420	0.4083	0.3852	0.0606	4.0604

附表 2-9　2020 年东部地区部分民营能源企业核心变量

公司	CS	CI	CA	ROA	ROE	TDR	TAT	MRS	DT
NO.1	24.1845	23.0901	3.4012	0.0335	0.0806	0.5842	0.3414	0.0107	4.6151
NO.2	25.4600	23.7415	3.2958	0.0374	0.1020	0.6331	0.1946	0.0198	4.5747
NO.3	21.8288	20.7084	3.2581	0.0225	0.0325	0.3089	0.3158	0.0097	0.6931
NO.4	25.7083	25.2683	3.3322	0.0411	0.1116	0.6317	0.5916	0.0169	3.8286
NO.5	22.9248	23.6884	3.2189	0.0819	0.2623	0.6878	2.1784	0.1022	4.3041
NO.6	24.0386	23.3937	3.1355	0.0354	0.1043	0.6605	0.5872	0.0398	4.4308
NO.8	23.1155	23.0702	3.2581	0.0166	0.0411	0.5963	0.9867	0.0140	3.5264
NO.9	25.0386	23.7064	3.3322	0.0296	0.1440	0.7948	0.2729	0.0383	3.1355
NO.11	25.6538	23.8776	3.2958	0.0051	0.0328	0.8435	0.0552	-0.0051	3.5264
NO.12	21.1861	19.8860	3.3322	0.0347	0.0461	0.2473	0.2768	0.0296	0.0000
NO.13	22.9434	21.0936	3.2958	-0.1393	-0.2890	0.5182	0.1379	-0.1345	4.3567
NO.18	21.8656	21.3937	3.1781	0.0222	0.0258	0.1393	0.6274	0.0289	2.1972
NO.20	26.6665	25.1972	3.4965	0.0255	0.1320	0.8072	0.2496	0.0300	3.6636
NO.22	23.7625	21.5041	3.3322	0.0646	0.0938	0.3111	0.1091	0.0674	2.7726
NO.24	23.6697	21.5408	3.1355	0.0272	0.0690	0.6063	0.1192	0.0316	3.7136
NO.28	22.9942	22.4676	3.2189	0.0367	0.0809	0.5466	0.5889	0.0370	3.4965
NO.29	22.9520	22.3285	3.0910	0.0167	0.0275	0.3920	0.5366	0.0238	2.7726
NO.32	25.2667	22.6790	3.2958	0.0274	0.0431	0.3646	0.0765	0.0289	4.0073
NO.33	23.6084	22.4085	2.9444	0.0458	0.1092	0.5804	0.3108	0.0566	4.0775
NO.34	21.4513	20.7908	2.9957	0.0195	0.0418	0.5337	0.5648	0.0176	4.3175
NO.35	23.7841	23.2034	2.9444	0.0465	0.0984	0.5269	0.6087	0.0428	3.8286
NO.36	22.5019	22.0020	2.9957	0.0146	0.0415	0.6482	0.6094	0.0108	4.1744
NO.37	22.8637	22.7221	2.9444	-0.1215	-0.8098	0.8499	0.8581	-0.0080	2.9444
NO.38	21.5288	21.1617	3.0910	0.0752	0.1074	0.2994	0.7600	0.0985	4.2195
NO.40	22.7111	20.6867	2.9957	0.0010	0.0018	0.4584	0.1342	0.0041	3.5835
NO.41	21.8944	21.4957	3.0910	0.0791	0.0990	0.2009	0.7090	0.0843	4.7449
NO.42	23.1280	22.7210	2.9957	0.0897	0.1481	0.3941	0.7402	0.0983	2.5649
NO.43	22.9800	21.4115	2.8904	0.0272	0.0483	0.4376	0.2158	0.0285	5.1240
NO.44	24.1074	23.2556	2.9444	0.0094	0.0718	0.8697	0.4531	0.0119	4.0073
NO.45	23.5565	23.1495	3.2581	0.0314	0.1402	0.7763	0.6915	0.0230	3.3673
NO.47	24.0495	22.6290	3.2189	0.0053	0.0133	0.6021	0.2537	0.0036	5.2781

续表

公司	CS	CI	CA	ROA	ROE	TDR	TAT	MRS	DT
NO.48	24.2406	23.6524	2.9444	0.0584	0.1401	0.5829	0.5942	0.0687	2.9957
NO.49	22.1098	21.9293	2.8332	0.0430	0.0842	0.4889	0.9511	0.0451	4.6821
NO.50	21.9185	21.5673	3.3322	0.1121	0.1557	0.2805	0.7281	0.1222	0.0000
NO.51	22.5475	22.6330	2.9957	0.0708	0.0993	0.2867	1.1717	0.0755	2.9444
NO.54	24.7960	23.6707	3.0445	0.0251	0.0525	0.5218	0.3534	0.0202	5.4806
NO.56	22.3688	21.7645	3.2189	0.0229	0.0412	0.4445	0.5675	0.0272	2.7081
NO.57	21.3729	20.4795	3.0910	0.0150	0.0189	0.2077	0.4192	−0.0017	4.4886
NO.59	22.4441	21.4310	2.9957	0.0222	0.0421	0.4735	0.4053	0.0265	1.7918
NO.60	22.1005	21.5440	3.0910	0.0920	0.1580	0.4180	0.6090	0.1023	2.6391
NO.61	22.4847	22.2097	3.2189	0.0291	0.1630	0.8214	0.8469	0.0357	3.8067
NO.62	21.5612	20.4590	2.9957	−0.0672	−0.1477	0.5451	0.3389	−0.0667	2.6391
NO.64	23.1432	23.8576	2.8904	0.0268	0.0512	0.4756	2.3316	0.0350	3.1355
NO.65	21.2687	20.3078	2.6391	−0.1667	−0.3930	0.5758	0.3506	−0.1860	4.7791
NO.66	24.3668	23.6980	2.7726	−0.0039	−0.0124	0.6815	0.5151	−0.0132	4.7005
NO.67	22.5937	21.0075	3.2958	0.0018	0.0048	0.6268	0.2129	0.0002	5.8522
NO.70	19.8389	19.0912	2.9444	−0.0201	−0.0564	0.6439	0.4415	−0.0149	1.3863
NO.71	20.8296	19.3211	3.0910	7.4461	64.0564	0.8838	0.1334	−2.3194	4.4427
NO.72	23.1502	22.4645	3.5553	0.0350	0.0413	0.1528	0.5084	0.0459	5.9713
NO.73	24.1368	23.5654	2.8332	−0.1015	−0.2951	0.6562	0.5306	−0.1207	4.0431
NO.74	22.5975	21.0311	2.5649	0.0254	0.0536	0.5252	0.2128	0.0235	6.0088
NO.77	23.2548	22.0890	2.7081	0.0432	0.0770	0.4397	0.3163	0.0515	4.8122
NO.78	21.0187	19.5935	3.0910	0.0044	0.0072	0.3882	0.2464	0.0061	5.2730
NO.79	21.4833	19.9763	3.0445	0.0182	0.0220	0.1697	0.2224	−0.0211	3.4340
NO.80	21.9241	21.2432	3.1355	0.0195	0.0247	0.2089	0.5109	0.0210	1.6094
NO.81	22.8525	22.0388	2.8904	−0.0354	−0.0599	0.4092	0.4490	−0.0433	5.8260
NO.82	24.6175	24.7793	2.9444	0.0581	0.1445	0.5982	1.3785	0.0608	4.4998
NO.83	22.6924	22.1701	2.5649	0.0392	0.0829	0.5270	0.6016	0.0498	2.5649
NO.84	23.3525	22.7744	2.6391	0.0057	0.0092	0.3775	0.5627	0.0063	5.2832
NO.85	22.3391	21.4289	2.5649	0.1579	0.2762	0.4283	0.4074	0.0606	4.5539
NO.87	20.7779	20.6809	2.7081	0.1468	2.2480	0.9347	0.7380	0.0378	1.9459
NO.88	21.7223	21.1348	2.9957	0.0652	0.0736	0.1144	0.5778	0.0752	2.1972
NO.89	23.3125	22.8269	2.7081	0.0284	0.0590	0.5193	0.6466	0.0347	3.0910

续表

公司	CS	CI	CA	ROA	ROE	TDR	TAT	MRS	DT
NO.90	22.1254	21.0368	2.8904	0.0722	0.1122	0.3563	0.3461	0.0851	3.5835
NO.92	21.7616	20.9648	3.1355	0.0255	0.0509	0.4994	0.5443	0.0276	4.3944
NO.93	22.7265	22.5314	2.7726	0.0235	0.0601	0.6086	0.8677	0.0250	3.0445
NO.94	22.8446	22.9556	3.1781	0.0271	0.0499	0.4574	1.1696	0.0278	5.3799
NO.95	21.2663	20.4033	3.2958	0.0206	0.0293	0.2971	0.4320	0.0231	1.9459
NO.97	22.7339	21.7408	3.0910	0.0396	0.0632	0.3729	0.3791	0.0442	5.6384
NO.98	23.5110	22.9242	2.5649	−0.1800	−0.5198	0.6537	0.4798	−0.1365	4.6151
NO.99	22.6431	22.3237	2.7081	0.1137	0.1567	0.2741	0.7744	0.1222	0.6931
NO.100	22.0266	20.8522	2.5649	0.0636	0.0759	0.1626	0.3059	0.0722	4.5109
NO.103	21.7680	21.1781	3.0445	−0.0659	−0.0917	0.2821	0.5192	−0.0642	5.1240
NO.104	21.7698	21.5503	2.6391	0.0274	0.0467	0.4121	0.8282	0.0294	4.8675
NO.105	22.0476	21.4580	2.9957	0.0176	0.0316	0.4427	0.5679	0.0203	4.0943
NO.106	24.1147	23.2463	2.6391	0.0144	0.0303	0.5259	0.4409	0.0172	5.4250
NO.107	22.7708	21.5329	2.8904	−0.1682	−0.3602	0.5331	0.2596	−0.1402	3.5835
NO.108	22.1223	21.5184	2.7726	0.0082	0.0135	0.3928	0.5494	0.0091	1.0986
NO.109	21.9224	21.5039	3.2958	0.0197	0.0317	0.3766	0.6517	0.0199	4.6913
NO.111	21.2740	20.6851	2.6391	0.0883	0.1166	0.2428	0.5957	0.1286	2.6391
NO.114	22.4686	19.9024	2.5649	−0.2655	−1.5630	0.8301	0.0712	−0.2369	1.6094
NO.115	22.4566	22.3534	2.5649	0.2112	0.2750	0.2320	0.9738	0.2442	0.6931
NO.116	21.5531	21.5849	2.5649	−0.0720	−0.1162	0.3809	0.9949	−0.0749	0.6931
NO.117	21.8338	20.5543	3.2958	0.0438	0.0564	0.2231	0.2918	0.0456	5.4381
NO.118	23.4146	23.7981	3.2581	0.0073	0.0204	0.6441	1.5178	0.0142	3.6889
NO.119	22.8983	21.8180	2.6391	0.0340	0.0442	0.2301	0.3525	0.0374	2.0794
NO.120	22.5478	22.1844	2.5649	0.0734	0.1102	0.3341	0.7313	0.0779	0.6931
NO.121	21.9833	21.1423	2.9444	0.0547	0.1688	0.6759	0.4444	0.0404	4.2627
NO.122	21.8282	21.6799	3.0445	0.0680	0.1071	0.3652	0.8611	0.0247	3.4012
NO.123	23.7504	23.9295	2.5649	0.0498	0.1051	0.5259	1.4200	0.0608	2.3026
NO.124	22.4774	20.9185	2.8904	0.0314	0.0446	0.2959	0.2346	0.0355	4.3175
NO.125	21.9341	21.5787	2.5649	0.0061	0.0144	0.5738	0.6192	0.0023	5.0814
NO.127	21.5202	20.3228	3.0910	0.0105	0.0152	0.3076	0.3153	0.0098	1.0986
NO.128	23.3930	23.0279	2.8904	0.0628	0.1326	0.5267	0.7567	0.0773	1.3863
NO.129	22.0015	21.1842	2.9444	0.0602	0.0999	0.3978	0.4564	0.0640	3.0910

续表

公司	CS	CI	CA	ROA	ROE	TDR	TAT	MRS	DT
NO.130	22.5571	23.0974	2.9957	0.0435	0.0661	0.3418	1.8483	0.0594	4.2627
NO.131	21.6464	21.5543	2.4849	0.0308	0.0589	0.4777	0.8865	0.0408	0.6931
NO.132	22.1199	22.3544	2.8904	0.1506	0.1994	0.2446	1.3183	0.1740	2.4849
NO.133	22.4679	21.9060	3.6636	0.0151	0.0244	0.3792	0.5282	0.0205	2.5649
NO.135	22.0080	21.1691	2.6391	0.0576	0.1420	0.5944	0.4760	0.0724	4.6540
NO.136	22.6025	21.9423	2.4849	0.0399	0.0640	0.3773	0.5477	0.0317	3.9890
NO.138	22.0194	21.4480	3.0445	0.0483	0.0802	0.3968	0.5712	0.0480	1.3863
NO.140	23.8152	22.4324	2.5649	0.0483	0.0793	0.3906	0.3049	0.0267	4.0943

附表2-10　2021年东部地区部分民营能源企业核心变量

公司	CS	CI	CA	ROA	ROE	TDR	TAT	MRS	DT
NO.1	24.3362	23.5915	3.4340	0.0475	0.1123	0.5776	0.5093	0.0390	4.4659
NO.2	25.6312	23.7239	3.3322	0.0558	0.1495	0.6156	0.1595	0.0190	4.6913
NO.3	21.7493	20.4451	3.2958	−0.1826	−0.3227	0.4343	0.2606	−0.2011	1.0986
NO.4	25.7623	25.8213	3.3673	0.0542	0.1467	0.6308	1.0894	0.0780	3.9512
NO.5	23.1007	23.6922	3.2581	0.0737	0.2315	0.6818	1.9651	0.0863	4.4773
NO.6	24.2779	23.6805	3.1799	0.0170	0.0738	0.7202	0.5988	0.0302	4.2905
NO.8	23.1856	23.3034	3.2958	0.0247	0.0627	0.6063	1.1644	0.0145	3.2958
NO.9	25.1066	23.5547	3.3686	0.0142	0.0572	0.7843	0.2306	0.0179	3.2189
NO.11	25.7982	23.9780	3.3336	0.0007	0.0101	0.8601	−0.0030	−0.0210	3.5553
NO.12	21.1976	20.0085	3.3673	0.0444	0.0564	0.2135	0.3063	0.0409	0.6931
NO.13	22.7905	19.8886	3.3336	−0.2876	−0.5951	0.5696	−0.1470	−0.2122	4.3820
NO.18	21.8772	21.3284	3.2206	0.0279	0.0325	0.1410	0.5852	0.0361	1.9459
NO.20	26.8364	25.4550	3.5273	0.0312	0.1422	0.7765	0.2538	0.0336	3.8501
NO.22	23.8502	21.4876	3.3686	0.0732	0.1081	0.3266	0.0958	0.0757	2.7726
NO.24	23.6003	21.4226	3.1781	0.0179	0.0392	0.5447	0.1094	0.0215	3.7136
NO.28	22.9885	22.2151	3.2597	0.0127	0.0281	0.5468	0.4068	−0.0115	3.8067
NO.29	23.0387	22.5593	3.1355	0.0258	0.0433	0.4047	0.6460	0.0274	2.7726
NO.32	25.3001	22.5324	3.3336	0.0013	−0.0039	0.3225	0.0594	0.0010	4.3175
NO.33	23.6718	22.4262	2.9985	0.0541	0.1323	0.5967	0.2791	0.0686	3.6636
NO.34	21.6443	21.2705	3.0445	0.0412	0.0963	0.5723	0.7543	0.0337	4.3567
NO.35	24.0258	23.5164	2.9957	0.0765	0.1725	0.5564	0.6731	0.0810	3.8712

续表

公司	CS	CI	CA	ROA	ROE	TDR	TAT	MRS	DT
NO.36	22.5110	22.1310	3.0470	0.0192	0.0550	0.6534	0.6884	0.0101	3.9318
NO.37	22.8409	22.5122	2.9985	−0.2457	−1.6301	0.9539	0.7568	−0.0988	2.9957
NO.38	21.6049	21.3274	3.1355	0.0620	0.0832	0.2552	0.7865	0.0635	4.7707
NO.40	22.7427	20.8636	3.0470	−0.0056	−0.0098	0.4829	0.1465	0.0090	3.6889
NO.41	22.0072	21.8138	3.1376	0.2001	0.2498	0.2111	0.8892	0.2033	5.2933
NO.42	23.3528	22.8656	3.0470	0.1144	0.1854	0.3758	0.7035	0.1268	2.3979
NO.43	23.0088	21.5381	2.9444	0.0275	0.0480	0.4274	0.2331	0.0299	4.5326
NO.44	24.1806	23.3878	2.9957	0.0115	0.0889	0.8702	0.4691	0.0134	3.8918
NO.45	23.6340	23.0956	3.2973	0.0381	0.1639	0.7641	0.5936	0.0129	3.4657
NO.47	24.1502	22.9335	3.2597	0.0086	0.0212	0.5640	0.2907	0.0039	5.3936
NO.48	24.3510	23.7337	2.9957	0.0924	0.2226	0.5851	0.5691	0.1081	2.5649
NO.49	22.3903	22.1916	2.8938	0.0415	0.0898	0.5456	1.0304	0.0422	5.0626
NO.50	21.9875	21.6472	3.3686	0.1138	0.1571	0.2756	0.7274	0.1214	0.8473
NO.51	22.6000	22.7622	3.0445	0.0754	0.1052	0.2834	1.2069	0.0752	2.9957
NO.54	24.9746	23.7916	3.0933	0.0246	0.0437	0.4619	0.3390	0.0150	5.5413
NO.56	22.7016	21.9459	3.2581	0.0195	0.0389	0.4989	0.5471	0.0203	2.4849
NO.57	21.4217	20.5062	3.1376	−0.0220	−0.0262	0.2259	0.4047	−0.0052	3.6636
NO.59	22.6775	21.4425	3.0470	0.0180	0.0294	0.4283	0.3270	0.0217	2.3026
NO.60	22.2253	21.7731	3.1376	0.1140	0.1969	0.4232	0.6827	0.1328	2.8332
NO.61	22.7158	22.1477	3.2597	0.0416	0.2396	0.8349	0.6802	0.0592	4.2047
NO.62	21.4708	20.9750	3.0445	0.0712	0.1232	0.4217	0.5816	0.0589	3.1781
NO.64	23.4277	24.1560	2.9475	−0.0030	0.0167	0.6127	2.4035	0.0074	3.0445
NO.65	21.1018	19.9768	2.7132	−0.3390	−0.7970	0.6623	0.2472	−0.3457	4.4886
NO.66	24.3775	23.5245	2.8371	−0.0308	−0.1150	0.6167	0.4000	−0.0568	4.8828
NO.67	22.6741	20.9994	3.3336	0.0010	0.0032	0.6552	0.1870	−0.0017	5.7838
NO.70	19.7037	18.6562	2.9985	−0.1500	−0.8338	0.4400	0.1949	−0.0978	1.3863
NO.71	19.9891	19.0788	3.1376	19.6743	64.0564	−3.2277	0.2342	0.0024	4.6728
NO.72	23.1690	22.2468	3.5843	0.0338	0.0374	0.1069	0.3435	0.0544	6.2558
NO.73	24.0159	23.4828	2.8938	−0.2326	−0.6653	0.7074	0.4575	−0.2674	3.9890
NO.74	22.6354	21.2865	2.6450	0.0385	0.0808	0.5224	0.2583	0.0343	6.1591
NO.77	23.4501	22.5922	2.7726	0.0786	0.1258	0.3755	0.4653	0.0878	4.6151
NO.78	21.0679	19.5458	3.1376	−0.0006	−0.0003	0.4179	0.2110	0.0039	5.5175

续表

公司	CS	CI	CA	ROA	ROE	TDR	TAT	MRS	DT
NO.79	21.4903	19.6969	3.0933	0.0129	0.0160	0.1844	0.1457	−0.0491	2.3979
NO.80	22.0690	21.2973	3.1781	0.0111	0.0136	0.1857	0.4956	0.0093	1.3863
NO.81	22.8787	22.1879	2.9475	−0.0832	−0.1390	0.4653	0.5100	−0.0557	5.8861
NO.82	24.8354	25.0828	2.9957	0.0705	0.1542	0.5427	1.4197	0.0702	4.7536
NO.83	22.9977	22.6225	2.6391	0.0730	0.1636	0.5537	0.7912	0.0818	2.0794
NO.84	23.3588	22.7279	2.7132	0.0092	0.0141	0.2824	0.5505	0.0180	5.2257
NO.85	22.3638	21.4120	2.6450	0.7430	1.7159	0.2238	0.4850	0.5266	4.1109
NO.87	20.3998	20.5375	2.7770	1.1123	6.9775	1.1993	0.9962	0.8680	2.0794
NO.88	21.8019	21.0481	3.0470	0.1063	0.1201	0.1172	0.6370	0.1237	3.1781
NO.89	23.4141	22.6706	2.7770	0.0186	0.0437	0.5516	0.4855	0.0236	3.5553
NO.90	22.1814	21.1659	2.9475	0.1034	0.1590	0.3396	0.3875	0.1298	3.8286
NO.92	21.8229	21.1495	3.1781	0.0194	0.0392	0.5043	0.5256	0.0162	4.4886
NO.93	22.8358	22.4968	2.8371	0.0168	0.0482	0.6369	0.7779	0.0131	3.5835
NO.94	22.9380	22.9112	3.2206	0.0235	0.0455	0.4780	1.0348	0.0255	5.4596
NO.95	21.3142	20.3251	3.3336	0.0107	0.0169	0.3237	0.3856	0.0166	1.7918
NO.97	22.7807	21.7447	3.1376	0.0388	0.0636	0.3898	0.3459	0.0418	5.9636
NO.98	23.2349	22.6549	2.6450	−0.3656	−1.0535	0.7122	0.4563	−0.2617	4.8903
NO.99	22.7747	22.4342	2.7770	0.1426	0.1710	0.1443	0.7536	0.1473	1.0986
NO.100	22.0106	20.9759	2.6450	0.0439	0.0474	0.1220	0.3361	0.0697	4.5433
NO.103	21.6407	21.2548	3.0933	−0.1861	−0.2611	0.2649	0.5570	−0.1910	5.1705
NO.104	21.8330	21.5699	2.7132	0.2194	0.3758	0.4064	0.9194	0.1977	4.9053
NO.105	22.0955	21.5823	3.0470	0.0154	0.0280	0.4481	0.6337	0.0203	3.8918
NO.106	24.2162	23.1053	2.7132	0.0008	−0.0071	0.4641	0.3276	0.0035	5.6312
NO.107	22.5604	21.1419	2.9475	−0.3362	−0.7201	0.5784	0.1716	−0.2780	3.5553
NO.108	22.1322	21.6375	2.8332	0.0057	0.0097	0.4136	0.5955	0.0074	1.0986
NO.109	21.9032	21.4004	3.3336	0.0103	0.0131	0.3355	0.6069	0.0107	4.7622
NO.111	21.4211	20.8178	2.7132	0.0781	0.1088	0.2773	0.5913	0.1513	3.1355
NO.114	22.3215	19.7554	2.6450	−0.4273	−2.8498	1.0359	0.0683	−0.3742	1.6094
NO.115	22.5852	22.5776	2.6391	0.1909	0.2489	0.2332	1.0562	0.2236	1.6740
NO.116	21.7983	21.8835	2.6391	−0.0256	−0.0560	0.5419	1.2217	−0.0134	1.0986
NO.117	21.9317	20.6728	3.3336	0.0421	0.0574	0.2669	0.2951	0.0463	5.4205
NO.118	23.4832	23.7329	3.2973	0.0128	0.0362	0.6564	1.3706	0.0201	3.9512

续表

公司	CS	CI	CA	ROA	ROE	TDR	TAT	MRS	DT
NO.119	22.9758	21.7927	2.7081	0.0254	0.0306	0.1709	0.3182	0.0283	2.9267
NO.120	22.6513	22.3258	2.6450	0.0722	0.1110	0.3503	0.7674	0.0659	1.0986
NO.121	21.9745	21.2579	2.9957	0.0449	0.1226	0.6343	0.4863	0.0508	3.7377
NO.122	22.0551	22.0309	3.0910	0.0385	0.0770	0.5000	1.0856	0.0491	3.4657
NO.123	24.1293	23.7326	2.6450	0.0550	0.1332	0.6318	0.4959	0.0725	2.8904
NO.124	22.7088	20.9961	2.9475	0.0297	0.0482	0.3973	0.2227	0.0330	4.6250
NO.125	21.7001	21.7371	2.6450	0.1423	0.4386	0.4649	0.8347	0.1250	4.9273
NO.127	21.6085	20.7936	3.1376	0.0491	0.0689	0.3444	0.4183	0.0461	1.0986
NO.128	23.4988	23.1979	2.9444	0.0794	0.1622	0.5105	0.7793	0.0994	0.6931
NO.129	22.0682	21.3463	2.9985	0.0691	0.1125	0.3823	0.5075	0.0759	2.7081
NO.130	22.7110	23.1764	3.0470	0.0470	0.0778	0.4205	1.8403	0.0623	4.3820
NO.131	21.5902	21.3536	2.5719	0.0543	0.1023	0.4201	0.7665	0.0731	1.9459
NO.132	22.2055	22.3664	2.9475	0.2222	0.2861	0.1901	1.2843	0.2615	2.9957
NO.133	22.3205	21.6853	3.6889	0.0321	0.0538	0.4034	0.6343	0.0368	2.9444
NO.135	22.2117	21.4672	2.7132	0.0675	0.1731	0.6191	0.5216	0.1075	4.5539
NO.136	22.7226	21.9357	2.5719	0.0475	0.0779	0.3969	0.5137	0.0323	4.1109
NO.138	22.1139	21.6141	3.0910	0.0387	0.0667	0.4195	0.6346	0.0469	1.3863
NO.140	24.3883	23.1358	2.6391	0.1387	0.2070	0.3300	0.3655	0.0886	4.1271

附录3 2012—2021年东北地区民营能源企业核心变量

附表3-1 2012年东北地区民营能源企业核心变量

公司	CS	CI	CA	ROA	ROE	TDR	TAT	MRS	DT
NO.16	21.7736	21.0645	2.9957	0.0002	0.0023	0.9306	0.4730	0.0020	0.0000
NO.27	21.7644	21.8052	2.9444	0.0675	0.1379	0.5103	1.8557	0.0688	0.0000
NO.52	21.7904	22.3779	2.3026	0.0461	0.2279	0.7976	1.9798	0.0533	0.6931
NO.53	21.8369	19.8522	2.3979	0.0283	0.0455	0.3776	0.1435	0.0207	0.0000
NO.146	21.8387	21.3319	2.1972	0.0274	0.0360	0.2395	0.6535	0.0357	0.0000

续表

公司	CS	CI	CA	ROA	ROE	TDR	TAT	MRS	DT
NO.185	21.8448	21.3132	2.6391	0.0601	0.0864	0.3043	0.6197	0.0693	0.0000
NO.205	21.6962	21.2772	2.1972	0.0497	0.1120	0.5560	0.7921	0.0328	0.0000
NO.221	21.0248	20.3096	1.3863	0.0960	0.1110	0.1348	0.5137	0.1100	4.1109
NO.230	21.7440	20.5816	1.3863	−0.0225	−0.0326	0.3116	0.3184	−0.0312	6.0792
NO.247	21.8130	20.8999	2.1972	0.1077	0.1183	0.0899	0.4226	0.1046	4.5850
NO.271	20.7716	19.3260	2.6391	0.0527	0.0814	0.3522	0.2591	0.0585	2.3979
NO.291	19.8464	18.9054	2.1972	0.1070	0.1137	0.0591	0.5589	0.0942	0.6931
NO.323	20.0489	18.9886	1.6094	0.3254	0.3458	0.0619	0.7879	0.0652	2.9174
NO.419	22.7032	22.5334	2.9444	0.0200	0.0330	0.3917	0.8563	0.0021	0.6931
NO.426	23.4666	22.6889	2.7726	−0.0892	−0.7882	0.8868	0.4811	−0.0889	0.0000
NO.427	23.9060	24.4570	2.9444	0.0231	0.0983	0.7646	1.8459	0.0227	0.0000
NO.430	22.4346	22.6069	2.7081	−0.0069	−0.0171	0.5973	1.1897	−0.0140	1.0986
NO.441	23.7923	23.5728	2.3979	0.0441	0.0675	0.3459	0.8551	0.0718	0.0000
NO.491	21.1375	20.4693	2.7726	0.0509	0.1060	0.5173	0.6295	0.0418	0.7255
NO.499	21.7568	20.7847	2.3026	0.2399	0.3785	0.3585	1.0856	0.1011	1.6094

附表 3-2　2013 年东北地区民营能源企业核心变量

公司	CS	CI	CA	ROA	ROE	TDR	TAT	MRS	DT
NO.16	21.9308	21.4549	3.0445	0.0055	0.0931	0.9409	0.6700	0.0062	0.0000
NO.27	21.7472	21.7068	2.9957	0.0040	0.0079	0.5013	0.9521	0.0032	1.9459
NO.52	21.9421	22.4739	2.3979	0.0471	0.2247	0.7902	1.8307	0.0543	1.7918
NO.53	22.0525	19.9781	2.4849	0.0134	0.0259	0.4849	0.1391	0.0084	1.0986
NO.146	21.8637	21.5557	2.3026	0.0285	0.0377	0.2436	0.7441	0.0372	0.0000
NO.185	21.9972	21.2670	2.7081	0.0066	0.0109	0.3936	0.5185	0.0033	0.6931
NO.205	21.8041	21.4051	2.3026	0.0313	0.0745	0.5793	0.7071	0.0147	0.0000
NO.221	21.0928	20.3440	1.6094	0.0867	0.1002	0.1349	0.4890	0.0920	3.8501
NO.230	22.3435	21.1600	1.6094	0.0133	0.0208	0.3618	0.3953	−0.0059	5.5228
NO.247	22.0570	21.2690	2.3026	0.1500	0.1760	0.1480	0.5100	0.1354	3.8067
NO.271	20.8963	18.9458	2.7081	0.0309	0.0529	0.4163	0.1511	0.0032	1.0986
NO.291	20.0485	19.1690	2.3026	0.1251	0.1388	0.0986	0.4568	0.1149	2.1972
NO.323	20.0253	18.9379	1.7918	0.3542	0.3693	0.0409	0.6975	0.0645	2.9107
NO.419	22.7027	22.6351	2.9957	0.0603	0.0916	0.3417	0.9343	0.0698	0.6931

续表

公司	CS	CI	CA	ROA	ROE	TDR	TAT	MRS	DT
NO.426	23.3314	22.8603	2.8332	0.0001	0.0006	0.8676	0.5822	−0.0432	0.0000
NO.427	24.0684	24.6165	2.9957	0.0384	0.1673	0.7708	1.8701	0.0300	0.6931
NO.430	22.5420	22.5909	2.7726	0.0087	0.0170	0.4849	1.1065	0.0085	1.0986
NO.441	23.7287	23.1068	2.4849	−0.0424	−0.0786	0.4606	0.5199	−0.0112	0.0000
NO.491	21.1575	20.4782	2.8332	0.0552	0.1152	0.5187	0.6667	0.0399	0.8682
NO.499	21.6828	20.7470	2.3979	0.2573	0.4573	0.4373	0.9620	0.1023	1.6094

附表 3-3　2014 年东北地区民营能源企业核心变量

公司	CS	CI	CA	ROA	ROE	TDR	TAT	MRS	DT
NO.16	22.0266	21.3925	3.0910	−0.0108	−0.2659	0.9593	0.5558	−0.0095	1.0986
NO.27	22.0579	21.4421	3.0445	−0.0090	−0.0162	0.4422	0.6235	−0.0157	0.0000
NO.52	21.8987	22.4226	2.4849	0.0615	0.2249	0.7266	1.6519	0.0694	1.6094
NO.53	22.1226	20.4693	2.5649	0.0116	0.0235	0.5076	0.1981	0.0017	1.3863
NO.146	22.0039	21.5170	2.3979	0.0408	0.0594	0.3137	0.6575	0.0381	0.0000
NO.185	22.2585	21.4475	2.7726	0.0139	0.0284	0.5121	0.4993	0.0130	0.6931
NO.205	21.8287	21.5394	2.3979	0.0113	0.0269	0.5799	0.7580	0.0052	1.3863
NO.221	21.2135	20.4446	1.7918	0.0829	0.1001	0.1724	0.4915	0.0924	3.4965
NO.230	22.4379	21.5382	1.7918	0.0051	0.0088	0.4178	0.4259	0.0026	4.1589
NO.247	22.2647	21.5309	2.3979	0.1477	0.1893	0.2195	0.5297	0.1313	4.5850
NO.271	21.0858	20.3234	2.7726	0.0816	0.1451	0.4379	0.5106	0.0941	2.3979
NO.291	20.2473	19.4626	2.3979	0.1150	0.1438	0.2002	0.5015	0.1030	2.7726
NO.323	20.0540	18.9802	1.9459	0.3786	0.4014	0.0569	0.9694	0.0667	2.8779
NO.419	22.7994	22.7665	3.0445	0.0077	0.0132	0.4143	1.0144	0.0106	0.6931
NO.426	23.2597	22.6139	2.8904	−0.1023	−2.1454	0.9523	0.5054	−0.1077	0.6931
NO.427	24.2625	24.7358	3.0445	0.0252	0.1032	0.7557	1.7606	0.0235	2.8904
NO.430	22.5990	22.3097	2.8332	0.0058	0.0111	0.4757	0.7701	−0.0031	2.4849
NO.441	23.9283	22.8839	2.5649	0.0269	0.0542	0.5030	0.3869	−0.0119	0.6931
NO.491	21.1139	20.4651	2.8904	0.0545	0.1163	0.5312	0.6698	0.0445	0.7115
NO.499	21.6507	20.7451	2.4849	0.2628	0.3830	0.3140	1.2571	0.1089	1.6094

附表 3-4　2015 年东北地区民营能源企业核心变量

公司	CS	CI	CA	ROA	ROE	TDR	TAT	MRS	DT
NO.16	22.1023	21.2947	3.1355	0.0124	0.0717	0.8271	0.4628	−0.0146	1.3863
NO.27	21.9012	21.1321	3.0910	−0.0765	−0.1329	0.4241	0.4272	−0.0932	2.3026
NO.52	21.9832	22.2693	2.5649	0.0647	0.2071	0.6876	1.3875	0.0701	1.7918
NO.53	22.3323	20.2664	2.6391	0.0078	0.0195	0.5968	0.1399	−0.0002	0.6931
NO.146	22.2276	21.3693	2.4849	−0.0956	−0.1626	0.4118	0.4711	−0.0888	0.0000
NO.185	22.4744	21.7007	2.8332	0.0206	0.0505	0.5907	0.5065	0.0218	0.0000
NO.205	22.1211	21.6242	2.4849	0.0140	0.0346	0.5949	0.6967	0.0001	1.9459
NO.221	21.5606	20.6553	1.9459	0.0576	0.0669	0.1386	0.4739	0.0633	2.9444
NO.230	22.4146	21.2590	1.9459	−0.0002	−0.0003	0.4030	0.3112	−0.0001	5.8916
NO.247	22.5061	21.7423	2.4849	0.1402	0.1944	0.2786	0.5219	0.1172	5.0173
NO.271	21.4826	20.8745	2.8332	0.1584	0.2925	0.4584	0.6510	0.1647	2.9444
NO.291	20.3269	19.5429	2.4849	0.0914	0.1137	0.1959	0.4747	0.0785	3.1355
NO.323	20.0674	19.0478	2.0794	0.2433	0.2668	0.0880	0.6968	0.0643	2.9618
NO.419	22.7824	22.7175	3.0910	−0.0329	−0.0594	0.4453	0.9292	−0.0327	1.9459
NO.426	22.7906	21.7496	2.9444	−0.4697	16.8894	1.3447	0.2718	−0.4644	0.0000
NO.427	24.3882	24.8856	3.0910	0.0246	0.1066	0.7692	1.7476	0.0158	3.2581
NO.430	22.5014	21.9627	2.8904	−0.1177	−0.2530	0.5346	0.5551	−0.1204	2.6391
NO.441	23.9982	22.6874	2.6391	−0.0692	−0.1890	0.6341	0.2790	−0.0672	0.6931
NO.491	21.1411	20.4647	2.9444	0.0430	0.0864	0.5021	0.5520	0.0410	0.5754
NO.499	21.9370	20.8621	2.5649	0.1995	0.2952	0.3242	1.0378	0.0922	1.6094

附表 3-5　2016 年东北地区民营能源企业核心变量

公司	CS	CI	CA	ROA	ROE	TDR	TAT	MRS	DT
NO.16	21.9713	20.8310	3.1781	0.0097	0.0467	0.7929	0.2988	0.0083	1.0986
NO.27	21.7553	20.9595	3.1355	−0.1556	−0.3046	0.4892	0.4184	−0.1770	2.0794
NO.52	22.0580	22.2213	2.6391	0.0353	0.1162	0.6958	1.2214	0.0524	1.9459
NO.53	22.6154	20.5242	2.7081	0.0245	0.0434	0.4355	0.1409	0.0227	0.6931
NO.146	22.2629	21.7616	2.5649	0.0302	0.0497	0.3929	0.6164	0.0372	0.0000
NO.185	23.6163	22.1538	2.8904	0.0254	0.0360	0.2940	0.3474	0.0304	1.3863
NO.205	22.2641	21.5894	2.5649	0.0147	0.0388	0.6215	0.5457	0.0058	1.6094
NO.221	21.7519	21.1865	2.0794	0.0940	0.1191	0.2105	0.6223	0.1036	3.0445

续表

公司	CS	CI	CA	ROA	ROE	TDR	TAT	MRS	DT
NO.230	22.5555	21.5994	2.0794	0.0047	0.0090	0.4768	0.4114	0.0075	5.7838
NO.247	22.7994	22.0207	2.5649	0.1229	0.1967	0.3752	0.5259	0.0988	4.9628
NO.271	21.7440	20.9051	2.8904	0.0950	0.1636	0.4193	0.4883	0.1129	2.7081
NO.291	20.4511	19.6127	2.5649	0.1049	0.1346	0.2207	0.4592	0.0922	0.0000
NO.323	19.9545	18.7858	2.1972	0.0957	0.1012	0.0541	0.4262	0.0624	2.8904
NO.419	22.8020	22.6406	3.1355	0.0109	0.0197	0.4451	0.8592	0.0043	2.3979
NO.426	19.1979	21.3498	2.9957	7.4451	16.8894	0.5592	0.4608	−8.2991	0.0000
NO.427	24.7265	25.3090	3.1355	0.0252	0.0771	0.6729	2.0906	0.0369	2.8332
NO.430	22.5817	21.9397	2.9444	0.0089	0.0187	0.5263	0.5474	−0.0396	2.9957
NO.441	23.9918	22.7236	2.7081	0.0174	0.0455	0.6171	0.2804	−0.0009	0.0000
NO.491	21.2176	20.5049	2.9957	0.0682	0.1429	0.5228	0.7783	0.0341	1.2040
NO.499	21.4607	20.6339	2.6391	0.0973	0.1137	0.1446	0.5910	0.1058	1.6094

附表 3-6 2017 年东北地区民营能源企业核心变量

公司	CS	CI	CA	ROA	ROE	TDR	TAT	MRS	DT
NO.16	21.8173	20.1657	3.2189	0.0098	0.0374	0.7390	0.1770	0.0113	0.0000
NO.27	21.7343	21.1858	3.1781	0.0438	0.0775	0.4346	0.5718	0.0305	2.6391
NO.52	22.0923	22.1582	2.7081	0.0510	0.1522	0.6647	1.0864	0.0431	1.6094
NO.53	22.9070	21.0064	2.7726	0.0418	0.0899	0.5346	0.1711	0.0512	0.6931
NO.146	22.1952	21.3346	2.6391	0.0301	0.0455	0.3402	0.4086	0.0257	1.6094
NO.185	23.7604	23.0602	2.9444	0.1242	0.1942	0.3604	0.5274	0.1458	1.9459
NO.205	22.6924	22.2816	2.6391	0.0281	0.0645	0.5641	0.8030	0.0316	3.0910
NO.221	22.0314	21.3197	2.1972	0.0775	0.1166	0.3357	0.5590	0.0870	3.1355
NO.230	22.6242	21.3253	2.1972	−0.1553	−0.4038	0.6154	0.2822	−0.1502	6.3902
NO.247	22.9257	22.2871	2.6391	0.1206	0.1906	0.3671	0.5613	0.1207	5.3279
NO.271	22.0822	21.1435	2.9444	0.0857	0.1735	0.5062	0.4566	0.1037	3.2581
NO.291	20.6000	19.8203	2.6391	0.1070	0.1405	0.2384	0.4926	0.1148	4.0073
NO.323	20.1403	19.1070	2.3026	0.1446	0.1579	0.0842	0.3888	0.0734	2.7726
NO.419	22.9272	22.7079	3.1781	0.0579	0.1070	0.4585	0.8533	0.0288	2.3979
NO.426	19.6222	20.0086	3.0445	0.0246	0.0297	0.1715	1.7792	0.0216	0.0000
NO.427	24.9913	25.8271	3.1781	0.0305	0.0836	0.6358	2.6103	0.0252	2.7726
NO.430	22.3850	22.2101	2.9957	−0.0076	−0.0134	0.4339	0.7572	−0.0098	3.0445

续表

公司	CS	CI	CA	ROA	ROE	TDR	TAT	MRS	DT
NO.441	24.0170	22.9384	2.7726	0.0512	0.1209	0.5760	0.3444	0.0750	0.0000
NO.491	20.9829	20.4255	3.0445	0.0528	0.0856	0.3830	0.6792	0.0584	0.0000
NO.499	21.5544	20.7393	2.7081	0.1149	0.1358	0.1543	0.4633	0.1288	1.6094

附表 3-7 2018 年东北地区民营能源企业核心变量

公司	CS	CI	CA	ROA	ROE	TDR	TAT	MRS	DT
NO.16	21.9825	20.6754	3.2581	0.0228	0.0922	0.7524	0.2929	0.0196	0.0000
NO.27	21.8968	21.3901	3.2189	0.0862	0.1521	0.4332	0.6513	0.1150	2.4849
NO.52	22.1825	22.3768	2.7726	0.0493	0.1481	0.6670	1.2692	0.0513	2.5649
NO.53	23.0177	21.0046	2.8332	0.0175	0.0404	0.5654	0.1410	0.0208	0.0000
NO.146	22.2374	21.3965	2.7081	0.0199	0.0306	0.3486	0.4404	0.0103	1.9459
NO.185	23.7641	23.0798	2.9957	0.1109	0.1837	0.3962	0.4999	0.1262	1.7918
NO.205	23.0138	22.6460	2.7081	0.0253	0.0735	0.6561	0.8025	0.0293	4.1109
NO.221	22.2071	21.4956	2.3026	0.0747	0.1157	0.3542	0.5339	0.0766	3.4012
NO.230	22.3353	21.7480	2.3026	−0.0502	−0.1305	0.6151	0.4761	−0.0937	6.1549
NO.247	23.0583	22.4939	2.7081	0.1170	0.1850	0.3674	0.6063	0.1178	5.3471
NO.271	22.3503	20.9855	2.9957	0.0366	0.0879	0.5834	0.2895	0.0456	3.9318
NO.291	20.6627	19.9420	2.7081	0.1032	0.1315	0.2158	0.5017	0.1082	3.6636
NO.323	20.1073	19.2505	2.3979	−0.0508	−0.0583	0.1296	0.4175	0.0572	3.1781
NO.419	23.0365	23.1212	3.2189	0.1238	0.1995	0.3796	1.1479	0.1403	2.6391
NO.426	19.6548	20.7306	3.0910	0.0379	0.0451	0.1603	2.9801	0.0607	0.0000
NO.427	25.0537	26.0540	3.2189	0.0325	0.0950	0.6581	2.8041	0.0309	2.7726
NO.430	22.4022	22.4095	3.0445	0.0368	0.0620	0.4074	1.0161	0.0353	2.8904
NO.441	23.9567	23.1444	2.8332	0.0464	0.1190	0.6101	0.4304	0.0786	0.0000
NO.491	21.2227	20.4637	3.0910	0.0340	0.0666	0.4887	0.5240	0.0306	0.0000
NO.499	22.7959	21.2130	2.7726	0.0529	0.0810	0.3472	0.3187	0.0419	1.6094

附表 3-8　2019 年东北地区民营能源企业核心变量

公司	CS	CI	CA	ROA	ROE	TDR	TAT	MRS	DT
NO.16	22.4951	21.9205	3.2958	0.0181	0.0963	0.8121	0.7041	0.0219	2.3026
NO.27	21.9964	21.4667	3.2581	0.0965	0.1582	0.3897	0.6181	0.1047	1.0986
NO.52	22.1826	22.4427	2.8332	0.0136	0.0421	0.6767	1.2971	0.0120	0.6931
NO.53	23.0896	20.5716	2.8904	0.0066	0.0158	0.5828	0.0835	0.0084	0.0000
NO.146	22.3995	21.5621	2.7726	0.0222	0.0394	0.4358	0.4678	0.0208	1.9459
NO.185	23.9792	23.1586	3.0445	0.1004	0.1851	0.4576	0.4847	0.1195	1.9459
NO.205	23.0217	22.5255	2.7726	0.0167	0.0483	0.6548	0.6112	0.0188	4.0943
NO.221	22.3224	21.5669	2.3979	0.0666	0.0985	0.3239	0.4968	0.0716	3.3322
NO.230	22.9088	22.5120	2.3979	0.0752	0.1224	0.3855	0.8602	0.1022	6.1026
NO.247	23.4237	22.7234	2.7726	0.0679	0.1130	0.3997	0.5862	0.0641	5.3845
NO.271	22.4719	20.4449	3.0445	−0.0473	−0.1444	0.6724	0.1397	−0.0636	3.9120
NO.291	20.8374	20.2128	2.7726	0.1010	0.1494	0.3234	0.5821	0.0949	3.5835
NO.323	20.2231	19.0696	2.4849	0.1086	0.1229	0.1161	0.3338	−0.0073	3.5553
NO.419	23.1115	23.1173	3.2581	0.0404	0.0688	0.4129	1.0435	0.0516	3.0445
NO.426	19.8129	21.0144	3.1355	0.0313	0.0418	0.2517	3.5872	0.0088	1.0986
NO.427	25.2172	26.1080	3.2581	0.0275	0.0894	0.6927	2.6358	0.0257	3.5264
NO.430	22.4992	22.4683	3.0910	0.0417	0.0719	0.4193	1.0165	0.0495	2.3979
NO.441	24.0371	23.1532	2.8904	0.0497	0.1212	0.5898	0.4298	0.0812	2.3026
NO.491	21.4473	20.6256	3.1355	0.0153	0.0359	0.5741	0.4888	0.0132	2.0794
NO.499	22.8679	21.5546	2.8332	0.0914	0.1372	0.3336	0.2786	0.1239	1.0986

附表 3-9　2020 年东北地区民营能源企业核心变量

公司	CS	CI	CA	ROA	ROE	TDR	TAT	MRS	DT
NO.16	22.8442	22.4340	3.3322	0.0321	0.1582	0.7973	0.7782	0.0370	4.5643
NO.27	22.2822	21.5856	3.2958	0.0858	0.1596	0.4623	0.5690	0.0828	3.0445
NO.52	22.2319	22.3518	2.8904	0.0141	0.0455	0.6899	1.1552	0.0177	2.0794
NO.53	23.0755	19.4699	2.9444	−0.0672	−0.1887	0.6440	0.0270	−0.0736	0.0000
NO.146	22.7372	22.0083	2.8332	0.0309	0.0575	0.4618	0.5631	0.0270	2.3026
NO.185	24.2721	23.3740	3.0910	0.0669	0.1470	0.5445	0.4647	0.0954	3.6636
NO.205	22.8889	22.0042	2.8332	−0.1148	−0.4169	0.7245	0.3855	−0.1155	4.1589
NO.221	22.7242	21.8088	2.4849	0.0708	0.1021	0.3062	0.4797	0.0807	3.7612

续表

公司	CS	CI	CA	ROA	ROE	TDR	TAT	MRS	DT
NO.230	22.9633	22.1017	2.4849	−0.0078	−0.0139	0.4394	0.4340	−0.0223	6.5338
NO.247	23.6490	23.1666	2.8332	0.1170	0.1981	0.4093	0.6866	0.1235	5.3519
NO.271	22.2495	19.4836	3.0910	−0.0861	−0.2829	0.6956	0.0560	−0.1059	3.3673
NO.291	20.8657	20.3930	2.8332	0.1053	0.1488	0.2922	0.6321	0.1040	3.9120
NO.323	20.2811	19.1590	2.5649	0.0453	0.0520	0.1296	0.3350	0.0418	3.7612
NO.419	23.2455	23.2503	3.2958	0.0519	0.0894	0.4191	1.0720	0.0586	4.1271
NO.426	19.8890	21.0420	3.1781	0.0369	0.0506	0.2696	3.2881	0.0164	1.6094
NO.427	25.4543	26.5843	3.2958	0.0256	0.0834	0.6926	3.4609	0.0257	3.8067
NO.430	22.3884	22.2752	3.1355	0.0125	0.0189	0.3393	0.8435	0.0174	2.8134
NO.441	24.1893	23.1125	2.9444	0.0416	0.1055	0.6060	0.3666	0.0660	1.9459
NO.491	21.6075	20.8608	3.1781	0.0168	0.0436	0.6143	0.5118	0.0151	2.0794
NO.499	22.9443	21.4710	2.8904	0.0653	0.1005	0.3497	0.2379	0.0919	0.6931

附表3-10　2021年东北地区民营能源企业核心变量

公司	CS	CI	CA	ROA	ROE	TDR	TAT	MRS	DT
NO.16	23.1933	22.9475	3.3686	0.0460	0.2201	0.7825	0.8522	0.0522	5.2040
NO.27	22.5681	21.7045	3.3336	0.0751	0.1610	0.5350	0.5199	0.0608	3.6636
NO.52	22.2812	22.2610	2.9475	0.0146	0.0490	0.7031	1.0133	0.0234	2.6391
NO.53	23.0613	18.3681	2.9985	−0.1409	−0.3931	0.7053	−0.0296	−0.1557	0.0000
NO.146	23.0748	22.4545	2.8938	0.0396	0.0755	0.4879	0.6584	0.0333	2.5649
NO.185	24.5650	23.5893	3.1376	0.0335	0.1089	0.6315	0.4448	0.0713	4.2627
NO.205	22.7561	21.4829	2.8938	−0.2464	−0.8821	0.7943	0.1597	−0.2497	4.2195
NO.221	23.1361	22.6622	2.5649	0.1222	0.1951	0.3736	0.7490	0.1362	4.0604
NO.230	23.0179	21.6913	2.5719	−0.0908	−0.1501	0.4934	0.0077	−0.1469	6.8341
NO.247	23.8743	23.6097	2.8938	0.1661	0.2831	0.4189	0.7869	0.1829	5.3181
NO.271	22.0270	18.5223	3.1376	−0.1249	−0.4213	0.7188	−0.0278	−0.1482	2.0794
NO.291	21.0706	20.7401	2.8904	0.1202	0.1737	0.3080	0.7919	0.1276	4.1589
NO.323	20.5452	19.8401	2.6391	0.0701	0.0952	0.2628	0.5589	0.0664	3.5264
NO.419	23.5681	23.6665	3.3322	0.1577	0.2758	0.4282	1.2798	0.1867	3.4761
NO.426	19.7856	20.9290	3.2189	0.0354	0.0458	0.2272	3.2851	0.0286	1.0986
NO.427	25.2417	26.2488	3.3322	0.0285	0.0892	0.6811	2.9669	0.0274	3.4553
NO.430	22.5582	22.5317	3.1781	−0.0033	−0.0060	0.4497	1.0564	−0.0012	2.7228

续表

公司	CS	CI	CA	ROA	ROE	TDR	TAT	MRS	DT
NO.441	24.0610	23.1367	2.9957	0.0459	0.1152	0.6020	0.4089	0.0753	1.7918
NO.491	21.4258	20.6500	3.2189	0.0221	0.0487	0.5590	0.5082	0.0196	1.7346
NO.499	23.1249	21.6853	2.9444	0.1297	0.1875	0.3082	0.2584	0.1143	1.2040

附录4　2012—2021年中部地区民营能源企业核心变量

附表4-1　2012年中部地区民营能源企业核心变量

公司	CS	CI	CA	ROA	ROE	TDR	TAT	MRS	DT
NO.15	21.7562	21.1619	2.7726	−0.0101	−0.0408	0.7525	0.5133	−0.0353	2.0794
NO.21	23.5233	22.4193	3.0445	0.0325	0.1378	0.7641	0.3680	0.0373	0.0000
NO.23	21.4804	19.3669	2.9444	0.0733	0.0746	0.0164	0.1257	0.0681	0.6931
NO.25	20.3261	21.4292	3.0910	0.0916	0.1010	0.0931	3.1899	0.1274	0.6931
NO.26	24.9641	25.3630	2.6391	0.0144	0.0386	0.6271	1.5304	0.0138	0.0000
NO.46	21.8038	21.1195	2.3979	0.0058	0.0162	0.6436	0.5772	0.0017	0.0000
NO.55	21.3238	20.3183	2.6391	0.0501	0.0916	0.4534	0.4367	0.0390	2.3979
NO.63	21.0121	19.7958	1.9459	−0.0349	−0.0752	0.5354	0.3127	−0.0644	3.6636
NO.75	22.3045	22.4190	2.7726	0.0187	0.0558	0.6640	1.2507	0.0182	0.0000
NO.76	21.8566	21.4867	2.3026	0.0331	0.0742	0.5535	0.7137	0.0349	0.0000
NO.96	21.3522	20.3563	2.5649	0.0310	0.0503	0.3834	0.4851	0.0322	1.7918
NO.102	20.9828	20.4413	2.3979	0.0302	0.0432	0.3010	0.6302	0.0170	1.6094
NO.110	22.2674	21.5921	1.6094	0.1377	0.2041	0.3251	0.6169	0.1508	0.0000
NO.112	20.6597	19.7972	2.3979	0.0913	0.1091	0.1632	0.4863	0.1022	3.9703
NO.134	20.7773	19.7877	2.7081	0.0068	0.0112	0.3974	0.3959	0.0048	1.3863
NO.139	21.5788	20.0167	1.3863	−0.1407	−0.3446	0.5916	0.2157	−0.1490	1.0986
NO.159	21.6242	20.4455	1.3863	0.0055	0.0061	0.1035	0.3170	−0.0030	0.0000
NO.161	21.5703	20.9315	1.9459	0.0733	0.0962	0.2382	0.5263	0.0857	4.3041
NO.163	22.7575	23.1847	2.3979	0.0532	0.1358	0.6083	1.6225	0.0629	0.0000
NO.167	21.1001	20.6136	2.3979	−0.0612	−0.1176	0.4794	0.6314	−0.0728	1.0986

续表

公司	CS	CI	CA	ROA	ROE	TDR	TAT	MRS	DT
NO.169	20.5915	19.6022	2.5649	0.0515	0.0560	0.0806	0.3696	0.0526	0.0000
NO.170	21.1763	20.0500	2.6391	0.0610	0.0779	0.2160	0.3514	0.0706	0.0000
NO.172	22.3753	21.3064	2.3979	0.0214	0.0517	0.5864	0.3834	0.0246	2.1972
NO.180	20.2428	19.5342	2.9444	0.0838	0.0992	0.1549	0.5138	0.0938	2.0794
NO.183	21.4923	20.3821	2.8332	0.0917	0.0965	0.0500	0.3360	0.1068	0.0000
NO.184	20.6602	20.2640	1.7918	0.0931	0.1250	0.2557	0.6771	0.1010	0.0000
NO.188	21.9801	21.0325	1.7918	−0.0152	−0.0421	0.6383	0.4377	−0.0362	3.9120
NO.207	21.2514	21.5547	2.3979	0.0781	0.1163	0.3281	1.5991	0.0909	1.0986
NO.212	20.8080	19.6657	2.5649	0.0365	0.0467	0.2194	0.3191	0.0430	3.1061
NO.216	20.6130	20.2226	2.3979	0.1097	0.1335	0.1782	0.7111	0.1167	2.0794
NO.219	20.8094	19.9377	2.0794	0.0634	0.0712	0.1085	0.4446	0.0737	0.6931
NO.222	21.1931	19.8717	2.4849	0.2423	0.3047	0.2049	0.3009	−0.0236	5.2240
NO.226	22.0858	21.8561	2.7081	0.0405	0.0547	0.2594	0.8686	0.0516	4.3041
NO.229	20.6935	20.2551	2.3979	0.0153	0.0176	0.1307	0.6646	0.0035	4.3652
NO.236	20.9006	19.6959	2.8904	0.0229	0.0321	0.2883	0.3187	0.0256	1.6094
NO.257	20.9865	20.4845	2.3979	0.0393	0.0493	0.2039	0.6096	0.0464	1.0986
NO.263	22.5661	21.0501	2.3026	0.0217	0.0371	0.4166	0.2271	0.0160	3.6376
NO.283	20.3969	19.7059	2.5649	0.0622	0.0953	0.3475	0.5928	0.0776	1.7918
NO.285	20.8548	20.4985	2.3026	0.0580	0.0901	0.3565	0.7209	0.0480	2.4849
NO.302	20.5847	20.1228	2.6391	0.0688	0.0989	0.3046	0.7857	0.0803	2.4277
NO.309	20.5841	19.4483	2.5649	0.0517	0.0639	0.1920	0.4099	0.0600	2.1972
NO.312	20.1267	19.8435	2.4849	0.0717	0.1032	0.3049	1.0421	0.0765	5.0106
NO.317	20.2176	18.7092	1.7918	0.0866	0.1878	0.5391	0.3215	0.0370	1.1701
NO.324	21.0604	20.2994	1.9459	0.1016	0.2214	0.5382	0.5673	0.0845	4.3456
NO.348	20.0893	19.0451	2.0794	0.3596	0.4782	0.2257	0.9583	0.0858	4.0302
NO.360	21.2090	20.8832	2.6391	0.0701	0.0946	0.2596	0.8213	0.0506	2.3448
NO.368	23.3092	22.6861	2.3979	0.0187	0.1215	0.8462	0.5711	0.0095	4.9984
NO.371	20.7627	19.7680	2.8904	0.0856	0.1255	0.3155	0.5033	0.0816	1.1853
NO.374	24.2595	23.9393	2.5649	0.0207	0.1538	0.8656	1.1632	0.0267	0.6931
NO.385	21.0327	21.7251	2.5649	0.0281	0.0856	0.6713	2.0884	−0.0513	1.7918
NO.389	22.8836	22.1457	2.5649	0.0355	0.0962	0.6312	0.5197	0.0074	4.9200
NO.391	21.0934	21.0868	2.6391	0.0096	0.0230	0.5820	0.8849	−0.0949	2.6391

续表

公司	CS	CI	CA	ROA	ROE	TDR	TAT	MRS	DT
NO.392	22.4191	22.2898	2.8904	0.0385	0.0715	0.4612	0.7605	0.0215	2.3026
NO.394	22.7297	22.1553	2.6391	0.0155	0.0335	0.5369	0.6659	0.0147	1.9459
NO.395	22.2570	20.6014	2.9957	0.0414	0.0834	0.5034	0.2073	0.0482	0.0000
NO.398	20.8515	19.8901	2.8904	0.1018	0.1228	0.1713	0.4192	0.0026	1.0986
NO.399	21.8594	20.7769	2.5649	0.0110	0.0205	0.4632	0.3317	0.0045	0.0000
NO.401	23.4166	21.9970	2.6391	0.0133	0.0994	0.8666	0.2484	0.0128	4.6728
NO.402	23.3389	22.4142	2.5649	−0.0161	−0.1004	0.8398	0.3980	−0.0188	3.2958
NO.403	22.5633	21.5718	2.5649	0.0025	0.0041	0.3854	0.3815	0.0020	0.6931
NO.405	22.2411	21.9415	2.4849	0.0217	0.0671	0.6763	0.7117	0.0150	0.6931
NO.425	24.3289	25.2566	2.9444	−0.0414	−0.0927	0.5529	2.7408	−0.0615	1.3863
NO.433	21.1120	20.4333	2.9444	−0.1167	−0.2857	0.5915	0.5055	−0.1186	1.6094
NO.435	20.9878	20.1321	2.8904	−0.0062	−0.1145	0.9458	0.4073	−0.0507	0.0000
NO.439	21.2143	20.7402	2.8332	0.0412	0.0703	0.4130	0.6927	0.0316	1.3863
NO.440	23.7700	23.6725	2.3979	0.0243	0.0591	0.5884	0.9434	0.0338	2.9957
NO.448	21.5981	20.7608	2.8904	0.0564	0.0627	0.1009	0.4266	0.0495	1.6094
NO.451	22.8599	22.4193	1.3863	0.0701	0.2158	0.6753	1.1192	0.0338	3.4376
NO.458	22.4428	22.1608	1.6094	0.0683	0.0946	0.2781	0.8333	0.0809	2.8904
NO.489	22.0310	22.1220	2.7726	0.1675	0.3709	0.5425	1.5787	0.0539	2.5528
NO.495	20.4574	20.5797	1.9459	0.1373	0.2373	0.4158	1.4644	0.0965	1.2534
NO.527	22.2571	21.7974	2.1972	0.2390	0.2789	0.1432	1.2209	0.1280	2.9327
NO.544	20.5093	19.4982	2.1972	0.1119	0.2320	0.5174	0.7472	0.0545	1.2685
NO.549	20.8450	19.4740	1.0986	0.0641	0.1144	0.4739	0.4531	0.0573	2.2593

附表 4-2 2013 年中部地区民营能源企业核心变量

公司	CS	CI	CA	ROA	ROE	TDR	TAT	MRS	DT
NO.15	21.5709	21.2086	2.8332	0.0042	0.0139	0.6959	0.6318	−0.0041	1.7918
NO.21	24.2110	22.7307	3.0910	0.0183	0.1393	0.8686	0.3029	0.0265	2.9444
NO.23	21.7755	19.2969	2.9957	0.0549	0.0691	0.2059	0.0961	0.0410	0.0000
NO.25	20.4052	21.3780	3.1355	0.0827	0.0932	0.1133	2.7498	0.1195	0.0000
NO.26	25.0515	25.3774	2.7081	0.0066	0.0191	0.6552	1.4458	0.0060	1.0986
NO.46	21.8513	21.3462	2.4849	−0.0335	−0.1112	0.6992	0.6178	−0.0328	0.6931
NO.55	21.3535	21.0103	2.7081	0.0441	0.0790	0.4413	0.7200	0.0498	1.7918

续表

公司	CS	CI	CA	ROA	ROE	TDR	TAT	MRS	DT
NO.63	21.0675	20.1501	2.0794	0.0175	0.0382	0.5429	0.4106	0.0136	3.9318
NO.75	22.7640	22.9637	2.8332	0.0163	0.0631	0.7410	1.4967	0.0146	1.9459
NO.76	22.0538	21.6122	2.3979	0.0341	0.0672	0.4930	0.7062	0.0364	0.0000
NO.96	21.5561	20.6502	2.6391	0.0198	0.0382	0.4811	0.4453	0.0089	0.6931
NO.102	20.9591	20.7139	2.4849	0.0312	0.0436	0.2837	0.7733	0.0267	0.0000
NO.110	22.6535	22.0317	1.7918	0.1434	0.2448	0.4141	0.6394	0.1614	0.0000
NO.112	20.7084	19.8837	2.4849	0.0903	0.1033	0.1262	0.4490	0.0924	4.4543
NO.134	20.9291	19.9082	2.7726	0.0140	0.0268	0.4790	0.3876	0.0140	1.6094
NO.139	21.2077	20.3141	1.6094	−0.2751	−0.8633	0.6814	0.3341	−0.2697	1.0986
NO.159	21.6014	20.6830	1.6094	0.0258	0.0284	0.0924	0.3946	0.0050	0.6931
NO.161	21.7975	20.9785	2.0794	0.0589	0.0914	0.3551	0.4907	0.0638	3.9318
NO.163	22.6655	22.5053	2.4849	0.0208	0.0480	0.5672	0.8128	0.0210	0.0000
NO.167	21.3128	20.9422	2.4849	0.0174	0.0398	0.5619	0.7634	0.0188	0.0000
NO.169	20.5839	19.1924	2.6391	0.0140	0.0151	0.0768	0.2478	0.0059	0.0000
NO.170	21.3498	20.6734	2.7081	0.0634	0.0870	0.2716	0.5525	0.0379	0.0000
NO.172	22.5125	21.4519	2.4849	0.0209	0.0440	0.5252	0.3700	0.0216	2.3026
NO.180	20.3245	19.4510	2.9957	0.0717	0.0857	0.1629	0.4345	0.0745	1.7918
NO.183	21.6270	20.8496	2.8904	0.1278	0.1402	0.0888	0.4905	0.1468	0.0000
NO.184	20.7008	20.1566	1.9459	0.0833	0.1134	0.2661	0.5921	0.0821	0.0000
NO.188	22.1946	21.3813	1.9459	0.0032	0.0106	0.6988	0.4908	−0.0042	4.4543
NO.207	21.6442	21.7235	2.4849	0.0532	0.1061	0.4982	1.2924	0.0630	0.6931
NO.212	20.8966	19.8255	2.6391	0.0384	0.0510	0.2465	0.3578	0.0428	2.5390
NO.216	20.9624	20.7616	2.4849	0.1263	0.1791	0.2947	0.9595	0.1425	2.9957
NO.219	20.9977	20.0689	2.1972	0.0668	0.0851	0.2150	0.4321	0.0696	0.6931
NO.222	21.0968	19.1588	2.5649	0.0062	0.0072	0.1374	0.1371	−0.0060	4.6759
NO.226	22.1659	21.9782	2.7726	0.0358	0.0500	0.2849	0.8620	0.0414	3.1781
NO.229	20.7161	20.2612	2.4849	0.0098	0.0115	0.1484	0.6416	0.0023	3.9576
NO.236	21.0900	19.8081	2.9444	0.0081	0.0136	0.4060	0.3037	0.0075	1.3863
NO.257	21.1075	20.4835	2.4849	0.0226	0.0312	0.2759	0.5682	0.0251	1.9459
NO.263	22.6383	21.2253	2.3979	0.0090	0.0164	0.4492	0.2522	0.0039	3.7612
NO.283	20.8496	19.9269	2.6391	0.0563	0.1203	0.5314	0.4859	0.0586	1.6094
NO.285	20.8577	20.4591	2.3979	0.0370	0.0555	0.3329	0.6722	0.0274	2.3979

续表

公司	CS	CI	CA	ROA	ROE	TDR	TAT	MRS	DT
NO.302	20.5093	20.2816	2.7081	0.0847	0.1037	0.1836	0.7663	0.1036	1.8971
NO.309	20.6954	19.2008	2.6391	0.0254	0.0340	0.2528	0.2368	0.0299	1.7918
NO.312	20.3428	19.8195	2.5649	0.0457	0.0747	0.3889	0.6563	0.0356	4.4427
NO.317	20.2272	18.7170	1.9459	0.0778	0.1656	0.5298	0.3899	0.0349	1.2993
NO.324	21.0237	20.2548	2.0794	0.0974	0.1964	0.5041	0.5632	0.0812	4.2173
NO.348	20.1049	19.0831	2.1972	0.3330	0.4282	0.1919	0.9039	0.0840	4.0019
NO.360	21.2241	20.8782	2.7081	0.0685	0.0929	0.2626	0.7916	0.0493	2.3397
NO.368	23.3018	22.6673	2.4849	0.0193	0.1229	0.8437	0.5691	0.0095	4.9947
NO.371	20.7593	19.7663	2.9444	0.0841	0.1220	0.3079	0.5035	0.0818	1.1643
NO.374	24.5135	23.9591	2.6391	0.0125	0.0763	0.8361	0.6470	0.0158	0.6931
NO.385	21.4087	21.6393	2.6391	0.0259	0.1061	0.7556	1.4935	−0.0774	2.7726
NO.389	23.0475	22.3706	2.6391	0.0123	0.0395	0.6883	0.5497	0.0021	5.2679
NO.391	20.9133	21.0229	2.7081	−0.0275	−0.0582	0.5284	1.0157	−0.0415	2.8904
NO.392	22.4723	21.9021	2.9444	0.0479	0.0931	0.4857	0.5805	0.0610	1.3863
NO.394	22.8295	21.5224	2.7081	0.0085	0.0189	0.5521	0.2841	0.0081	3.4012
NO.395	22.4149	20.7247	3.0445	0.0433	0.0946	0.5425	0.1990	0.0489	0.0000
NO.398	20.8858	19.9104	2.9444	0.0737	0.0901	0.1822	0.3835	0.0181	1.3863
NO.399	21.9681	20.9447	2.6391	0.0106	0.0189	0.4394	0.3789	0.0030	0.0000
NO.401	23.4268	22.2077	2.7081	0.0255	0.1699	0.8502	0.2970	0.0285	4.5326
NO.402	23.4764	22.6143	2.6391	0.0035	0.0243	0.8562	0.4513	0.0003	3.3673
NO.403	22.6086	21.5872	2.6391	0.0027	0.0046	0.4028	0.3683	−0.0013	0.6931
NO.405	22.2564	21.9247	2.5649	0.0234	0.0751	0.6892	0.7232	0.0243	3.1781
NO.425	24.3319	25.4729	2.9957	0.0545	0.1113	0.5099	3.1345	0.0521	1.0986
NO.433	21.7633	21.7629	2.9957	−0.0387	−0.0941	0.5887	1.3141	−0.0380	1.0986
NO.435	20.9275	19.7444	2.9444	−0.0904	−0.6999	1.0325	0.2971	−0.1125	0.0000
NO.439	21.2926	20.4656	2.8904	0.0895	0.1432	0.3748	0.4545	0.0149	0.0000
NO.440	23.7448	23.5668	2.4849	0.0156	0.0365	0.5709	0.8264	0.0195	2.9444
NO.448	21.6149	20.8106	2.9444	0.0279	0.0323	0.1376	0.4512	0.0260	2.8332
NO.451	22.8416	22.3470	1.6094	0.0659	0.2038	0.6768	0.9780	0.0217	3.5361
NO.458	22.5814	22.1343	1.7918	0.0394	0.0599	0.3427	0.6837	0.0376	2.9444
NO.489	22.0382	22.1244	2.8332	0.1606	0.3435	0.5231	1.5504	0.0547	2.5429
NO.495	20.4937	20.6121	2.0794	0.1392	0.2306	0.3897	1.4399	0.0937	1.2650

续表

公司	CS	CI	CA	ROA	ROE	TDR	TAT	MRS	DT
NO.527	22.2997	21.8724	2.3026	0.2537	0.3133	0.1901	0.8797	0.1380	3.1061
NO.544	20.5180	19.4411	2.3026	0.1118	0.2082	0.4631	0.7552	0.0478	1.2993
NO.549	20.8420	19.4704	1.3863	0.0528	0.0958	0.4890	0.4461	0.0571	2.2616

附表 4-3　2014 年中部地区民营能源企业核心变量

公司	CS	CI	CA	ROA	ROE	TDR	TAT	MRS	DT
NO.15	21.5139	20.6502	2.8904	−0.0522	−0.1923	0.7283	0.4096	−0.0593	2.0794
NO.21	24.5569	23.3547	3.1355	0.0277	0.1811	0.8469	0.3520	0.0397	1.0986
NO.23	21.8389	19.4185	3.0445	0.0632	0.0773	0.1825	0.0917	0.0374	0.0000
NO.25	20.4697	21.1023	3.1781	0.0470	0.0544	0.1354	1.9431	0.0612	0.0000
NO.26	25.0580	25.1865	2.7726	0.0036	0.0107	0.6599	1.1408	0.0032	0.0000
NO.46	21.9043	21.4602	2.5649	0.0148	0.0508	0.7095	0.6584	0.0120	0.0000
NO.55	21.7011	21.2113	2.7726	0.0512	0.1136	0.5491	0.7182	0.0565	1.7918
NO.63	21.1870	20.2247	2.1972	0.0314	0.0730	0.5695	0.4048	0.0169	4.1431
NO.75	23.1480	23.3121	2.8904	0.0122	0.0414	0.7052	1.4018	0.0145	1.3863
NO.76	22.3124	21.6830	2.4849	0.0337	0.0678	0.5027	0.6014	0.0387	0.0000
NO.96	21.5820	20.9047	2.7081	0.0038	0.0076	0.4935	0.5145	−0.0017	2.8904
NO.102	21.5467	20.8458	2.5649	0.0394	0.0534	0.2610	0.6378	0.0404	0.0000
NO.110	23.1376	22.2185	1.9459	0.1090	0.1497	0.2718	0.4936	0.1207	0.0000
NO.112	20.9108	20.2139	2.5649	0.1042	0.1307	0.2029	0.5484	0.1097	4.9127
NO.134	21.1808	20.2873	2.8332	0.0195	0.0452	0.5693	0.4605	0.0216	3.9890
NO.139	21.2828	20.2618	1.7918	0.0063	0.0073	0.1347	0.3738	−0.0424	1.0986
NO.159	21.6964	20.7025	1.7918	0.0127	0.0155	0.1767	0.3877	−0.0161	2.7081
NO.161	21.8125	21.0614	2.1972	0.0588	0.0867	0.3212	0.4754	0.0488	4.0604
NO.163	22.6584	21.8652	2.5649	0.0152	0.0338	0.5512	0.4508	0.0140	1.0986
NO.167	21.9053	21.5208	2.5649	0.0323	0.0614	0.4741	0.8768	0.0379	3.7136
NO.169	20.6282	19.5976	2.7081	0.0157	0.0176	0.1095	0.3647	0.0099	1.0986
NO.170	21.7349	21.0464	2.7726	0.0639	0.1164	0.4508	0.5979	0.0785	0.0000
NO.172	22.6531	21.5691	2.5649	0.0095	0.0222	0.5724	0.3620	0.0065	4.3307
NO.180	20.4485	19.7210	3.0445	0.0909	0.1125	0.1918	0.5131	0.0965	2.1972
NO.183	21.7929	21.3192	2.9444	0.1721	0.1959	0.1213	0.6742	0.1983	0.0000
NO.184	20.7166	20.1338	2.0794	0.0766	0.1040	0.2638	0.5627	0.0790	0.0000

续表

公司	CS	CI	CA	ROA	ROE	TDR	TAT	MRS	DT
NO.188	22.8543	21.8228	2.0794	0.0117	0.0414	0.7171	0.4700	0.0122	5.2523
NO.207	21.7392	21.6371	2.5649	0.0397	0.0791	0.4974	0.9458	0.0460	0.6931
NO.212	22.0514	20.5228	2.7081	0.0285	0.0357	0.2003	0.3298	0.0318	1.0986
NO.216	21.2424	20.9130	2.5649	0.0481	0.0793	0.3928	0.8194	0.0208	3.4657
NO.219	21.0886	20.2397	2.3026	0.0760	0.0968	0.2147	0.4473	0.0778	0.6931
NO.222	21.0571	19.0600	2.6391	−0.0399	−0.0471	0.1523	0.1330	−0.0607	3.3673
NO.226	22.3059	22.0547	2.8332	0.0211	0.0347	0.3909	0.8322	0.0289	4.3041
NO.229	20.7412	20.2533	2.5649	−0.0251	−0.0313	0.1970	0.6216	−0.0451	3.2581
NO.236	21.1909	19.8866	2.9957	0.0121	0.0220	0.4519	0.2851	0.0129	1.0986
NO.257	21.0327	20.5457	2.5649	0.0241	0.0303	0.2039	0.5915	0.0272	2.3979
NO.263	22.6534	21.4439	2.4849	0.0108	0.0203	0.4704	0.3006	0.0100	3.8712
NO.283	20.8970	19.6755	2.7081	0.0631	0.1236	0.4891	0.3018	0.0594	1.3863
NO.285	20.9078	20.5688	2.4849	0.0268	0.0413	0.3503	0.7303	0.0280	2.3026
NO.302	20.7590	20.5453	2.7726	0.0825	0.1167	0.2928	0.9079	0.1029	0.6931
NO.309	20.6230	18.6708	2.7081	−0.0227	−0.0287	0.2116	0.1368	−0.0286	1.0986
NO.312	20.4874	20.3372	2.6391	0.0419	0.0754	0.4449	0.9226	0.0327	2.9957
NO.317	20.2482	18.7338	2.0794	0.0717	0.1499	0.5214	0.3358	0.0312	1.3863
NO.324	21.0217	20.2598	2.1972	0.0891	0.1971	0.5479	0.5302	0.0861	4.3931
NO.348	20.0586	18.9683	2.3026	0.4339	0.6274	0.3084	0.7751	0.0876	4.0906
NO.360	21.2466	20.9170	2.7726	0.0697	0.0947	0.2640	0.8215	0.0488	2.3934
NO.368	23.3099	22.6878	2.5649	0.0185	0.1201	0.8466	0.5776	0.0095	4.9987
NO.371	20.7630	19.7681	2.9957	0.0843	0.1236	0.3156	0.4906	0.0816	1.1872
NO.374	24.6779	24.0181	2.7081	0.0177	0.1114	0.8408	0.5594	0.0223	0.6931
NO.385	22.1050	21.9792	2.7081	0.0160	0.0395	0.5957	1.1770	−0.0217	1.0986
NO.389	23.0640	22.3044	2.7081	−0.0267	−0.1025	0.7396	0.4717	−0.0377	5.2149
NO.391	22.3343	21.9427	2.7726	0.1162	0.2027	0.4265	1.0891	0.1252	2.6391
NO.392	22.8814	21.9715	2.9957	0.0292	0.0511	0.4276	0.4838	0.0317	1.9459
NO.394	22.9492	21.4721	2.7726	−0.0005	−0.0010	0.5520	0.2419	−0.0450	3.2958
NO.395	23.1193	21.6133	3.0910	0.0320	0.0953	0.6641	0.2968	0.0413	0.0000
NO.398	20.9555	20.1170	2.9957	0.0520	0.0656	0.2073	0.4474	0.0162	2.5649
NO.399	21.9993	20.9350	2.7081	0.0076	0.0139	0.4531	0.3504	0.0050	0.6931
NO.401	23.4320	22.2520	2.7726	0.0306	0.1548	0.8023	0.3081	0.0328	4.2485

续表

公司	CS	CI	CA	ROA	ROE	TDR	TAT	MRS	DT
NO.402	23.5379	22.7709	2.7081	0.0033	0.0239	0.8636	0.4787	−0.0016	3.4657
NO.403	22.6600	21.6320	2.7081	0.0025	0.0045	0.4333	0.3669	0.0007	1.0986
NO.405	22.2292	21.8689	2.6391	0.0270	0.0797	0.6606	0.6880	0.0238	2.9444
NO.425	24.1620	25.3500	3.0445	−0.0225	−0.0416	0.4593	3.0026	−0.0333	0.0000
NO.433	21.6427	21.3146	3.0445	0.0052	0.0090	0.4239	0.6769	−0.0650	1.3863
NO.435	20.7788	20.2331	2.9957	0.0003	−0.6999	1.0373	0.5365	−0.1533	0.0000
NO.439	21.8280	20.8197	2.9444	0.0617	0.0745	0.1717	0.4602	0.0297	1.6094
NO.440	23.8061	23.3833	2.5649	0.0073	0.0180	0.5938	0.6753	0.0108	2.7081
NO.448	21.8124	21.0858	2.9957	0.0561	0.0746	0.2480	0.5312	0.0610	3.4965
NO.451	22.8917	22.5504	1.7918	0.0416	0.1020	0.5924	0.8776	0.0486	3.2581
NO.458	22.6750	22.3102	1.9459	0.0505	0.0785	0.3569	0.7268	0.0638	2.5649
NO.489	22.0217	22.1226	2.8904	0.1749	0.4221	0.5855	1.5100	0.0533	2.5678
NO.495	20.3972	20.5441	2.1972	0.1489	0.2756	0.4596	1.4321	0.1027	1.2260
NO.527	22.1726	21.5928	2.3979	0.1014	0.1136	0.1075	0.7222	0.1080	1.6094
NO.544	20.5017	19.6161	2.3979	0.0678	0.0892	0.2400	0.4945	0.0651	0.6931
NO.549	20.8453	19.4743	1.6094	0.0682	0.1206	0.4699	0.4551	0.0573	2.2591

附表 4-4　2015 年中部地区民营能源企业核心变量

公司	CS	CI	CA	ROA	ROE	TDR	TAT	MRS	DT
NO.15	21.5185	20.6199	2.9444	−0.0344	−0.1445	0.7620	0.4081	−0.0431	2.1972
NO.21	24.9742	23.8314	3.1781	0.0247	0.1261	0.8042	0.3845	0.0335	0.0000
NO.23	21.7877	19.4363	3.0910	0.0439	0.0472	0.0694	0.0928	0.0453	0.0000
NO.25	20.5234	21.1169	3.2189	0.0576	0.0664	0.1329	1.8589	0.0799	0.0000
NO.26	25.0061	24.9415	2.8332	−0.0528	−0.1732	0.6951	0.9131	−0.0522	0.0000
NO.46	21.9791	21.3360	2.6391	−0.0159	−0.0648	0.7547	0.5453	−0.0201	0.0000
NO.55	22.0242	21.2066	2.8332	0.1544	0.3323	0.5355	0.5122	0.0276	3.5835
NO.63	21.8420	20.9909	2.3026	0.0454	0.1083	0.5809	0.5620	0.0351	4.6728
NO.75	23.4244	23.5679	2.9444	0.0272	0.1252	0.7825	1.3129	0.0330	2.8332
NO.76	22.3632	21.7506	2.5649	0.0172	0.0337	0.4890	0.5557	0.0176	0.0000
NO.96	21.6039	20.7699	2.7726	−0.0667	−0.1038	0.3580	0.4391	−0.0728	3.4012
NO.102	22.2170	21.2451	2.6391	0.0483	0.0775	0.3759	0.5006	0.0452	2.6391
NO.110	23.0644	21.7623	2.0794	0.0139	0.0180	0.2278	0.2620	0.0083	1.7918

续表

公司	CS	CI	CA	ROA	ROE	TDR	TAT	MRS	DT
NO.112	21.2158	20.5511	2.6391	0.0897	0.1185	0.2433	0.5923	0.0706	5.3519
NO.134	21.3216	20.1727	2.8904	0.0106	0.0276	0.6143	0.3392	0.0112	4.1897
NO.139	21.0255	19.5911	1.9459	−0.2389	−0.2660	0.1022	0.2078	−0.2312	1.0986
NO.159	21.8058	21.3183	1.9459	0.0234	0.0287	0.1865	0.6477	0.0139	3.4340
NO.161	22.2587	21.4906	2.3026	0.0653	0.1314	0.5027	0.5643	0.0713	4.7095
NO.163	22.6780	21.6863	2.6391	−0.0285	−0.0716	0.6017	0.3746	−0.0416	1.7918
NO.167	21.9795	21.4736	2.6391	0.0521	0.0972	0.4638	0.6253	0.0593	4.4773
NO.169	20.9593	19.5962	2.7726	0.0034	0.0053	0.3619	0.2978	−0.0032	2.0794
NO.170	21.8942	21.0301	2.8332	0.0532	0.0810	0.3425	0.4549	0.0640	0.0000
NO.172	22.6519	21.4000	2.6391	0.0015	0.0036	0.5751	0.2858	−0.0007	3.3322
NO.180	20.3670	19.4963	3.0910	0.0309	0.0366	0.1554	0.4016	0.0122	1.7918
NO.183	21.9827	21.5600	2.9957	0.1826	0.2138	0.1458	0.7173	0.2105	0.0000
NO.184	20.7053	19.9161	2.1972	0.0557	0.0721	0.2281	0.4517	0.0490	0.0000
NO.188	23.2231	21.8913	2.1972	0.0098	0.0476	0.7949	0.3121	0.0074	5.3891
NO.207	21.8940	21.8393	2.6391	0.0462	0.0980	0.5283	1.0200	0.0557	1.6094
NO.212	22.0433	20.5248	2.7726	0.0106	0.0131	0.1866	0.2182	0.0111	2.9444
NO.216	21.6347	21.0226	2.6391	0.0667	0.0936	0.2871	0.6472	0.0517	3.7842
NO.219	21.1724	20.3802	2.3979	0.0804	0.0974	0.1738	0.4718	0.0897	0.6931
NO.222	21.5731	20.4472	2.7081	0.0086	0.0123	0.2989	0.4062	0.0040	4.8363
NO.226	22.6594	22.3629	2.8904	0.0403	0.0831	0.5153	0.8734	0.0165	4.8203
NO.229	21.2776	20.5729	2.6391	0.0076	0.0107	0.2867	0.6238	0.0032	4.3438
NO.236	21.2088	19.6731	3.0445	0.0028	0.0053	0.4625	0.2172	0.0015	0.6931
NO.257	21.1520	20.7431	2.6391	0.0394	0.0537	0.2661	0.7040	0.0483	2.7081
NO.263	22.7890	21.5746	2.5649	0.0155	0.0317	0.5102	0.3170	0.0158	3.9703
NO.283	21.2931	20.3365	2.7726	0.0431	0.1101	0.6086	0.4593	0.0488	1.0986
NO.285	20.9926	20.7021	2.5649	0.0691	0.1054	0.3440	0.7796	0.0823	2.1972
NO.302	20.8087	20.5355	2.8332	0.0640	0.0891	0.2815	0.7798	0.0770	1.7918
NO.309	20.5840	18.5808	2.7726	−0.0765	−0.1029	0.2567	0.1323	−0.0863	1.9459
NO.312	21.4845	20.4710	2.7081	0.0410	0.0504	0.1856	0.5303	0.0403	4.1109
NO.317	20.1775	18.6767	2.1972	0.0502	0.0674	0.2554	0.2389	0.0449	0.6931
NO.324	21.1358	20.3835	2.3026	0.1184	0.2708	0.5628	0.6084	0.0864	4.4148

续表

公司	CS	CI	CA	ROA	ROE	TDR	TAT	MRS	DT
NO.348	20.1046	19.0839	2.3979	0.3120	0.3790	0.1769	1.1960	0.0857	3.9951
NO.360	21.1563	20.8544	2.8332	0.0719	0.0962	0.2522	0.8508	0.0536	2.2989
NO.368	23.3159	22.7032	2.6391	0.0184	0.1214	0.8484	0.5666	0.0095	5.0017
NO.371	20.7658	19.7695	3.0445	0.0883	0.1310	0.3228	0.5157	0.0814	1.2040
NO.374	24.7314	24.1498	2.7726	0.0186	0.1086	0.8291	0.5740	0.0225	0.6931
NO.385	22.2672	22.5450	2.7726	0.0257	0.0675	0.6200	1.4271	0.0009	1.9459
NO.389	23.1231	22.4434	2.7726	0.0139	0.0573	0.7564	0.5218	0.0079	5.1818
NO.391	22.4943	21.9445	2.8332	0.1149	0.1961	0.4141	0.6231	0.1281	3.7842
NO.392	22.8704	21.9863	3.0445	0.0366	0.0613	0.4033	0.4108	0.0267	3.3322
NO.394	22.9474	22.0016	2.8332	0.0432	0.1313	0.6712	0.3880	−0.0184	3.6889
NO.395	23.2377	21.9343	3.1355	0.0361	0.0907	0.6024	0.2877	0.0403	0.0000
NO.398	21.1331	20.5430	3.0445	0.0453	0.0591	0.2340	0.6033	0.0433	3.9318
NO.399	21.9992	20.9861	2.7726	0.0105	0.0190	0.4457	0.3631	0.0078	1.0986
NO.401	23.7304	22.6909	2.8332	0.0244	0.1117	0.7812	0.4060	0.0326	4.0943
NO.402	23.6407	22.9746	2.7726	0.0025	0.0117	0.7851	0.5401	−0.0001	3.6889
NO.403	22.6653	21.4851	2.7726	−0.0258	−0.0483	0.4655	0.3080	−0.0274	1.3863
NO.405	22.3462	21.9467	2.7081	0.0327	0.0997	0.6722	0.7098	0.0354	3.4965
NO.425	24.0563	25.1153	3.0910	0.1171	0.1630	0.2814	2.7313	0.1439	0.0000
NO.433	21.4544	20.7971	3.0910	−0.1428	−0.2580	0.4465	0.4696	−0.1435	2.5649
NO.435	20.9964	20.3110	3.0445	−0.1483	−0.6999	0.7882	0.5585	−0.1403	1.6094
NO.439	21.9113	20.7251	2.9957	0.0313	0.0392	0.2002	0.3181	0.0068	1.7918
NO.440	23.7358	23.0670	2.6391	−0.0262	−0.0655	0.6005	0.4943	−0.0237	2.5649
NO.448	21.9238	21.0645	3.0445	0.0205	0.0294	0.3034	0.4470	0.0137	3.3322
NO.451	22.8463	22.3605	1.9459	0.0314	0.0707	0.5556	0.6012	0.0311	3.4965
NO.458	22.7070	22.2952	2.0794	0.0522	0.0788	0.3382	0.6731	0.0730	2.5649
NO.489	22.0333	22.1191	2.9444	0.1670	0.3472	0.5189	1.6757	0.0538	2.5477
NO.495	20.4812	20.5828	2.3026	0.1238	0.2056	0.3980	1.5212	0.0929	1.2685
NO.527	22.2991	21.9271	2.4849	0.1339	0.1516	0.1172	0.7329	0.1381	3.3673
NO.544	20.5081	19.4372	2.4849	0.0530	0.0673	0.2117	0.3438	0.0505	1.6094
NO.549	20.8477	19.4773	1.7918	0.0714	0.1267	0.4628	0.4581	0.0575	2.2571

附表 4-5 2016 年中部地区民营能源企业核心变量

公司	CS	CI	CA	ROA	ROE	TDR	TAT	MRS	DT
NO.15	27.3765	23.5593	2.9957	0.0157	0.1012	0.8445	0.0019	0.0173	2.1972
NO.21	25.5143	23.6987	3.2189	0.0119	0.0756	0.8429	0.2056	0.0167	1.7918
NO.23	21.8405	19.4564	3.1355	0.0443	0.0475	0.0685	0.0946	0.0446	1.3863
NO.25	20.5337	21.0327	3.2581	0.0140	0.0162	0.1382	1.6555	0.0389	0.0000
NO.26	25.0080	24.7617	2.8904	0.0141	0.0442	0.6814	0.7824	0.0118	0.0000
NO.46	21.9436	21.2859	2.7081	0.0055	0.0217	0.7447	0.5089	−0.0118	1.0986
NO.55	22.4023	21.3456	2.8904	0.0198	0.0400	0.5059	0.4126	0.0150	4.2195
NO.63	22.0360	21.0584	2.3979	0.0395	0.0502	0.2124	0.4126	0.0287	4.3944
NO.75	23.7330	23.7177	2.9957	0.0232	0.0709	0.6728	1.1356	0.0287	3.0910
NO.76	22.2665	21.5728	2.6391	−0.0377	−0.0727	0.4812	0.4756	−0.0382	1.0986
NO.96	21.5440	20.7579	2.8332	−0.0341	−0.0528	0.3534	0.4420	−0.0450	2.9444
NO.102	22.3724	21.6179	2.7081	0.0629	0.1128	0.4426	0.5067	0.0629	3.5553
NO.110	23.0317	21.7649	2.1972	0.0119	0.0149	0.1982	0.2771	0.0039	0.0000
NO.112	21.6993	20.6080	2.7081	0.0611	0.0677	0.0974	0.4154	0.0549	5.3982
NO.134	21.2958	20.0317	2.9444	0.0046	0.0122	0.6206	0.2789	0.0034	3.4340
NO.139	21.0175	19.5924	2.0794	0.0150	0.0163	0.0788	0.2395	−0.0079	1.0986
NO.159	22.1296	21.4057	2.0794	−0.1034	−0.1459	0.2914	0.5627	−0.1110	5.2257
NO.161	22.7951	21.5443	2.3979	0.0519	0.0884	0.4126	0.3598	0.0513	4.7791
NO.163	22.7501	21.7186	2.7081	0.0276	0.0703	0.6080	0.3693	0.0177	2.3026
NO.167	22.4174	21.6538	2.7081	0.0313	0.0766	0.5909	0.5664	0.0331	4.5109
NO.169	20.8656	19.0096	2.8332	−0.1448	−0.2331	0.3789	0.1490	−0.1431	1.6094
NO.170	22.2443	20.7721	2.8904	0.0291	0.0610	0.5234	0.2692	0.0304	2.3979
NO.172	23.5568	20.9015	2.7081	−0.0180	−0.1100	0.8365	0.1001	−0.0211	3.7377
NO.180	20.9570	19.9404	3.1355	0.0691	0.0970	0.2879	0.4656	0.0648	2.3026
NO.183	22.0888	21.6813	3.0445	0.1826	0.2026	0.0986	0.7006	0.2068	0.0000
NO.184	20.7532	19.9920	2.3026	0.0539	0.0739	0.2705	0.4783	0.0519	1.7918
NO.188	23.5271	22.0855	2.3026	0.0094	0.0268	0.6501	0.2722	0.0036	5.6021
NO.207	21.7556	21.6527	2.7081	0.0339	0.0642	0.4712	0.8399	0.0429	2.5649
NO.212	22.0652	20.6122	2.8332	0.0224	0.0275	0.1859	0.2364	0.0255	2.7726
NO.216	22.2021	21.5733	2.7081	0.0719	0.1505	0.5227	0.6806	0.0770	4.2767
NO.219	21.3077	20.3397	2.4849	0.0521	0.0667	0.2193	0.4055	0.0587	1.7918

续表

公司	CS	CI	CA	ROA	ROE	TDR	TAT	MRS	DT
NO.222	21.7644	21.0005	2.7726	0.0461	0.0731	0.3700	0.5103	0.0482	5.1180
NO.226	22.9413	22.6892	2.9444	0.0519	0.0752	0.3090	0.8859	0.0309	5.1761
NO.229	21.4947	21.0119	2.7081	0.0459	0.0740	0.3800	0.6838	0.0437	3.9890
NO.236	20.9695	19.6799	3.0910	0.0037	0.0054	0.3175	0.2426	0.0047	1.6094
NO.257	21.2621	20.8606	2.7081	0.0697	0.0975	0.2855	0.7061	0.0783	3.3673
NO.263	22.9316	21.6110	2.6391	0.0210	0.0360	0.4176	0.2860	0.0235	4.1744
NO.283	21.9941	20.7530	2.8332	0.0389	0.0687	0.4337	0.3864	0.0482	1.7918
NO.285	21.4301	21.0968	2.6391	0.0605	0.1311	0.5384	0.8708	0.0496	2.6391
NO.302	20.9145	20.5675	2.8904	0.0692	0.0985	0.2975	0.7442	0.0823	2.4849
NO.309	21.1350	19.6200	2.8332	0.0254	0.0570	0.5535	0.2789	0.0090	2.0794
NO.312	21.6906	20.3604	2.7726	0.0518	0.0707	0.2666	0.2916	0.0466	5.1591
NO.317	20.2558	18.7405	2.3026	0.0500	0.0686	0.2706	0.2283	0.0285	1.6094
NO.324	20.9134	20.1210	2.3979	0.0763	0.1100	0.3059	0.5510	0.0710	3.6889
NO.348	20.1515	19.1972	2.4849	0.2530	0.2782	0.0905	0.7407	0.0785	3.9120
NO.360	21.2694	20.8632	2.8904	0.0639	0.0878	0.2715	0.7024	0.0456	2.3246
NO.368	23.2797	22.6111	2.7081	0.0208	0.1272	0.8361	0.5630	0.0095	4.9836
NO.371	20.7493	19.7612	3.0910	0.0796	0.1113	0.2853	0.5040	0.0823	1.0986
NO.374	24.8740	24.1281	2.8332	0.0179	0.1070	0.8325	0.5081	0.0218	1.0986
NO.385	22.3713	22.6828	2.8332	0.0044	0.0098	0.5493	1.4365	−0.0237	2.1972
NO.389	23.1312	22.4971	2.8332	0.0139	0.0595	0.7659	0.5326	−0.0034	5.4848
NO.391	22.6413	22.2281	2.8904	0.1091	0.1867	0.4153	0.7100	0.1291	4.2195
NO.392	22.8863	21.9054	3.0910	0.0189	0.0318	0.4057	0.3780	0.0161	3.6376
NO.394	23.1216	22.3743	2.8904	0.0216	0.0780	0.7230	0.5148	0.0077	3.4965
NO.395	23.3090	22.0290	3.1781	0.0419	0.1004	0.5826	0.2879	0.0459	0.0000
NO.398	21.1865	20.7017	3.0910	0.0367	0.0483	0.2400	0.6322	0.0406	4.1271
NO.399	22.0276	21.0568	2.8332	0.0100	0.0183	0.4538	0.3842	0.0075	2.3026
NO.401	23.7392	22.6054	2.8904	0.0049	0.0230	0.7852	0.3232	0.0071	3.8712
NO.402	23.7128	23.1165	2.8332	0.0068	0.0205	0.6697	0.5707	−0.0013	3.5553
NO.403	22.6600	21.6437	2.8332	0.0056	0.0104	0.4617	0.3610	0.0013	1.7918
NO.405	22.3925	22.0323	2.7726	0.0299	0.0852	0.6487	0.7137	0.0360	4.0775
NO.425	24.2533	25.0786	3.1355	0.1749	0.2384	0.2665	2.5068	0.2257	1.7918
NO.433	21.3384	20.6062	3.1355	−0.0977	−0.1859	0.4746	0.4530	−0.1069	2.3979

续表

公司	CS	CI	CA	ROA	ROE	TDR	TAT	MRS	DT
NO.435	21.0285	19.7870	3.0910	0.0085	0.0220	0.6144	0.2936	−0.0591	3.2581
NO.439	21.9679	20.9164	3.0445	0.0274	0.0366	0.2517	0.3593	0.0194	1.0986
NO.440	23.7358	23.1853	2.7081	0.0277	0.0644	0.5695	0.5767	0.0303	2.1972
NO.448	21.8493	21.2384	3.0910	0.0207	0.0268	0.2284	0.5226	0.0197	3.2189
NO.451	22.7867	22.1301	2.0794	−0.0116	−0.0261	0.5550	0.5032	−0.0146	3.7842
NO.458	22.6948	22.3048	2.1972	0.0508	0.0723	0.2972	0.6729	0.0520	2.6391
NO.489	22.0595	22.1315	2.9957	0.1399	0.2614	0.4648	1.4656	0.0570	2.5123
NO.495	20.6027	20.7095	2.3979	0.1449	0.2105	0.3115	1.3665	0.0855	1.2993
NO.527	22.4274	22.0974	2.5649	0.1542	0.1751	0.1192	0.7650	0.1678	3.4965
NO.544	20.5440	19.2700	2.5649	0.0286	0.0370	0.2271	0.2847	0.0278	1.3863
NO.549	20.8331	19.4596	1.9459	0.0187	0.0402	0.5342	0.4250	0.0565	2.2687

附表 4-6　2017 年中部地区民营能源企业核心变量

公司	CS	CI	CA	ROA	ROE	TDR	TAT	MRS	DT
NO.15	27.4868	23.5568	3.0445	0.0156	0.1027	0.8480	0.0005	0.0168	2.3026
NO.21	26.0857	24.2247	3.2581	0.0104	0.0729	0.8566	0.1988	0.0160	1.7918
NO.23	21.8673	19.3147	3.1781	0.0248	0.0266	0.0685	0.0789	0.0283	0.6931
NO.25	20.5248	21.1858	3.2958	−0.0153	−0.0183	0.1632	1.9281	−0.0023	0.0000
NO.26	25.0340	24.9397	2.9444	0.0586	0.1598	0.6330	0.9218	0.0625	1.6094
NO.46	22.0220	21.5010	2.7726	0.0118	0.0467	0.7480	0.6172	0.0111	0.0000
NO.55	22.5527	21.6709	2.9444	0.0268	0.0600	0.5529	0.4451	0.0173	4.1431
NO.63	22.1602	21.3283	2.4849	0.0369	0.0514	0.2822	0.4622	0.0425	4.7622
NO.75	23.8321	24.2100	3.0445	0.0484	0.1415	0.6581	1.5314	0.0549	4.4998
NO.76	22.3078	21.7581	2.7081	0.0064	0.0123	0.4778	0.5890	0.0060	1.0986
NO.96	21.7230	21.0869	2.8904	0.0172	0.0310	0.4447	0.5766	0.0181	3.4340
NO.102	22.4487	21.5848	2.7726	0.0127	0.0242	0.4762	0.4376	0.0077	3.1355
NO.110	23.0551	21.8824	2.3026	0.0074	0.0093	0.2065	0.3131	−0.0001	2.6391
NO.112	21.7065	20.5795	2.7726	0.0220	0.0248	0.1127	0.3252	0.0119	5.4638
NO.134	21.2125	19.9628	2.9957	0.0364	0.0907	0.5986	0.2747	0.0515	2.3979
NO.139	21.0820	19.6930	2.1972	0.0155	0.0176	0.1201	0.2574	−0.0068	2.0794
NO.159	22.2082	21.7899	2.1972	0.0288	0.0433	0.3356	0.6840	0.0086	5.5984
NO.161	23.0321	21.8911	2.4849	0.0474	0.0962	0.5069	0.3521	0.0459	5.1475

续表

公司	CS	CI	CA	ROA	ROE	TDR	TAT	MRS	DT
NO.163	22.8153	21.9764	2.7726	0.0527	0.1322	0.6013	0.4463	0.0538	2.3026
NO.167	22.8398	22.0594	2.7726	−0.0437	−0.1279	0.6584	0.5536	−0.0505	4.1897
NO.169	20.6084	19.2900	2.8904	−0.1515	−0.2278	0.3350	0.2333	−0.3041	1.6094
NO.170	22.2715	21.1188	2.9444	0.0205	0.0437	0.5317	0.3201	0.0258	1.9459
NO.172	23.8406	23.0654	2.7726	0.0142	0.1014	0.8601	0.5256	0.0056	3.5835
NO.180	21.3074	20.7636	3.1781	0.0733	0.1131	0.3525	0.6812	0.0768	4.7274
NO.183	22.2502	21.8202	3.0910	0.1467	0.1730	0.1522	0.7029	0.1652	0.0000
NO.184	20.8216	20.3680	2.3979	0.0626	0.0912	0.3130	0.6571	0.0676	2.4849
NO.188	23.5613	22.3036	2.3979	0.0065	0.0193	0.6612	0.2892	0.0051	5.6525
NO.207	21.8584	21.6682	2.7726	0.0223	0.0463	0.5190	0.8693	0.0085	1.6094
NO.212	22.0722	20.5903	2.8904	0.0060	0.0074	0.1857	0.2280	−0.0350	2.3979
NO.216	22.7329	21.8160	2.7726	0.0581	0.1355	0.5715	0.5034	0.0389	4.7622
NO.219	21.3644	20.3301	2.5649	0.0258	0.0344	0.2512	0.3656	0.0273	1.9459
NO.222	22.0538	21.0797	2.8332	0.0265	0.0537	0.5068	0.4318	0.0324	5.0434
NO.226	23.1115	22.8793	2.9957	0.0384	0.0679	0.4341	0.8601	0.0379	5.3706
NO.229	21.7251	21.4924	2.7726	0.0919	0.1580	0.4185	0.8833	0.1074	4.0254
NO.236	21.1568	20.2134	3.1355	0.0116	0.0200	0.4196	0.4256	0.0142	1.9459
NO.257	21.4956	21.0437	2.7726	0.0539	0.0877	0.3848	0.7104	0.0439	2.5649
NO.263	23.0347	21.8772	2.7081	0.0224	0.0417	0.4636	0.3305	0.0276	4.3175
NO.283	22.2130	20.6291	2.8904	0.0293	0.0604	0.5148	0.2275	0.0160	2.4849
NO.285	21.4704	21.1396	2.7081	0.0215	0.0460	0.5318	0.7329	0.0199	3.2958
NO.302	21.2177	20.9792	2.9444	0.0868	0.1519	0.4290	0.9064	0.1048	3.1355
NO.309	21.0190	19.9658	2.8904	−0.0133	−0.0274	0.5144	0.3286	−0.0057	2.7081
NO.312	21.7873	20.6867	2.8332	0.0310	0.0449	0.3093	0.3487	−0.0664	5.2883
NO.317	20.3111	18.7843	2.3979	0.0189	0.0268	0.2953	0.2232	0.0201	1.6094
NO.324	21.0159	20.2747	2.4849	0.0898	0.1279	0.2983	0.5010	0.1008	4.7875
NO.348	19.9197	18.6238	2.5649	0.0921	0.0967	0.0477	0.3885	0.0987	4.3175
NO.360	21.3143	21.0336	2.9444	0.0734	0.1003	0.2683	0.9114	0.0471	2.5390
NO.368	23.3340	22.7492	2.7726	0.0162	0.1118	0.8551	0.6032	0.0095	5.0106
NO.371	20.7740	19.7737	3.1355	0.0850	0.1285	0.3387	0.4522	0.0810	1.2528
NO.374	25.0140	24.2126	2.8904	0.0154	0.0783	0.8028	0.4800	0.0182	0.6931
NO.385	22.3994	22.8278	2.8904	−0.0210	−0.0528	0.6022	1.5564	−0.0328	2.9444

续表

公司	CS	CI	CA	ROA	ROE	TDR	TAT	MRS	DT
NO.389	22.9851	22.5280	2.8904	0.0163	0.0548	0.7017	0.5869	0.0202	5.3753
NO.391	22.8799	22.4417	2.9444	0.1124	0.1499	0.2499	0.7218	0.1375	4.0943
NO.392	22.9256	21.9101	3.1355	0.0127	0.0221	0.4231	0.3694	0.0134	3.3322
NO.394	23.2691	23.0500	2.9444	0.0078	0.0397	0.8024	0.8624	−0.0073	3.2581
NO.395	23.3703	22.1588	3.2189	0.0494	0.1144	0.5679	0.3069	0.0611	0.0000
NO.398	21.2754	20.7831	3.1355	0.0255	0.0360	0.2909	0.6384	0.0308	3.9512
NO.399	22.1291	21.2148	2.8904	0.0232	0.0450	0.4834	0.4211	0.0249	2.6391
NO.401	23.7353	22.6558	2.9444	−0.0482	−0.2882	0.8329	0.3391	−0.0471	3.4340
NO.402	23.8159	22.9960	2.8904	0.0038	0.0118	0.6783	0.4632	0.0011	3.6889
NO.403	22.6547	21.7798	2.8904	0.0051	0.0094	0.4592	0.4158	0.0067	1.0986
NO.405	23.0401	22.4896	2.8332	0.0443	0.0922	0.5190	0.7571	0.0324	4.0943
NO.425	24.4023	25.2452	3.1781	0.1553	0.2156	0.2794	2.4959	0.1988	1.6094
NO.433	21.3782	20.9085	3.1781	0.0120	0.0226	0.4679	0.6376	0.0016	1.6094
NO.435	21.0404	19.7210	3.1355	0.0150	0.0368	0.5928	0.2689	−0.0047	3.5553
NO.439	22.1911	21.1666	3.0910	0.0251	0.0400	0.3736	0.3988	0.0034	1.7918
NO.440	23.8368	23.6444	2.7726	0.0255	0.0518	0.5071	0.8666	0.0373	2.3026
NO.448	21.8267	21.2737	3.1355	0.0348	0.0448	0.2231	0.5688	0.0289	3.2958
NO.451	22.7848	22.2962	2.1972	0.0049	0.0109	0.5492	0.6129	0.0054	3.7377
NO.458	22.7919	22.5897	2.3026	0.1054	0.1442	0.2691	0.8565	0.1369	2.5649
NO.489	21.9722	22.1174	3.0445	0.0609	0.0895	0.3195	1.3886	0.0490	2.6391
NO.495	20.1077	20.3400	2.4849	0.1091	0.1730	0.3694	1.4085	0.1297	1.0986
NO.527	22.4643	22.2460	2.6391	0.1026	0.1164	0.1183	0.8187	0.1104	2.9957
NO.544	20.6271	19.5442	2.6391	0.0364	0.0496	0.2655	0.3527	0.0335	1.9459
NO.549	20.8550	19.4861	2.0794	0.1145	0.1949	0.4128	0.4823	0.0580	2.2513

附表 4-7　2018 年中部地区民营能源企业核心变量

公司	CS	CI	CA	ROA	ROE	TDR	TAT	MRS	DT
NO.15	27.5161	24.2463	3.0910	0.0160	0.1001	0.8404	0.0007	0.0167	2.3979
NO.21	26.2969	24.7570	3.2958	0.0148	0.0952	0.8442	0.2369	0.0244	1.7918
NO.23	21.8865	19.4017	3.2189	0.0231	0.0249	0.0703	0.0841	0.0291	0.0000
NO.25	20.5751	21.4219	3.3322	0.0540	0.0615	0.1215	2.3910	0.0794	0.0000
NO.26	24.9975	25.0130	2.9957	0.0684	0.1593	0.5708	0.9971	0.0744	1.0986

续表

公司	CS	CI	CA	ROA	ROE	TDR	TAT	MRS	DT
NO.46	22.0280	22.0547	2.8332	0.0192	0.0730	0.7365	1.0301	0.0214	0.0000
NO.55	22.5838	21.9832	2.9957	0.0053	0.0121	0.5639	0.5570	0.0337	4.5539
NO.63	22.3825	21.7176	2.5649	0.0153	0.0264	0.4183	0.5712	0.0230	5.0752
NO.75	24.0112	24.6139	3.0910	0.0403	0.1282	0.6856	1.9903	0.0445	3.7612
NO.76	22.3894	22.0747	2.7726	0.0446	0.0851	0.4757	0.7598	0.0534	0.6931
NO.96	21.7417	21.0550	2.9444	0.0124	0.0221	0.4385	0.5080	0.0210	4.1897
NO.102	22.2877	21.5717	2.8332	−0.1251	−0.2507	0.5011	0.4494	−0.1141	3.2958
NO.110	23.2012	22.2486	2.3979	0.0534	0.0735	0.2728	0.4139	0.0566	2.3026
NO.112	21.6582	20.7072	2.8332	0.0279	0.0319	0.1244	0.3770	0.0308	5.5872
NO.134	21.1894	20.1871	3.0445	0.0053	0.0128	0.5839	0.3628	0.0107	2.1972
NO.139	21.1188	19.6835	2.3026	0.0033	0.0039	0.1440	0.2424	−0.0104	1.3863
NO.159	22.4198	22.1751	2.3026	0.0256	0.0381	0.3273	0.8654	0.0103	5.1059
NO.161	23.2701	22.0672	2.5649	0.0377	0.0900	0.5816	0.3243	0.0376	5.0814
NO.163	22.8443	21.9964	2.8332	0.0271	0.0683	0.6039	0.4345	0.0294	2.0794
NO.167	22.8929	22.3192	2.8332	0.0091	0.0273	0.6667	0.5784	0.0139	4.0254
NO.169	20.4738	19.5548	2.9444	0.0368	0.0473	0.2217	0.3721	0.0238	1.3863
NO.170	22.0825	21.2312	2.9957	−0.1279	−0.2854	0.5520	0.3866	−0.0876	2.0794
NO.172	23.9761	22.7645	2.8332	0.0072	0.0426	0.8315	0.3179	0.0081	3.5835
NO.180	21.5427	21.1765	3.2189	0.0812	0.1424	0.4298	0.7746	0.0894	4.6444
NO.183	22.4402	22.0382	3.1355	0.1327	0.1700	0.2192	0.7323	0.1504	0.6931
NO.184	21.0493	20.6646	2.4849	0.0600	0.0976	0.3852	0.7578	0.0647	2.8332
NO.188	23.3664	22.3007	2.4849	0.0098	0.0232	0.5772	0.3110	0.0084	5.5013
NO.207	21.7922	21.8219	2.8332	−0.1473	−0.4043	0.6358	0.9960	0.0045	0.6931
NO.212	21.7831	20.6737	2.9444	−0.3601	−0.5062	0.2886	0.2824	−0.2181	2.4849
NO.216	23.0290	22.1937	2.8332	0.0581	0.1575	0.6310	0.4975	0.0542	4.4067
NO.219	21.6727	20.6096	2.6391	0.0466	0.0634	0.2658	0.3982	0.0522	1.7918
NO.222	22.0394	20.7468	2.8904	0.0122	0.0236	0.4848	0.2726	0.0120	5.3279
NO.226	23.2634	22.8106	3.0445	0.0096	0.0198	0.5147	0.6840	0.0078	5.3471
NO.229	22.2045	21.9113	2.8332	0.0719	0.0958	0.2494	0.9213	0.0771	4.3438
NO.236	21.1610	20.4325	3.1781	0.0097	0.0167	0.4191	0.4836	0.0145	1.6094
NO.257	21.2472	21.0602	2.8332	−0.1360	−0.2614	0.4796	0.7270	−0.1308	2.8332
NO.263	23.0618	21.9860	2.7726	0.0232	0.0451	0.4856	0.3456	0.0275	4.0431

续表

公司	CS	CI	CA	ROA	ROE	TDR	TAT	MRS	DT
NO.283	22.4038	20.8225	2.9444	0.0214	0.0495	0.5682	0.2253	0.0076	2.7081
NO.285	21.5497	21.1976	2.7726	0.0181	0.0402	0.5496	0.7311	0.0273	4.0254
NO.302	21.6981	21.4794	2.9957	0.0664	0.1148	0.4219	0.9930	0.0791	3.1355
NO.309	20.7807	20.1017	2.9444	0.0345	0.0693	0.5020	0.4470	0.0389	3.1355
NO.312	21.5018	20.6761	2.8904	−0.2575	−0.4962	0.4810	0.3758	−0.2591	4.9836
NO.317	20.3166	18.8063	2.4849	0.0021	0.0030	0.2989	0.2214	0.0000	1.6094
NO.324	21.4783	20.7549	2.5649	0.0837	0.1286	0.3492	0.5953	0.0875	4.4773
NO.348	20.2425	19.4307	2.6391	0.0887	0.1177	0.2461	0.5151	0.0797	3.6376
NO.360	20.8852	20.6663	2.9957	0.0645	0.0819	0.2122	0.9385	0.0680	1.9459
NO.368	23.3340	22.7492	2.8332	0.0182	0.1250	0.8541	0.5338	0.0095	5.0106
NO.371	20.7740	19.7737	3.1781	0.1005	0.1533	0.3445	0.5909	0.0810	1.2528
NO.374	25.1787	24.4126	2.9444	0.0140	0.0780	0.8202	0.5030	0.0169	1.3863
NO.385	22.7561	23.1202	2.9444	0.0038	0.0138	0.7241	1.6932	−0.0145	3.4657
NO.389	22.9384	22.3188	2.9444	0.0215	0.0652	0.6699	0.5256	0.0104	5.3566
NO.391	22.8212	22.4467	2.9957	0.1355	0.1684	0.1952	0.6674	0.1578	5.0370
NO.392	22.9053	22.0252	3.1781	0.0153	0.0256	0.4027	0.4105	0.0150	3.2581
NO.394	23.3908	23.2026	2.9957	0.0070	0.0424	0.8342	0.8788	−0.0014	4.3567
NO.395	23.5262	22.3019	3.2581	0.0533	0.1368	0.6105	0.3168	0.0571	2.8904
NO.398	21.2499	20.7805	3.1781	0.0363	0.0519	0.2998	0.6174	0.0413	3.9120
NO.399	22.2015	21.2593	2.9444	0.0244	0.0479	0.4901	0.4039	0.0266	2.4849
NO.401	23.7243	22.6886	2.9957	−0.0442	−0.3552	0.8755	0.3530	−0.0540	3.9318
NO.402	23.7384	22.5477	2.9444	−0.0975	−0.3934	0.7521	0.2922	−0.0981	3.7136
NO.403	22.7078	21.9500	2.9444	0.0226	0.0427	0.4698	0.4812	0.0276	1.0986
NO.405	23.1704	22.7320	2.8904	0.0424	0.0934	0.5455	0.6870	0.0318	3.9512
NO.425	24.5197	25.4032	3.2189	0.1185	0.1731	0.3155	2.5613	0.1511	1.0986
NO.433	21.2973	20.8380	3.2189	−0.0747	−0.1537	0.5138	0.6062	−0.0778	2.1972
NO.435	22.2283	21.0617	3.1781	0.0051	0.0172	0.7013	0.4773	0.0057	5.1930
NO.439	22.2965	21.2777	3.1355	0.0356	0.0604	0.4110	0.3800	0.0064	1.3863
NO.440	23.9355	23.7417	2.8332	0.0650	0.1286	0.4947	0.8645	0.0835	2.3979
NO.448	21.8795	21.2207	3.1781	0.0103	0.0138	0.2556	0.5312	0.0107	3.6109
NO.451	22.8120	22.4872	2.3026	0.0072	0.0163	0.5555	0.7325	0.0071	3.9120
NO.458	23.0897	22.6330	2.3979	0.0667	0.1148	0.4186	0.7270	0.0885	2.4849

续表

公司	CS	CI	CA	ROA	ROE	TDR	TAT	MRS	DT
NO.489	22.0682	22.1084	3.0910	0.0645	0.0960	0.3283	1.0910	0.0554	2.4849
NO.495	20.7332	20.6988	2.5649	0.0606	0.0870	0.3032	1.2589	0.0635	1.3863
NO.527	22.5883	22.2939	2.7081	0.1162	0.1350	0.1394	0.7911	0.1235	3.8286
NO.544	20.6822	19.8759	2.7081	0.0503	0.0718	0.2999	0.4588	0.0444	2.3026
NO.549	20.8550	19.4861	2.1972	0.0810	0.1450	0.4413	0.4670	0.0580	2.2513

附表 4-8 2019 年中部地区民营能源企业核心变量

公司	CS	CI	CA	ROA	ROE	TDR	TAT	MRS	DT
NO.15	27.5621	24.2236	3.1355	0.0163	0.0991	0.8355	0.0009	0.0142	2.4849
NO.21	26.4519	24.8349	3.3322	0.0141	0.0849	0.8345	0.2139	0.0219	1.9459
NO.23	21.8851	19.3122	3.2581	0.0408	0.0433	0.0580	0.0763	0.0341	0.0000
NO.25	20.6801	21.2803	3.3673	0.0612	0.0702	0.1284	1.9180	0.0846	0.0000
NO.26	24.9653	24.9777	3.0445	0.0297	0.0640	0.5363	0.9962	0.0303	1.7918
NO.46	22.0631	22.0843	2.8904	0.0247	0.0918	0.7313	1.0394	0.0240	0.0000
NO.55	22.5860	22.1041	3.0445	0.0350	0.0725	0.5172	0.6183	0.0438	4.3820
NO.63	22.4771	21.6608	2.6391	0.0171	0.0327	0.4768	0.4629	0.0014	5.0370
NO.75	24.0584	24.5560	3.1355	0.0394	0.1185	0.6674	1.6836	0.0475	3.5835
NO.76	22.4679	22.1440	2.8332	0.0457	0.0876	0.4781	0.7517	0.0514	0.6931
NO.96	21.8877	21.0019	2.9957	0.0055	0.0112	0.5055	0.4424	0.0053	4.7536
NO.102	22.3218	21.5356	2.8904	0.0174	0.0350	0.5035	0.4634	0.0088	3.8286
NO.110	23.5278	22.6585	2.4849	0.0843	0.1387	0.3922	0.4871	0.0989	2.3979
NO.112	21.6967	20.8833	2.8904	0.0277	0.0340	0.1844	0.4519	0.0333	5.6664
NO.134	20.9100	19.7209	3.0910	0.0303	0.0523	0.4194	0.2622	0.0389	2.3026
NO.139	24.0741	23.7752	2.3979	0.0450	0.1548	0.7092	1.4098	0.0613	4.2485
NO.159	22.6006	22.2817	2.3979	0.0112	0.0193	0.4209	0.7924	0.0042	5.5722
NO.161	23.2933	22.5247	2.6391	0.0585	0.1285	0.5448	0.4620	0.0600	5.3132
NO.163	22.9531	22.0913	2.8904	0.0471	0.1257	0.6252	0.4453	0.0477	2.4849
NO.167	22.8095	22.7059	2.8904	0.0039	0.0109	0.6393	0.8640	0.0170	4.0943
NO.169	20.4051	19.6455	2.9957	0.0771	0.0846	0.0892	0.4518	0.0313	1.3863
NO.170	22.1520	21.5533	3.0445	0.0228	0.0516	0.5578	0.5686	0.0289	1.0986
NO.172	24.1836	23.1009	2.8904	0.0044	0.0309	0.8586	0.3737	0.0106	3.7377
NO.180	21.5957	20.9425	3.2581	0.0765	0.1316	0.4190	0.5342	0.0840	4.7622

续表

公司	CS	CI	CA	ROA	ROE	TDR	TAT	MRS	DT
NO.183	22.6390	22.2019	3.1781	0.1270	0.1740	0.2701	0.7099	0.1456	0.6931
NO.184	21.0409	20.7990	2.5649	0.0542	0.0860	0.3698	0.7818	0.0568	3.0445
NO.188	23.1782	22.3576	2.5649	−0.1433	−0.4060	0.6470	0.3989	−0.1059	5.0814
NO.207	21.7324	21.7504	2.8904	0.0031	0.0079	0.6102	0.9877	0.0033	1.0986
NO.212	21.7318	20.5592	2.9957	0.0055	0.0077	0.2765	0.3016	0.0059	2.0794
NO.216	23.5141	22.5814	2.8904	0.0951	0.2008	0.5267	0.4871	0.0992	4.7274
NO.219	21.8821	21.0924	2.7081	0.0611	0.0892	0.3150	0.5013	0.0696	0.6931
NO.222	22.3236	20.4894	2.9444	0.0112	0.0270	0.5847	0.1823	0.0091	5.0106
NO.226	23.3027	22.9214	3.0910	0.0196	0.0407	0.5190	0.6964	0.0134	5.3566
NO.229	22.2468	21.5493	2.8904	−0.0456	−0.0611	0.2540	0.5083	−0.0644	4.3694
NO.236	20.9662	20.2335	3.2189	−0.0709	−0.1434	0.5058	0.4339	−0.0729	0.6931
NO.257	21.2601	20.9615	2.8904	0.0702	0.1198	0.4139	0.7467	0.0637	2.3026
NO.263	23.2325	22.1164	2.8332	0.0205	0.0458	0.5529	0.3554	0.0259	3.6889
NO.283	22.5016	20.6814	2.9957	0.0134	0.0333	0.5980	0.1699	−0.0051	2.3979
NO.285	21.6486	21.1125	2.8332	0.0134	0.0297	0.5495	0.6140	0.0171	3.4965
NO.302	21.7683	21.5303	3.0445	0.0807	0.1328	0.3924	0.8158	0.0936	2.7726
NO.309	20.7186	19.9289	2.9957	0.0155	0.0256	0.3954	0.4399	0.0251	3.1355
NO.312	21.1409	20.1978	2.9444	−0.3291	−0.7922	0.5846	0.3199	−0.3165	4.2047
NO.317	20.0151	18.6764	2.5649	−0.2282	−0.3174	0.2811	0.2229	−0.2108	1.6094
NO.324	21.7026	21.1711	2.6391	0.0627	0.0996	0.3707	0.6534	0.0705	4.8520
NO.348	20.2922	19.5370	2.7081	0.0577	0.0739	0.2194	0.4816	0.0571	3.6109
NO.360	21.6088	20.8896	3.0445	0.0382	0.0745	0.4865	0.6561	0.0218	2.3979
NO.368	23.1711	22.3348	2.8904	0.0092	0.0698	0.8680	0.5519	0.0096	4.9273
NO.371	20.6998	19.7364	3.2189	0.0741	0.0940	0.2112	0.4690	0.0848	0.6931
NO.374	25.3043	24.6884	2.9957	0.0174	0.0984	0.8233	0.5740	0.0185	1.6094
NO.385	22.7372	23.1549	2.9957	0.0067	0.0175	0.6186	1.5042	−0.0059	3.3322
NO.389	22.8980	22.3221	2.9957	0.0244	0.0694	0.6482	0.5509	0.0284	5.2575
NO.391	22.9083	22.4039	3.0445	0.1384	0.1762	0.2144	0.6302	0.1620	4.8203
NO.392	22.9383	22.1263	3.2189	0.0137	0.0230	0.4053	0.4513	0.0163	3.3673
NO.394	23.4956	23.9990	3.0445	0.0119	0.0743	0.8394	1.7409	0.0056	3.6889
NO.395	23.7712	22.5413	3.2958	0.0429	0.1267	0.6616	0.3280	0.0506	3.4012
NO.398	21.3643	20.9061	3.2189	0.0380	0.0557	0.3187	0.6685	0.0422	3.8918

续表

公司	CS	CI	CA	ROA	ROE	TDR	TAT	MRS	DT
NO.399	22.4727	21.2280	2.9957	0.0106	0.0197	0.4596	0.3268	0.0096	2.5649
NO.401	23.6836	22.7249	3.0445	−0.0077	−0.0630	0.8778	0.3756	−0.0317	3.9512
NO.402	23.5585	22.3728	2.9957	−0.0929	−0.4936	0.8119	0.2781	−0.0914	3.5835
NO.403	22.8153	22.1554	2.9957	0.0346	0.0690	0.4978	0.5447	0.0391	1.3863
NO.405	23.3264	22.6699	2.9444	0.0372	0.0756	0.5078	0.5591	0.0316	3.6376
NO.425	24.5440	25.3319	3.2581	0.0488	0.0741	0.3423	2.2256	0.0593	1.9459
NO.433	21.2366	20.9021	3.2581	−0.0973	−0.2320	0.5807	0.6940	−0.0982	2.3979
NO.435	22.3798	21.3411	3.2189	0.0131	0.0485	0.7302	0.3807	0.0151	5.1985
NO.439	22.5383	21.9505	3.1781	0.0241	0.0400	0.3963	0.6224	0.0232	2.5649
NO.440	23.9212	23.7226	2.8904	0.0523	0.0949	0.4495	0.8140	0.0667	2.3979
NO.448	21.8954	21.2745	3.2189	0.0223	0.0308	0.2759	0.5417	0.0222	3.6889
NO.451	22.9390	22.6940	2.3979	0.0091	0.0229	0.6014	0.8323	0.0084	4.4773
NO.458	23.1278	22.5420	2.4849	0.0408	0.0704	0.4209	0.5673	0.0537	2.9444
NO.489	22.1383	22.1687	3.1355	0.0756	0.1169	0.3527	1.0670	0.0666	2.3979
NO.495	20.9673	21.0897	2.6391	0.0532	0.0889	0.4020	1.2619	0.0633	1.3863
NO.527	22.8401	22.5761	2.7726	0.1150	0.1463	0.2138	0.8642	0.1286	3.7136
NO.544	20.7758	20.2257	2.7726	0.1077	0.1633	0.3407	0.6039	0.0866	2.4849
NO.549	20.7894	19.4068	2.3026	0.0483	0.0621	0.2219	0.3258	0.0537	2.3026

附表 4-9　2020 年中部地区民营能源企业核心变量

公司	CS	CI	CA	ROA	ROE	TDR	TAT	MRS	DT
NO.15	27.5692	24.1287	3.1781	0.0161	0.0932	0.8275	0.0009	0.0138	2.7081
NO.21	26.5878	25.1321	3.3673	0.0156	0.0927	0.8318	0.2491	0.0253	1.7918
NO.23	21.9247	19.5549	3.2958	0.0292	0.0315	0.0722	0.0954	0.0318	1.0986
NO.25	20.7226	21.0988	3.4012	0.0273	0.0315	0.1320	1.4877	0.0606	0.0000
NO.26	24.9472	24.9342	3.0910	0.0250	0.0511	0.5103	0.9782	0.0264	1.3863
NO.46	22.0420	22.1622	2.9444	0.0283	0.0968	0.7077	1.1158	0.0328	0.6931
NO.55	22.6535	22.1330	3.0910	0.0621	0.1207	0.4852	0.6143	0.0722	4.2485
NO.63	22.4255	21.4853	2.7081	0.0428	0.0710	0.3963	0.3805	0.0137	4.8520
NO.75	24.0599	24.0934	3.1781	0.0431	0.1188	0.6370	1.0348	0.0497	2.9957
NO.76	22.5579	22.1522	2.8904	0.0494	0.0972	0.4919	0.6965	0.0562	1.3863
NO.96	22.0622	20.9684	3.0445	0.0053	0.0126	0.5835	0.3641	0.0116	4.3041

续表

公司	CS	CI	CA	ROA	ROE	TDR	TAT	MRS	DT
NO.102	22.5248	21.6356	2.9444	−0.0187	−0.0487	0.6165	0.4526	−0.0153	3.6889
NO.110	23.6577	22.8389	2.5649	0.0915	0.1514	0.3953	0.4696	0.1056	2.9957
NO.112	21.9611	21.0834	2.9444	0.0231	0.0357	0.3525	0.4704	0.0196	5.7991
NO.134	20.9282	19.9342	3.1355	0.0061	0.0106	0.4240	0.3735	−0.0002	3.4657
NO.139	24.3422	23.9754	2.4849	0.0415	0.1043	0.6021	0.7853	0.0434	4.4886
NO.159	22.7697	22.3791	2.4849	0.0106	0.0215	0.5090	0.7337	0.0089	5.3083
NO.161	23.4144	22.8151	2.7081	0.0749	0.1604	0.5328	0.5789	0.0824	5.5491
NO.163	23.0660	22.4014	2.9444	0.0590	0.1648	0.6420	0.5435	0.0525	4.2627
NO.167	22.5331	22.3629	2.9444	−0.1749	−0.5994	0.7081	0.7277	−0.1793	3.9703
NO.169	20.4412	19.7200	3.0445	0.0101	0.0113	0.1115	0.4949	0.0204	1.0986
NO.170	22.1251	20.8504	3.0910	−0.0434	−0.0779	0.4434	0.2758	−0.0602	0.6931
NO.172	24.1373	22.7661	2.9444	−0.0461	−0.4542	0.8984	0.2479	−0.0572	4.3041
NO.180	21.5340	20.5242	3.2958	−0.0693	−0.1122	0.3822	0.3531	−0.0765	3.3322
NO.183	22.6652	22.3899	3.2189	0.1444	0.1743	0.1716	0.7693	0.1647	0.6931
NO.184	21.2002	20.8446	2.6391	0.0506	0.0897	0.4361	0.7565	0.0666	3.1781
NO.188	22.9843	21.8273	2.6391	0.0031	0.0072	0.5729	0.2840	−0.0344	5.0814
NO.207	21.6752	21.6977	2.9444	−0.0517	−0.1433	0.6390	0.9935	−0.0509	2.7726
NO.212	21.8180	20.4984	3.0445	0.0455	0.0606	0.2497	0.2787	0.0084	2.1972
NO.216	23.9698	22.8227	2.9444	0.0654	0.1009	0.3513	0.3887	0.0733	5.0626
NO.219	22.0268	21.1838	2.7726	0.0669	0.1026	0.3476	0.4615	0.0761	0.6931
NO.222	22.6998	20.9700	2.9957	0.0107	0.0322	0.6683	0.2103	0.0122	5.5373
NO.226	23.3823	23.0515	3.1355	−0.0282	−0.0699	0.5966	0.7469	−0.0448	5.6276
NO.229	22.5052	21.8812	2.9444	0.0654	0.1020	0.3586	0.6046	0.0465	4.0604
NO.236	20.7132	19.6125	3.2581	−0.1323	−0.2583	0.4878	0.2908	−0.1280	1.6094
NO.257	21.2779	20.9751	2.9444	0.0700	0.1211	0.4219	0.7453	0.0812	3.4340
NO.263	23.2425	22.4616	2.8904	0.0325	0.0700	0.5354	0.4603	0.0425	3.6889
NO.283	22.3924	19.8771	3.0445	−0.0912	−0.2620	0.6520	0.0764	−0.1173	1.6094
NO.285	21.6440	21.1068	2.8904	0.0265	0.0482	0.4499	0.5831	0.0297	3.1781
NO.302	21.8206	21.5401	3.0910	0.0658	0.1045	0.3706	0.7752	0.0772	2.7726
NO.309	19.9855	19.1023	3.0445	−1.2401	−10.9901	0.8872	0.2683	−1.3135	3.4340
NO.312	21.1255	20.2275	2.9957	0.0379	0.1016	0.6273	0.4043	−0.0006	4.2047
NO.317	21.4854	19.8448	2.6391	0.0111	0.0630	0.8237	0.3153	0.0193	1.3863

续表

公司	CS	CI	CA	ROA	ROE	TDR	TAT	MRS	DT
NO.324	21.8318	21.2240	2.7081	0.0398	0.0682	0.4168	0.5797	0.0510	4.4067
NO.348	20.5131	19.8150	2.7726	0.0646	0.0958	0.3252	0.5522	0.0275	3.6109
NO.360	21.4488	21.5450	3.0910	0.0379	0.0610	0.3783	1.0131	0.0515	2.9957
NO.368	23.4970	23.1637	2.9444	0.0108	0.0939	0.8849	0.8323	0.0094	5.0876
NO.371	20.8482	19.8109	3.2581	0.0706	0.0958	0.2624	0.3807	0.0772	1.6094
NO.374	25.4526	24.8353	3.0445	0.0269	0.1230	0.7813	0.5793	0.0322	1.7918
NO.385	22.8292	23.2909	3.0445	0.0048	0.0141	0.6568	1.6597	0.0005	3.5835
NO.389	22.8838	22.3391	3.0445	0.0274	0.0746	0.6322	0.5759	0.0314	5.5373
NO.391	23.0165	22.4402	3.0910	0.1315	0.1676	0.2151	0.5924	0.1546	4.7005
NO.392	22.9815	22.0257	3.2581	0.0042	0.0074	0.4245	0.3928	0.0059	3.7377
NO.394	23.7285	23.6547	3.0910	0.0142	0.1040	0.8630	1.0365	0.0083	3.6109
NO.395	23.9393	22.7357	3.3322	0.0424	0.1295	0.6722	0.3253	0.0517	3.5264
NO.398	21.2039	20.6202	3.2581	0.0360	0.0474	0.2415	0.5132	0.0227	3.0910
NO.399	22.5966	21.2648	3.0445	0.0052	0.0108	0.5208	0.2803	0.0044	2.3979
NO.401	23.7415	22.7093	3.0910	0.0027	0.0227	0.8821	0.3665	−0.0037	3.8712
NO.402	23.2682	22.2701	3.0445	0.0082	0.0317	0.7401	0.3154	−0.0211	3.3322
NO.403	22.8922	22.1906	3.0445	0.0459	0.0919	0.5010	0.5148	0.0544	2.0794
NO.405	23.5343	22.7569	2.9957	0.0384	0.0814	0.5284	0.5072	0.0339	3.0445
NO.425	24.5243	25.0368	3.2958	0.0143	0.0218	0.3440	1.6530	0.0119	2.3026
NO.433	21.2571	20.8079	3.2958	0.0700	0.1192	0.4127	0.6447	0.0715	3.2189
NO.435	22.4468	21.8370	3.2581	0.0698	0.2178	0.6797	0.5616	0.0850	5.1985
NO.439	22.6836	22.2073	3.2189	0.0397	0.0709	0.4396	0.6661	0.0319	2.7726
NO.440	24.0322	23.6234	2.9444	0.0449	0.0863	0.4798	0.7013	0.0589	2.4849
NO.448	22.1576	21.3551	3.2581	0.0420	0.0691	0.3925	0.5066	0.0478	4.0943
NO.451	22.8959	22.9100	2.4849	0.0111	0.0262	0.5753	0.9924	0.0130	4.9273
NO.458	23.3731	22.5885	2.5649	0.0359	0.0682	0.4733	0.5120	0.0525	3.3322
NO.489	22.2165	22.2290	3.1781	0.0772	0.1183	0.3477	1.0522	0.0661	2.6391
NO.495	21.3039	21.3714	2.7081	0.0500	0.1039	0.5184	1.2481	0.0573	0.6931
NO.527	23.1695	22.8507	2.8332	0.1356	0.1734	0.2179	0.8457	0.1518	3.4012
NO.544	20.9588	20.5683	2.8332	0.1353	0.2263	0.4021	0.7385	0.1011	2.7081
NO.549	20.9206	19.5654	2.3979	0.0643	0.0855	0.2472	0.2748	0.0623	2.1972

附表 4-10　2021年中部地区民营能源企业核心变量

公司	CS	CI	CA	ROA	ROE	TDR	TAT	MRS	DT
NO.15	27.5763	24.0338	3.2206	0.0159	0.0873	0.8195	0.0009	0.0133	2.8904
NO.21	26.7236	25.4292	3.4024	0.0171	0.1004	0.8291	0.2843	0.0288	1.6094
NO.23	21.9307	19.9859	3.3322	0.0352	0.0375	0.0614	0.1435	0.0303	1.6094
NO.25	20.8949	21.3923	3.4340	0.0612	0.0765	0.2002	1.7858	0.0698	0.0000
NO.26	24.9290	24.8907	3.1376	0.0204	0.0382	0.4844	0.9601	0.0225	0.6931
NO.46	22.0788	22.2357	2.9957	0.0333	0.1094	0.6960	1.1914	0.0392	1.0986
NO.55	22.7209	22.1619	3.1376	0.0892	0.1688	0.4531	0.6103	0.1007	4.0943
NO.63	22.3739	21.3098	2.7770	0.0686	0.1092	0.3158	0.2980	0.0260	4.6250
NO.75	24.0614	23.6308	3.2206	0.0468	0.1191	0.6067	0.3861	0.0520	1.3863
NO.76	22.6479	22.1604	2.9475	0.0530	0.1068	0.5057	0.6412	0.0609	1.7918
NO.96	22.0222	21.6284	3.0910	0.0194	0.0429	0.5477	0.6610	0.0270	3.4657
NO.102	22.7278	21.7356	2.9985	−0.0548	−0.1325	0.7294	0.4418	−0.0394	3.5264
NO.110	23.7875	23.0194	2.6450	0.0988	0.1641	0.3984	0.4521	0.1123	3.3673
NO.112	22.2256	21.2834	2.9985	0.0184	0.0373	0.5206	0.4888	0.0059	5.9162
NO.134	20.9464	20.1475	3.1799	−0.0181	−0.0311	0.4287	0.4847	−0.0393	3.9890
NO.139	24.6102	24.1757	2.5719	0.0380	0.0539	0.4950	0.1609	0.0256	4.6821
NO.159	22.9388	22.4765	2.5719	0.0100	0.0237	0.5971	0.6749	0.0137	4.9488
NO.161	23.5355	23.1055	2.7770	0.0913	0.1922	0.5209	0.6959	0.1048	5.7398
NO.163	23.3581	22.6070	2.9957	0.0337	0.1172	0.7121	0.5403	0.0334	4.8675
NO.167	22.2567	22.0199	2.9985	−0.3538	−1.2096	0.7769	0.5913	−0.3755	3.8286
NO.169	20.4796	19.6824	3.0910	0.0081	0.0094	0.1368	0.4593	0.0029	0.6931
NO.170	22.0981	20.1474	3.1376	−0.1096	−0.2075	0.3290	−0.0171	−0.1492	0.0000
NO.172	24.0722	22.6412	2.9957	−0.0289	−0.3680	0.9214	0.2313	−0.0326	4.6634
NO.180	21.4723	20.1060	3.3336	−0.2151	−0.3561	0.3454	0.1720	−0.2370	4.4188
NO.183	22.7571	22.5164	3.2581	0.1375	0.1615	0.1482	0.8222	0.1511	0.6931
NO.184	21.5467	21.2515	2.7081	0.0475	0.1063	0.5534	0.8721	0.0493	3.2958
NO.188	22.7904	21.2970	2.7132	0.1495	0.4204	0.4987	0.1692	0.0370	5.0814
NO.207	21.6591	21.8223	2.9957	0.0180	0.0469	0.6151	1.1678	0.0149	3.3673
NO.212	21.9041	20.4376	3.0933	0.0854	0.1135	0.2229	0.2559	0.0108	2.3026
NO.216	24.4254	23.0641	2.9985	0.0358	0.0009	0.1759	0.2903	0.0474	5.3132
NO.219	22.1715	21.2753	2.8371	0.0728	0.1160	0.3801	0.4217	0.0827	0.6931

续表

公司	CS	CI	CA	ROA	ROE	TDR	TAT	MRS	DT
NO.222	23.0759	21.4506	3.0470	0.0102	0.0374	0.7518	0.2383	0.0152	5.8805
NO.226	23.4620	23.1816	3.1799	−0.0760	−0.1805	0.6742	0.7974	−0.1031	5.8406
NO.229	23.3965	22.8344	2.9957	0.0753	0.1155	0.3478	0.8085	0.0734	3.6109
NO.236	20.4602	18.9914	3.2973	−0.1937	−0.3732	0.4699	0.1476	−0.1832	2.0794
NO.257	21.3626	21.1002	2.9957	0.0724	0.1158	0.3749	0.8018	0.0780	3.9512
NO.263	23.2524	22.8067	2.9475	0.0446	0.0943	0.5179	0.5651	0.0590	3.6889
NO.283	22.2833	19.0728	3.0933	−0.1957	−0.5572	0.7060	−0.0170	−0.2295	2.3354
NO.285	21.6719	21.3772	2.9444	0.0212	0.0402	0.4740	0.7551	0.0219	2.7081
NO.302	21.8729	21.5499	3.1376	0.0509	0.0762	0.3488	0.7345	0.0608	2.7726
NO.309	19.2524	18.2757	3.0933	−2.4957	−22.0057	1.3789	0.0968	−2.6521	3.6636
NO.312	21.1100	20.2572	3.0470	0.4049	0.9955	0.6700	0.4886	0.3153	4.2047
NO.317	20.6057	19.1092	2.7081	−0.0717	−0.0838	0.4679	0.2532	−0.0638	1.5404
NO.324	21.6709	21.0500	2.7726	0.0621	0.0988	0.3789	0.6095	0.0697	4.5985
NO.348	20.5389	20.1186	2.8332	0.0931	0.1364	0.3172	0.6653	0.0760	3.6199
NO.360	21.3143	21.0336	3.1355	0.0469	0.0725	0.3590	0.8693	0.0471	2.5390
NO.368	23.9306	23.4984	2.9957	0.0200	0.1769	0.8872	0.7876	0.0202	5.2627
NO.371	21.1577	20.0213	3.2958	0.0492	0.0610	0.1927	0.3702	0.0552	2.3979
NO.374	25.6435	25.1665	3.0910	0.0416	0.1865	0.7772	0.6797	0.0493	1.6094
NO.385	22.7742	23.1886	3.0910	0.0051	0.0151	0.6665	1.6190	−0.0066	3.4657
NO.389	22.9536	22.4970	3.0910	0.0470	0.1231	0.6180	0.6555	0.0481	5.4027
NO.391	23.2109	22.9157	3.1355	0.1503	0.2004	0.2500	0.8165	0.1749	4.8624
NO.392	23.0678	22.2135	3.2958	0.0059	0.0110	0.4652	0.4439	0.0054	3.4761
NO.394	23.8047	23.5612	3.1355	0.0046	0.0224	0.7964	0.8137	−0.0022	3.7136
NO.395	24.1001	23.1894	3.3673	0.0405	0.1126	0.6402	0.4345	0.0482	3.3081
NO.398	21.3373	20.7300	3.2958	0.0428	0.0580	0.2628	0.5811	0.0459	3.6972
NO.399	22.4236	21.2507	3.0910	0.0134	0.0261	0.4902	0.3370	0.0135	2.4849
NO.401	23.7165	22.7076	3.1355	−0.0164	−0.1318	0.8785	0.3651	−0.0298	3.9187
NO.402	23.5217	22.3969	3.0910	−0.0607	−0.2851	0.7680	0.2953	−0.0702	3.4012
NO.403	22.8051	22.0987	3.0910	0.0344	0.0679	0.4895	0.5136	0.0404	1.6094
NO.405	23.3437	22.7196	3.0445	0.0393	0.0835	0.5272	0.5844	0.0324	3.6109
NO.425	24.5742	25.2150	3.3322	0.0426	0.0659	0.3538	1.9454	0.0556	1.8971
NO.433	21.1734	20.8910	3.3322	−0.0263	−0.0429	0.3870	0.7225	−0.0237	0.6931

续表

公司	CS	CI	CA	ROA	ROE	TDR	TAT	MRS	DT
NO.435	22.9498	22.0058	3.2958	0.0372	0.0793	0.5303	0.4849	0.0404	4.9558
NO.439	22.5061	21.8118	3.2581	0.0331	0.0571	0.4156	0.5562	0.0205	2.3979
NO.440	23.9630	23.6959	2.9957	0.0540	0.1033	0.4747	0.7932	0.0697	2.4277
NO.448	22.5325	21.8970	3.2958	0.0563	0.0928	0.3936	0.6278	0.0623	4.7707
NO.451	22.8823	22.6971	2.5649	0.0092	0.0218	0.5774	0.8524	0.0095	4.5218
NO.458	23.1969	22.5878	2.6391	0.0478	0.0845	0.4376	0.6021	0.0649	2.9789
NO.489	22.3344	22.3859	3.2189	0.0655	0.1040	0.3708	1.1848	0.0508	2.5123
NO.495	21.3931	21.5270	2.7726	0.0010	0.0022	0.5599	1.1943	−0.0009	1.2040
NO.527	23.3398	23.2772	2.8904	0.1606	0.1803	0.1094	1.0191	0.1790	3.5264
NO.544	20.8056	20.2233	2.8904	0.0977	0.1538	0.3476	0.6004	0.0774	2.5123
NO.549	21.0817	19.7970	2.4849	0.0432	0.0648	0.3335	0.2990	0.0486	2.2513

附录5　2012—2021年西部地区民营能源企业核心变量

附表5-1　2012年西部地区民营能源企业核心变量

公司	CS	CI	CA	ROA	ROE	TDR	TAT	MRS	DT
NO.7	21.8722	21.4746	2.7081	0.0005	0.0011	0.5362	0.6767	−0.0352	0.0000
NO.10	24.9085	24.1073	2.9444	0.0410	0.1226	0.6656	0.5607	0.0530	2.3026
NO.14	21.7964	22.2726	3.2189	0.0065	0.0357	0.8179	1.6749	0.0032	0.0000
NO.17	23.1282	21.7407	2.9444	0.0527	0.2077	0.7461	0.2546	0.0731	0.0000
NO.19	23.5253	22.5071	2.9957	0.0022	0.0127	0.8309	0.3938	0.0108	2.0794
NO.30	22.2684	22.0508	3.1781	0.0263	0.0575	0.5425	0.7681	0.0313	2.4849
NO.31	22.0023	20.9359	2.6391	0.0152	0.0334	0.5436	0.3869	0.0197	3.2581
NO.39	21.7572	21.2672	2.9957	0.0045	0.0157	0.7153	0.6691	0.0031	0.0000
NO.58	22.2241	21.8385	2.3979	0.0753	0.2417	0.6883	0.7338	0.0858	2.3979
NO.68	20.8637	20.2961	2.8904	0.0170	0.0466	0.6357	0.5768	0.0074	0.0000
NO.69	21.1754	19.9733	2.3979	0.0083	0.0138	0.3965	0.3008	0.0140	0.0000
NO.86	20.4911	19.9825	2.8332	−0.0115	−0.0162	0.2885	0.6452	−0.0103	1.3863

续表

公司	CS	CI	CA	ROA	ROE	TDR	TAT	MRS	DT
NO.91	21.7569	21.8147	2.6391	0.0680	0.1521	0.5528	1.1595	0.0682	0.0000
NO.101	21.8197	21.1881	2.7081	0.0147	0.0173	0.1504	0.5591	0.0170	0.6931
NO.113	20.9145	19.9697	1.7918	0.0622	0.0689	0.0963	0.3970	0.0664	0.0000
NO.126	20.9211	20.5298	2.4849	0.0846	0.1338	0.3680	0.8049	0.0954	1.6094
NO.137	21.1938	21.2691	2.3026	0.0249	0.0527	0.5277	1.1676	0.0216	0.0000
NO.144	21.9172	21.9573	1.3863	0.0698	0.0856	0.1847	1.0899	0.0767	0.0000
NO.157	21.0945	20.2347	2.5649	0.0117	0.0152	0.2305	0.4225	0.0324	0.0000
NO.201	20.6367	20.1255	1.7918	0.0515	0.0691	0.2548	0.8118	0.0521	3.0910
NO.217	20.5147	19.2241	2.3979	0.0567	0.0637	0.1106	0.2821	0.0561	4.6790
NO.231	22.0040	21.4544	2.4849	0.0271	0.0327	0.1717	0.5994	0.0346	2.9957
NO.234	21.0195	20.2223	1.3863	−0.0130	−0.0217	0.4022	0.4522	−0.0175	2.6391
NO.235	20.4656	18.9461	2.7081	0.0058	0.0081	0.2813	0.2333	0.0060	1.9459
NO.242	20.1336	19.4542	1.0986	0.0478	0.0565	0.1547	0.5458	0.0522	3.6889
NO.250	20.9323	19.4942	2.4849	0.0713	0.0751	0.0508	0.2397	0.0748	4.4308
NO.259	20.5984	19.5723	2.0794	0.0251	0.0297	0.1545	0.3699	0.0200	3.4340
NO.286	21.7364	20.8033	2.7081	0.0264	0.0394	0.3296	0.4193	0.0199	6.3002
NO.327	20.1390	20.6986	2.3026	0.1280	0.2603	0.5048	2.5507	0.0520	3.1908
NO.375	23.4176	22.5569	3.1781	0.0582	0.1713	0.6599	0.5179	0.0602	0.6931
NO.378	21.3392	21.6189	2.7081	0.0817	0.1663	0.5088	1.2582	0.0971	0.6931
NO.379	24.2104	23.4422	2.7081	0.0358	0.0736	0.5131	0.5692	0.0427	3.1781
NO.387	21.2357	20.9534	2.9444	0.0990	0.2066	0.5206	0.8209	0.0636	0.0000
NO.388	22.0910	22.2262	2.6391	0.0396	0.1437	0.7244	1.2633	0.0456	2.3026
NO.393	24.2303	23.3266	2.8332	0.0283	0.0849	0.6665	0.4229	0.0272	0.0000
NO.396	21.7998	21.2696	2.9444	0.0013	0.0026	0.5153	0.6243	−0.0173	0.6931
NO.397	24.1733	24.9932	2.5649	0.0713	0.1541	0.5372	2.4074	0.0997	1.7918
NO.408	23.1479	22.9978	2.5649	0.0828	0.1117	0.2589	0.8941	0.1097	1.0986
NO.409	22.9312	21.7943	2.5649	0.0285	0.1045	0.7273	0.3519	0.0289	3.1355
NO.423	23.2914	23.0503	2.9957	0.1169	0.2186	0.4651	0.8116	0.1388	0.6931
NO.438	25.7682	23.9729	2.3026	0.0667	0.1382	0.5176	0.1644	0.0713	4.0775
NO.442	22.3568	21.5380	2.1972	0.0144	0.0254	0.4340	0.4629	0.0069	0.0000
NO.446	21.9073	21.2425	2.7081	0.0185	0.0330	0.4387	0.4879	0.0063	1.9459
NO.447	24.0986	23.2567	1.3863	0.0031	0.0061	0.4970	0.4271	0.0026	3.0910

续表

公司	CS	CI	CA	ROA	ROE	TDR	TAT	MRS	DT
NO.452	23.2450	21.0661	2.4849	0.0351	0.0896	0.6053	0.1278	0.0319	1.6482
NO.456	26.5109	26.1220	1.3863	−0.0317	−0.1959	0.8380	0.6718	−0.0362	3.4012
NO.463	23.9457	22.9039	2.7081	0.0533	0.1525	0.6504	0.3741	0.0722	2.3979
NO.472	21.9128	20.8052	1.6094	0.1923	0.2794	0.3080	0.5656	0.0497	4.2082
NO.473	22.3419	21.2759	2.3026	0.0664	0.0984	0.3253	0.3982	0.0760	0.0000
NO.475	21.7407	21.4394	2.3979	0.1766	0.2996	0.4053	0.9299	0.0863	2.8404
NO.478	21.8418	21.0957	2.6391	0.0718	0.1443	0.5022	0.6727	0.0314	1.8971
NO.483	20.6338	21.5498	1.6094	0.0917	0.2208	0.5847	2.1069	0.0730	3.3309
NO.494	20.3105	19.9121	2.3026	0.1211	0.1539	0.2138	1.0110	0.0782	1.8478
NO.498	22.2419	21.9366	2.7081	0.0935	0.1220	0.2342	1.0227	0.1073	2.9444
NO.507	21.1989	20.4437	2.0794	0.0610	0.1248	0.5017	0.6645	0.0354	2.9864
NO.515	21.3491	20.8653	2.5649	0.0703	0.1357	0.4805	0.7569	0.0578	1.2187
NO.520	20.9127	20.9156	3.9890	0.1961	0.3290	0.4040	1.3868	0.1596	4.3876

附表 5-2 2013 年西部地区民营能源企业核心变量

公司	CS	CI	CA	ROA	ROE	TDR	TAT	MRS	DT
NO.7	21.7994	21.3171	2.7726	−0.2427	−0.9414	0.7422	0.5949	−0.2272	0.0000
NO.10	24.9416	24.1518	2.9957	0.0639	0.1697	0.6232	0.4614	0.0812	3.2189
NO.14	21.8774	22.2570	3.2581	0.0064	0.0361	0.8232	1.5209	−0.0030	1.6094
NO.17	23.2792	21.7558	2.9957	0.0473	0.2028	0.7666	0.2344	0.0583	0.0000
NO.19	23.7093	23.0401	3.0445	0.0203	0.1346	0.8492	0.5591	0.0129	2.6391
NO.30	22.3537	21.8283	3.2189	0.0205	0.0458	0.5517	0.6165	0.0225	2.4849
NO.31	22.1551	21.2412	2.7081	0.0148	0.0363	0.5930	0.4315	0.0246	3.4340
NO.39	21.6904	21.4549	3.0445	−0.1520	−0.9980	0.8477	0.7638	−0.1552	0.0000
NO.58	22.2517	21.7223	2.4849	0.0518	0.1481	0.6504	0.5971	0.0603	2.5649
NO.68	20.9539	20.2555	2.9444	0.0008	0.0025	0.6655	0.5198	−0.0068	1.3863
NO.69	21.4075	20.5851	2.4849	0.0287	0.0567	0.4934	0.4902	0.0374	0.0000
NO.86	20.2873	20.1944	2.8904	0.0924	0.1159	0.2024	0.8188	0.0468	2.1972
NO.91	21.9817	22.0849	2.7081	0.1052	0.2177	0.5169	1.2328	0.1171	1.0986
NO.101	22.0309	21.7034	2.7726	0.0250	0.0352	0.2910	0.7966	0.0246	2.0794
NO.113	20.9075	20.0746	1.9459	0.0191	0.0213	0.1019	0.4332	0.0119	0.6931
NO.126	21.1089	20.7351	2.5649	0.0729	0.1234	0.4094	0.7525	0.0805	2.8904

续表

公司	CS	CI	CA	ROA	ROE	TDR	TAT	MRS	DT
NO.137	21.4280	21.6412	2.3979	0.0198	0.0511	0.6130	1.3819	0.0217	0.0000
NO.144	22.0311	22.1066	1.6094	0.0701	0.0901	0.2225	1.1398	0.0682	0.0000
NO.157	21.1159	19.9481	2.6391	0.0205	0.0266	0.2319	0.3144	0.0175	0.0000
NO.201	20.7564	20.2236	1.9459	0.0228	0.0341	0.3302	0.6221	0.0083	3.3673
NO.217	20.5158	19.1396	2.4849	0.0495	0.0543	0.0872	0.2527	0.0467	4.2950
NO.231	22.0931	21.6372	2.5649	0.0211	0.0272	0.2249	0.6621	0.0223	3.4340
NO.234	21.1978	20.3718	1.6094	0.0020	0.0041	0.4978	0.4767	−0.0040	2.4849
NO.235	20.4706	19.2363	2.7726	−0.0418	−0.0627	0.3331	0.2918	−0.0566	2.0794
NO.242	20.1860	19.6172	1.3863	0.0677	0.0792	0.1453	0.5810	0.0705	3.1781
NO.250	20.9759	19.4899	2.5649	0.0556	0.0598	0.0694	0.2312	0.0565	4.1589
NO.259	20.5864	19.6747	2.1972	0.0199	0.0236	0.1568	0.3994	0.0096	3.2189
NO.286	22.0858	21.4749	2.7726	0.0463	0.0884	0.4756	0.6367	0.0445	5.8358
NO.327	20.1235	20.6614	2.3979	0.1364	0.3011	0.5471	2.3861	0.0552	3.0672
NO.375	23.4781	22.8305	3.2189	0.0817	0.2111	0.6127	0.5392	0.0616	1.9459
NO.378	21.6928	21.8491	2.7726	0.0872	0.2087	0.5822	1.3737	0.0909	2.5649
NO.379	24.2417	23.5344	2.7726	0.0436	0.0877	0.5036	0.5007	0.0522	3.1781
NO.387	21.0765	20.6296	2.9957	0.0945	0.1512	0.3750	0.5888	0.1034	0.6931
NO.388	22.1624	22.3326	2.7081	0.0441	0.1499	0.7057	1.2277	0.0543	2.6391
NO.393	24.3874	23.3559	2.8904	0.0289	0.0886	0.6736	0.3844	0.0265	2.0794
NO.396	22.0444	21.2825	2.9957	0.0096	0.0187	0.4854	0.5236	−0.0044	0.6931
NO.397	24.0241	23.9878	2.6391	0.0264	0.0509	0.4816	0.8926	0.0534	1.7918
NO.408	23.2972	22.8587	2.6391	0.0103	0.0162	0.3623	0.6931	0.0145	1.0986
NO.409	23.1454	21.8571	2.6391	0.0246	0.0622	0.6047	0.3051	0.0261	3.2958
NO.423	23.4034	23.1657	3.0445	0.1314	0.2444	0.4621	0.8326	0.1553	0.6931
NO.438	25.7313	23.8455	2.3979	0.0606	0.1160	0.4774	0.1489	0.0614	4.4659
NO.442	22.3995	21.3609	2.3026	0.0014	0.0026	0.4556	0.3615	−0.0059	0.0000
NO.446	22.0484	21.3384	2.7726	0.0063	0.0129	0.5087	0.5263	−0.0031	2.8332
NO.447	24.2044	23.3028	1.6094	0.0092	0.0163	0.4330	0.4228	0.0078	2.7081
NO.452	23.2463	21.0715	2.5649	0.0366	0.0948	0.6106	0.1287	0.0320	1.6386
NO.456	26.5006	26.0349	1.6094	0.0095	0.0559	0.8295	0.6245	0.0121	3.2581
NO.463	24.0163	22.7789	2.7726	0.0005	0.0015	0.6759	0.3004	−0.0017	2.6391
NO.472	21.9303	20.8361	1.7918	0.1805	0.2565	0.2885	0.5409	0.0461	4.2756

续表

公司	CS	CI	CA	ROA	ROE	TDR	TAT	MRS	DT
NO.473	22.4429	21.1949	2.3979	0.0115	0.0196	0.4106	0.3016	0.0116	0.0000
NO.475	21.7108	21.3925	2.4849	0.2313	0.3950	0.4146	0.9089	0.0883	2.8675
NO.478	21.8674	21.1035	2.7081	0.0451	0.0885	0.4905	0.5402	0.0325	1.7918
NO.483	20.6288	21.5364	1.7918	0.0798	0.1771	0.5491	1.9608	0.0772	3.3040
NO.494	20.2269	19.8824	2.3979	0.1134	0.1498	0.2426	0.9885	0.0899	1.8341
NO.498	22.2448	21.8508	2.7726	0.0672	0.0875	0.2312	0.6754	0.0717	1.7918
NO.507	21.1775	20.4068	2.1972	0.0652	0.1562	0.5823	0.6377	0.0391	3.0498
NO.515	21.3157	20.8475	2.6391	0.0745	0.1452	0.4869	0.7487	0.0583	1.1109
NO.520	20.9230	20.9187	4.0073	0.2002	0.3350	0.4024	1.4158	0.1586	4.3959

附表 5-3　2014 年西部地区民营能源企业核心变量

公司	CS	CI	CA	ROA	ROE	TDR	TAT	MRS	DT
NO.7	21.0233	20.5515	2.8332	−1.2199	0.1148	1.6499	0.3932	−1.1784	0.0000
NO.10	24.9586	24.0922	3.0445	0.0627	0.1558	0.5978	0.4240	0.0813	2.6391
NO.14	21.9245	22.2812	3.2958	−0.0013	−0.0089	0.8563	1.4622	0.0013	1.9459
NO.17	23.2045	22.3139	3.0445	0.0489	0.1656	0.7048	0.3951	0.0662	0.6931
NO.19	23.8794	22.5864	3.0910	0.0257	0.1746	0.8529	0.2977	0.0297	2.0794
NO.30	22.3747	21.7281	3.2581	0.0214	0.0498	0.5703	0.5293	0.0120	2.4849
NO.31	22.0732	20.8712	2.7726	0.0053	0.0131	0.5978	0.2883	0.0286	3.1781
NO.39	19.9711	20.8679	3.0910	−2.5551	0.1103	2.3940	0.7451	−2.6696	0.0000
NO.58	22.6936	21.9412	2.5649	0.0368	0.1427	0.7420	0.5737	0.0423	1.3863
NO.68	21.2208	20.4273	2.9957	0.0065	0.0250	0.7390	0.5122	0.0023	1.9459
NO.69	21.2884	20.5044	2.5649	0.0342	0.0578	0.4084	0.4294	0.0440	0.0000
NO.86	20.9271	20.0847	2.9444	0.0372	0.0812	0.5418	0.5639	0.0437	4.3944
NO.91	22.3606	22.3339	2.7726	0.1133	0.1683	0.3266	1.1559	0.1206	2.4849
NO.101	22.0775	22.0212	2.8332	0.0404	0.0590	0.3145	0.9672	0.0318	2.5649
NO.113	20.8947	20.3053	2.0794	0.0267	0.0286	0.0667	0.5511	0.0175	0.6931
NO.126	21.6789	20.9568	2.6391	0.0568	0.0845	0.3280	0.6205	0.0634	2.8904
NO.137	21.4699	21.7895	2.4849	0.0260	0.0676	0.6154	1.4055	0.0273	0.0000
NO.144	22.1046	22.0521	1.7918	0.0710	0.0923	0.2301	0.9837	0.0741	0.6931
NO.157	21.0971	20.0341	2.7081	0.0089	0.0114	0.2168	0.3422	0.0003	0.0000
NO.201	20.8733	20.2584	2.0794	−0.0426	−0.0693	0.3847	0.5723	−0.0668	4.5218

续表

公司	CS	CI	CA	ROA	ROE	TDR	TAT	MRS	DT
NO.217	20.5656	19.2321	2.5649	0.0585	0.0642	0.0880	0.2701	0.0605	3.6636
NO.231	22.3711	21.7821	2.6391	0.0178	0.0298	0.4027	0.6315	0.0206	3.7377
NO.234	21.3523	20.5686	1.7918	0.0071	0.0162	0.5638	0.4919	0.0079	2.3026
NO.235	20.4509	19.5562	2.8332	0.0091	0.0133	0.3124	0.4047	−0.0223	2.1972
NO.242	20.2235	19.6355	1.6094	0.0447	0.0535	0.1635	0.5659	0.0480	2.0794
NO.250	21.0159	19.3540	2.6391	0.0484	0.0525	0.0784	0.1936	0.0521	3.7842
NO.259	20.6345	19.8195	2.3026	0.0351	0.0415	0.1554	0.4533	0.0300	2.9444
NO.286	22.3083	21.8424	2.8332	0.0581	0.1197	0.5150	0.6971	0.0604	4.9416
NO.327	20.1327	20.6794	2.4849	0.1316	0.2574	0.4885	2.7218	0.0507	2.9503
NO.375	23.7086	22.7467	3.2581	0.0458	0.1286	0.6435	0.4260	0.0598	3.5553
NO.378	22.1686	22.3128	2.8332	0.0899	0.2639	0.6593	1.4249	0.0691	2.1972
NO.379	24.2431	23.6909	2.8332	0.0505	0.0982	0.4857	0.5761	0.0600	3.8286
NO.387	21.0717	20.0131	3.0445	0.0299	0.0478	0.3737	0.3461	0.0026	0.6931
NO.388	22.3493	22.3710	2.7726	0.0389	0.1153	0.6622	1.1171	0.0458	2.0794
NO.393	24.5068	23.4685	2.9444	0.0197	0.0656	0.6991	0.3752	0.0179	1.0986
NO.396	22.2050	21.2191	3.0445	0.0047	0.0107	0.5601	0.4030	0.0028	0.0000
NO.397	24.1276	23.7545	2.7081	0.0213	0.0476	0.5533	0.7242	0.0298	1.0986
NO.408	23.3649	22.5720	2.7081	0.0011	0.0018	0.3917	0.4678	0.0028	1.0986
NO.409	23.3832	21.9927	2.7081	0.0251	0.0791	0.6825	0.2784	0.0262	3.9703
NO.423	23.5491	23.2827	3.0910	0.1314	0.2519	0.4784	0.8218	0.1531	0.6931
NO.438	25.7137	24.0153	2.4849	0.0805	0.1373	0.4140	0.1814	0.0898	4.0431
NO.442	22.4579	21.3641	2.3979	0.0117	0.0223	0.4733	0.3447	0.0024	0.0000
NO.446	22.0896	21.2918	2.8332	0.0041	0.0088	0.5306	0.4596	−0.0194	3.4012
NO.447	24.1542	23.3676	1.7918	0.0214	0.0352	0.3914	0.4375	0.0216	3.2958
NO.452	23.2680	21.1043	2.6391	0.0350	0.0942	0.6259	0.1281	0.0323	1.6314
NO.456	26.5101	26.0976	1.7918	0.0133	0.0748	0.8220	0.6651	0.0128	1.7918
NO.463	24.0869	22.6046	2.8332	−0.0682	−0.2827	0.7586	0.2351	−0.0656	2.1972
NO.472	21.8874	20.7754	1.9459	0.1952	0.2952	0.3388	0.5006	0.0562	4.1658
NO.473	22.9351	21.5052	2.4849	0.0736	0.1414	0.4796	0.2971	0.0049	0.0000
NO.475	21.7199	21.4149	2.5649	0.1872	0.3250	0.4240	1.1494	0.0874	2.8590
NO.478	21.8438	21.1429	2.7726	0.0396	0.0810	0.5106	0.5987	0.0307	0.6931
NO.483	20.7110	21.6854	1.9459	0.0695	0.1369	0.4921	1.7576	0.0824	3.6019

续表

公司	CS	CI	CA	ROA	ROE	TDR	TAT	MRS	DT
NO.494	20.3025	19.8958	2.4849	0.1187	0.1493	0.2051	1.0533	0.0767	1.8632
NO.498	22.2266	21.8385	2.8332	0.0477	0.0609	0.2165	0.6722	0.0406	3.2958
NO.507	21.1808	20.4310	2.3026	0.0520	0.0988	0.4735	0.6882	0.0368	3.0123
NO.515	21.3017	20.8505	2.7081	0.0712	0.1404	0.4925	0.7909	0.0602	1.0217
NO.520	20.9614	20.9372	4.0254	0.1943	0.3235	0.3991	1.3740	0.1570	4.4358

附表 5-4　2015 年西部地区民营能源企业核心变量

公司	CS	CI	CA	ROA	ROE	TDR	TAT	MRS	DT
NO.7	20.3945	19.5827	2.8904	−0.9872	0.0827	3.2619	0.3089	−1.0065	0.0000
NO.10	24.9988	23.9707	3.0910	0.0644	0.1532	0.5798	0.3649	0.0751	1.6094
NO.14	23.8473	22.0126	3.3322	0.0217	0.0793	0.7265	0.2786	0.0205	3.6889
NO.17	23.1991	21.9686	3.0910	0.0275	0.0869	0.6836	0.2914	0.0397	0.6931
NO.19	24.0757	22.9908	3.1355	0.0111	0.0814	0.8635	0.3710	0.0124	1.7918
NO.30	22.3083	21.7835	3.2958	0.0257	0.0536	0.5197	0.5720	0.0138	2.7081
NO.31	21.9531	20.6291	2.8332	0.0043	0.0095	0.5422	0.2501	0.0169	3.2189
NO.39	19.6937	19.7898	3.1355	0.3045	0.3301	0.0777	0.9491	0.0002	1.6094
NO.58	22.4713	22.0133	2.6391	0.0314	0.0907	0.6534	0.5625	0.0346	2.7081
NO.68	21.4829	20.3492	3.0445	0.0072	0.0175	0.5878	0.3638	0.0032	2.3026
NO.69	21.2405	19.7893	2.6391	−0.0363	−0.0635	0.4281	0.2287	−0.0381	0.6931
NO.86	21.3452	20.0426	2.9957	0.0279	0.0865	0.6776	0.3278	0.0271	5.2364
NO.91	22.5289	22.3917	2.8332	0.1198	0.1791	0.3313	0.9450	0.1196	2.0794
NO.101	22.0812	22.0985	2.8904	0.0390	0.0556	0.2981	1.0193	0.0415	2.4849
NO.113	20.9081	20.1361	2.1972	0.0143	0.0153	0.0694	0.4652	0.0000	0.0000
NO.126	22.3009	21.2605	2.7081	0.0330	0.0598	0.4481	0.4598	0.0364	3.2581
NO.137	21.3608	21.5543	2.5649	0.0318	0.0740	0.5706	1.1474	0.0326	1.3863
NO.144	22.0966	21.7959	1.9459	0.0572	0.0728	0.2148	0.7373	0.0433	1.0986
NO.157	21.7498	20.6363	2.7726	0.0294	0.0451	0.3479	0.4320	0.0291	2.3979
NO.201	21.3439	20.6423	2.1972	0.0165	0.0308	0.4634	0.6103	−0.0046	4.7536
NO.217	21.1438	19.4175	2.6391	0.0486	0.0536	0.0943	0.2280	0.0509	4.4886
NO.231	22.3297	21.8103	2.7081	−0.0463	−0.0814	0.4315	0.5825	−0.0424	3.9703
NO.234	21.4806	20.6207	1.9459	0.0142	0.0349	0.5932	0.4503	0.0163	2.0794
NO.235	20.3272	19.2764	2.8904	−0.0759	−0.1080	0.2973	0.3281	−0.0908	2.3026

续表

公司	CS	CI	CA	ROA	ROE	TDR	TAT	MRS	DT
NO.242	20.6401	19.7821	1.7918	0.0170	0.0215	0.2110	0.5111	0.0147	3.0445
NO.250	21.0840	19.2275	2.7081	0.0267	0.0295	0.0944	0.1615	0.0255	3.1781
NO.259	20.9362	19.7578	2.3979	0.0146	0.0141	0.1208	0.3538	0.0065	2.5649
NO.286	22.6377	22.2426	2.8904	0.0628	0.1503	0.5819	0.7836	0.0656	5.6768
NO.327	20.1608	20.7551	2.5649	0.1159	0.2224	0.4788	2.5442	0.0503	3.4761
NO.375	23.7134	22.7250	3.2958	0.0229	0.0522	0.5611	0.3731	0.0309	4.3041
NO.378	22.1826	22.2971	2.8904	0.0653	0.1834	0.6441	1.1291	0.0695	2.6391
NO.379	24.2746	23.7733	2.8904	0.0527	0.1000	0.4726	0.6153	0.0614	4.2195
NO.387	21.0094	19.8991	3.0910	0.0100	0.0147	0.3236	0.3192	−0.0176	2.8904
NO.388	22.3382	22.0628	2.8332	0.0241	0.0664	0.6369	0.7551	0.0298	2.3979
NO.393	24.5184	23.4472	2.9957	0.0110	0.0363	0.6979	0.3446	0.0066	2.0794
NO.396	22.2823	21.1379	3.0910	−0.0701	−0.2083	0.6635	0.3307	−0.0857	1.0986
NO.397	24.2400	23.5484	2.7726	−0.0006	−0.0015	0.6036	0.5289	0.0057	1.6094
NO.408	23.3385	22.3248	2.7726	−0.0022	−0.0035	0.3811	0.3581	−0.0008	1.6094
NO.409	23.5741	21.9714	2.7726	0.0181	0.0662	0.7268	0.2205	0.0189	4.1744
NO.423	23.9352	23.3314	3.1355	0.1050	0.1588	0.3388	0.6510	0.1223	2.4849
NO.438	25.6791	23.9112	2.5649	0.0811	0.1261	0.3566	0.1677	0.0825	3.3322
NO.442	22.8076	21.1438	2.4849	0.0112	0.0180	0.3800	0.2222	−0.0119	3.2581
NO.446	22.1047	21.1254	2.8904	−0.0287	−0.0663	0.5664	0.3784	−0.0359	2.8904
NO.447	24.2063	23.3128	1.9459	0.0277	0.0468	0.4075	0.4130	0.0264	3.2581
NO.452	23.2207	21.0224	2.7081	0.0336	0.0800	0.5794	0.1265	0.0315	1.6740
NO.456	26.5632	26.1047	1.9459	0.0144	0.0695	0.7930	0.6490	0.0119	3.4012
NO.463	24.1395	22.2876	2.8904	−0.0842	−0.5575	0.8491	0.1611	−0.0819	1.6094
NO.472	21.9208	20.8041	2.0794	0.2014	0.2863	0.2967	0.6553	0.0469	4.1795
NO.473	23.1390	21.7750	2.5649	0.0213	0.0363	0.4122	0.2816	0.0191	3.6376
NO.475	21.7913	21.5109	2.6391	0.1114	0.1788	0.3771	0.7315	0.0832	2.7932
NO.478	21.8140	21.0406	2.8332	0.0405	0.0761	0.4678	0.4546	0.0310	2.4849
NO.483	20.5615	21.4276	2.0794	0.0569	0.0779	0.2700	2.6024	0.0593	2.9957
NO.494	20.4021	19.9580	2.5649	0.1312	0.1627	0.1935	0.9913	0.0679	1.8458
NO.498	22.2924	21.6768	2.8904	0.0560	0.0730	0.2326	0.5581	0.0400	3.2581
NO.507	21.2382	20.4934	2.3979	0.0658	0.1196	0.4494	0.6675	0.0304	2.8904
NO.515	21.4300	20.8980	2.7726	0.0653	0.1214	0.4621	0.7313	0.0551	1.4663
NO.520	20.8537	20.8909	4.0431	0.1937	0.3286	0.4106	1.3705	0.1632	4.3283

附表 5-5　2016 年西部地区民营能源企业核心变量

公司	CS	CI	CA	ROA	ROE	TDR	TAT	MRS	DT
NO.7	21.8026	21.3179	2.9444	0.2941	0.3032	0.0302	0.9897	−0.0009	1.6094
NO.10	24.9814	23.8448	3.1355	0.0182	0.0438	0.5849	0.3181	0.0279	1.9459
NO.14	24.1167	22.1896	3.3673	0.0228	0.0589	0.6130	0.1651	0.0218	4.7185
NO.17	23.5350	22.0140	3.1355	0.0217	0.0644	0.6628	0.2548	0.0312	0.6931
NO.19	24.1913	23.4726	3.1781	0.0133	0.0987	0.8649	0.5155	0.0155	1.0986
NO.30	22.3067	21.6257	3.3322	0.0322	0.0640	0.4974	0.5057	0.0330	3.2958
NO.31	22.0751	20.2854	2.8904	0.0050	0.0120	0.5821	0.1772	0.0157	4.1589
NO.39	19.5513	19.7550	3.1781	−0.1331	−0.1424	0.0653	1.1388	−0.1321	2.3026
NO.58	22.4890	21.2379	2.7081	0.0143	0.0406	0.6488	0.2887	0.0154	2.3026
NO.68	21.6079	20.4923	3.0910	0.0016	0.0044	0.6359	0.3482	−0.0019	3.0445
NO.69	21.4864	20.2137	2.7081	0.0021	0.0046	0.5507	0.3143	0.0054	0.0000
NO.86	21.9321	20.2709	3.0445	0.0349	0.0522	0.3309	0.2441	0.0212	6.0799
NO.91	22.9044	22.6692	2.8904	0.1159	0.2058	0.4370	0.9371	0.1212	2.0794
NO.101	22.1189	22.0997	2.9444	0.0459	0.0681	0.3262	0.9995	0.0458	2.6391
NO.113	20.9649	20.1243	2.3026	0.0487	0.0527	0.0756	0.4437	0.0375	1.0986
NO.126	22.2982	21.6222	2.7726	0.0612	0.0993	0.3840	0.5080	0.0672	3.1781
NO.137	21.3921	21.4428	2.6391	0.0409	0.0940	0.5651	1.0685	0.0301	3.6376
NO.144	22.0926	21.5141	2.0794	0.0329	0.0411	0.1984	0.5597	0.0121	1.3863
NO.157	21.8229	20.9375	2.8332	0.0361	0.0563	0.3588	0.4276	0.0336	2.6391
NO.201	21.5447	20.9802	2.3026	0.0061	0.0133	0.5440	0.6255	0.0011	4.7449
NO.217	21.1921	19.6989	2.7081	0.0691	0.0750	0.0786	0.2301	0.0678	4.5218
NO.231	22.3951	22.1928	2.7726	0.0082	0.0152	0.4623	0.8435	−0.0045	4.3438
NO.234	21.6569	20.6678	2.0794	0.0154	0.0434	0.6463	0.4046	0.0177	2.8904
NO.235	20.3658	19.7408	2.9444	0.0449	0.0610	0.2634	0.5456	0.0309	2.0794
NO.242	20.6604	19.9211	1.9459	0.0296	0.0371	0.2009	0.4823	0.0229	3.7612
NO.250	21.0962	19.2326	2.7726	0.0141	0.0153	0.0797	0.1561	0.0187	4.1271
NO.259	21.1285	20.1479	2.4849	0.0204	0.0267	0.2381	0.4111	0.0139	2.6391
NO.286	23.1792	22.5156	2.9444	0.0469	0.0916	0.4884	0.6512	0.0521	6.3886
NO.327	20.0770	20.5497	2.6391	0.0533	0.0718	0.2577	1.8924	0.0646	2.5649
NO.375	23.7127	22.5363	3.3322	0.0183	0.0471	0.6109	0.3083	0.0243	4.2047
NO.378	22.2782	22.3766	2.9444	0.0493	0.1407	0.6492	1.1561	0.0568	2.6391

续表

公司	CS	CI	CA	ROA	ROE	TDR	TAT	MRS	DT
NO.379	24.2876	23.8154	2.9444	0.0286	0.0548	0.4775	0.6272	0.0353	4.2047
NO.387	21.2778	20.5563	3.1355	−0.0204	−0.0411	0.5033	0.5509	−0.0170	2.6391
NO.388	22.4149	22.0113	2.8904	0.0226	0.0637	0.6451	0.6935	0.0260	2.3979
NO.393	24.5358	23.5321	3.0445	0.0128	0.0413	0.6903	0.3697	0.0146	2.1972
NO.396	22.3582	20.9871	3.1355	0.0115	0.0363	0.6815	0.2634	0.0138	2.4849
NO.397	24.4560	23.6519	2.8332	0.0109	0.0324	0.6643	0.4956	0.0249	1.0986
NO.408	23.3616	22.3680	2.8332	0.0296	0.0462	0.3608	0.3745	0.0106	0.0000
NO.409	23.6890	22.0142	2.8332	0.0158	0.0629	0.7486	0.1981	0.0157	3.6109
NO.423	24.1200	23.5340	3.1781	0.1052	0.1742	0.3960	0.6078	0.1271	2.3026
NO.438	26.4234	24.6138	2.6391	0.0701	0.1629	0.5700	0.2220	0.0735	3.7842
NO.442	22.9216	21.3101	2.5649	0.0099	0.0176	0.4363	0.2110	0.0112	3.3322
NO.446	22.0718	21.1572	2.9444	0.0049	0.0110	0.5514	0.3941	−0.0199	2.8332
NO.447	24.2689	23.3742	2.0794	0.0327	0.0564	0.4201	0.4159	0.0314	3.5264
NO.452	23.2501	21.0879	2.7726	0.0412	0.1102	0.6264	0.1315	0.0322	1.6094
NO.456	26.6568	26.1149	2.0794	0.0158	0.0718	0.7798	0.6088	0.0182	2.8904
NO.463	24.1705	22.4104	2.9444	0.0090	0.0580	0.8444	0.1747	0.0065	1.3863
NO.472	21.9828	20.9289	2.1972	0.1448	0.1881	0.2301	0.4668	0.0354	4.4543
NO.473	23.2826	21.9653	2.6391	0.0249	0.0298	0.1665	0.2870	0.0253	3.1355
NO.475	21.6213	21.2516	2.7081	0.0843	0.1298	0.3507	0.8459	0.0943	2.9444
NO.478	21.9445	21.1268	2.8904	0.0415	0.0814	0.4903	0.4702	0.0358	1.3863
NO.483	20.6140	21.4962	2.1972	0.0773	0.1017	0.2392	2.4797	0.0899	3.2189
NO.494	19.9760	19.7933	2.6391	0.1132	0.1478	0.2345	0.9211	0.1251	1.7918
NO.498	22.3760	21.5784	2.9444	0.0467	0.0645	0.2755	0.4692	0.0306	3.1781
NO.507	21.1136	20.2960	2.4849	0.0429	0.0756	0.4323	0.5575	0.0501	3.2189
NO.515	21.2154	20.7940	2.8332	0.0553	0.0754	0.2663	0.7239	0.0595	0.6931
NO.520	20.9538	20.9279	4.0604	0.2126	0.3528	0.3974	1.5030	0.1557	4.4202

附表 5-6　2017 年西部地区民营能源企业核心变量

公司	CS	CI	CA	ROA	ROE	TDR	TAT	MRS	DT
NO.7	22.6380	22.5965	2.9957	0.0562	0.1038	0.4582	1.3382	0.0399	4.0431
NO.10	24.9861	24.0058	3.1781	0.0160	0.0383	0.5817	0.3761	0.0212	3.2958
NO.14	24.1748	22.3728	3.4012	0.0257	0.0662	0.6117	0.1698	0.0252	4.9698

续表

公司	CS	CI	CA	ROA	ROE	TDR	TAT	MRS	DT
NO.17	23.3400	22.6226	3.1781	0.0553	0.1240	0.5536	0.4406	0.0692	1.0986
NO.19	24.2140	23.6689	3.2189	0.0166	0.1128	0.8525	0.5864	0.0205	1.3863
NO.30	22.4427	21.6443	3.3673	0.0212	0.0484	0.5632	0.4806	0.0206	3.1781
NO.31	22.2170	20.6195	2.9444	0.0050	0.0095	0.4788	0.2167	0.0124	4.3694
NO.39	19.6326	19.8314	3.2189	0.0257	0.0276	0.0673	1.2695	0.0293	1.6094
NO.58	22.5416	21.7910	2.7726	−0.0100	−0.0311	0.6786	0.4845	−0.0130	2.6391
NO.68	21.7316	20.7175	3.1355	−0.0013	−0.0041	0.6789	0.3851	−0.0040	3.4340
NO.69	21.6506	20.4864	2.7726	0.0070	0.0156	0.5540	0.3377	0.0132	0.6931
NO.86	22.0701	20.2877	3.0910	0.0362	0.0604	0.4004	0.1798	0.0347	5.9989
NO.91	23.3123	23.0547	2.9444	0.0933	0.1802	0.4823	0.9284	0.1075	1.7918
NO.101	22.1085	22.0966	2.9957	0.0429	0.0603	0.2883	0.9830	0.0508	1.7918
NO.113	21.1806	20.6537	2.3979	0.0842	0.0989	0.1489	0.6538	0.0844	1.0986
NO.126	22.4202	21.6681	2.8332	0.0611	0.1021	0.4017	0.5001	0.0694	4.6821
NO.137	21.6830	21.6253	2.7081	0.0401	0.0789	0.4926	1.0802	0.0324	3.4340
NO.144	22.4601	21.9744	2.1972	0.0282	0.0405	0.3026	0.7271	0.0280	1.0986
NO.157	21.9356	20.9432	2.8904	0.0368	0.0571	0.3565	0.3915	0.0409	2.3979
NO.201	21.4401	21.2253	2.3979	0.0122	0.0277	0.5593	0.7646	0.0045	4.7707
NO.217	21.2777	19.8170	2.7726	0.0608	0.0677	0.1020	0.2420	0.0689	4.8442
NO.231	22.5640	22.4635	2.8332	0.0347	0.0696	0.5012	0.9806	0.0373	3.8712
NO.234	21.9766	21.1041	2.1972	0.0334	0.0814	0.5896	0.4841	0.0407	3.2189
NO.235	20.3646	19.6256	2.9957	0.0086	0.0109	0.2175	0.4773	0.0093	3.2958
NO.242	20.9023	20.1289	2.0794	0.0392	0.0487	0.1953	0.5170	0.0502	3.7612
NO.250	21.1299	18.7428	2.8332	−0.1388	−0.1871	0.2578	0.0934	−0.1084	3.8918
NO.259	21.0277	20.2840	2.5649	0.0160	0.0194	0.1756	0.4514	0.0157	1.6094
NO.286	23.5112	22.9077	2.9957	0.0624	0.1444	0.5678	0.6369	0.0677	6.5381
NO.327	20.1604	20.7333	2.7081	0.0324	0.0464	0.3021	1.8474	0.0372	2.4849
NO.375	23.7643	22.6544	3.3673	0.0350	0.0880	0.6026	0.3381	0.0386	4.4308
NO.378	22.4155	22.5318	2.9957	0.0510	0.1544	0.6695	1.2003	0.0565	3.2958
NO.379	24.3752	23.9336	2.9957	0.0232	0.0464	0.5006	0.6675	0.0299	4.4543
NO.387	21.3801	20.8569	3.1781	−0.0550	−0.1399	0.6066	0.6229	−0.0702	2.0794
NO.388	22.4362	22.0827	2.9444	0.0242	0.0654	0.6301	0.7097	0.0239	1.0986
NO.393	24.5532	23.8201	3.0910	0.0224	0.0748	0.6998	0.4846	0.0337	1.9459

续表

公司	CS	CI	CA	ROA	ROE	TDR	TAT	MRS	DT
NO.396	22.4104	21.1036	3.1781	0.0104	0.0257	0.5955	0.2778	0.0155	2.5649
NO.397	24.4602	24.0595	2.8904	0.0403	0.1084	0.6277	0.6713	0.0632	2.8332
NO.408	23.3819	22.5692	2.8904	0.0221	0.0343	0.3566	0.4482	0.0351	1.9459
NO.409	23.6913	22.1673	2.8904	0.0086	0.0253	0.6597	0.2181	0.0127	3.7377
NO.423	24.1797	23.6526	3.2189	0.0993	0.1657	0.4005	0.6079	0.1154	2.3979
NO.438	26.4250	24.6382	2.7081	0.0744	0.1644	0.5474	0.1676	0.0871	3.8918
NO.442	23.0511	21.8001	2.6391	0.0152	0.0243	0.3737	0.3047	0.0189	2.8904
NO.446	22.0561	21.2292	2.9957	0.0074	0.0160	0.5418	0.4339	0.0084	3.2581
NO.447	24.2407	23.3895	2.1972	0.0259	0.0427	0.3948	0.4139	0.0262	3.4657
NO.452	23.3332	21.2025	2.8332	0.0303	0.0924	0.6719	0.1264	0.0332	1.6094
NO.456	26.7505	26.2204	2.1972	0.0162	0.0690	0.7652	0.6161	0.0200	3.0445
NO.463	24.1440	22.7338	2.9957	0.0038	0.0212	0.8229	0.2409	0.0214	1.9459
NO.472	21.7585	20.5933	2.3026	0.0826	0.0976	0.1531	0.3797	0.0862	3.7377
NO.473	23.2965	22.2788	2.7081	0.0385	0.0448	0.1399	0.3639	0.0439	2.3979
NO.475	21.7472	21.4824	2.7726	0.0720	0.1192	0.3960	0.8156	0.0847	2.8332
NO.478	21.8955	21.2444	2.9444	0.0432	0.0767	0.4373	0.5087	0.0497	1.6094
NO.483	20.9574	22.1323	2.3026	0.0664	0.1117	0.4055	3.7885	0.0980	4.1744
NO.494	20.5294	19.9360	2.7081	0.0372	0.0496	0.2501	0.7015	0.0370	1.9459
NO.498	22.5672	21.7471	2.9957	0.0092	0.0154	0.4007	0.4824	−0.0016	3.4965
NO.507	21.1905	20.5035	2.5649	0.0298	0.0537	0.4447	0.5224	0.0299	2.8904
NO.515	21.2598	20.8594	2.8904	0.0586	0.0790	0.2581	0.6849	0.0659	0.6931
NO.520	21.0768	20.9927	4.0775	0.1766	0.2892	0.3893	1.2483	0.1520	4.5468

附表 5-7 2018 年西部地区民营能源企业核心变量

公司	CS	CI	CA	ROA	ROE	TDR	TAT	MRS	DT
NO.7	22.7014	22.1754	3.0445	0.0568	0.1085	0.4759	0.6097	0.0109	5.5255
NO.10	25.0182	24.0341	3.2189	0.0124	0.0289	0.5702	0.3798	0.0156	3.1781
NO.14	24.2561	22.3401	3.4340	0.0250	0.0664	0.6238	0.1532	0.0258	5.0562
NO.17	23.2594	21.7223	3.2189	0.0875	0.1706	0.4871	0.2063	0.0938	1.3863
NO.19	24.2676	23.6798	3.2581	0.0130	0.0871	0.8510	0.5705	0.0177	0.6931
NO.30	22.4881	21.7610	3.4012	0.0207	0.0474	0.5633	0.4943	0.0243	3.4965
NO.31	22.0670	20.1396	2.9957	−0.1038	−0.2068	0.4982	0.1346	−0.0966	4.4427

续表

公司	CS	CI	CA	ROA	ROE	TDR	TAT	MRS	DT
NO.39	20.2832	19.9721	3.2581	0.0092	0.0098	0.0574	0.9629	0.0090	4.3820
NO.58	22.5036	22.1180	2.8332	0.0251	0.0699	0.6405	0.6672	0.0289	2.6391
NO.68	21.5648	20.7919	3.1781	0.0080	0.0207	0.6126	0.4233	0.0058	3.4012
NO.69	21.9099	20.4865	2.8332	0.0009	0.0028	0.6723	0.2720	0.0030	1.0986
NO.86	21.8500	20.2185	3.1355	−0.0719	−0.1143	0.3705	0.1742	−0.0703	5.9789
NO.91	23.7014	23.3656	2.9957	0.0769	0.1868	0.5884	0.8521	0.0923	2.0794
NO.101	22.0956	22.1296	3.0445	0.0459	0.0614	0.2525	1.0280	0.0563	2.9444
NO.113	21.3803	20.7287	2.4849	0.0927	0.1114	0.1675	0.5731	0.1041	0.0000
NO.126	22.6350	21.6505	2.8904	0.0316	0.0643	0.5083	0.4136	0.0408	5.6664
NO.137	21.7653	21.8309	2.7726	0.0373	0.0789	0.5269	1.1117	0.0419	3.4965
NO.144	22.5831	22.4052	2.3026	0.0830	0.1198	0.3075	0.8885	0.0996	0.6931
NO.157	22.0070	21.0641	2.9444	0.0309	0.0510	0.3953	0.4034	0.0283	2.3979
NO.201	21.2568	21.0143	2.4849	−0.1602	−0.4906	0.6735	0.7129	−0.1527	4.5218
NO.217	20.9150	19.7457	2.8332	−0.3622	−0.4138	0.1246	0.2549	−0.3657	4.8752
NO.231	22.4467	22.7313	2.8904	0.0605	0.1036	0.4162	1.2514	0.0690	3.5553
NO.234	22.5040	21.3887	2.3026	0.0158	0.0373	0.5777	0.4123	0.0189	3.3673
NO.235	20.5258	19.9800	3.0445	0.0083	0.0124	0.3303	0.6259	0.0095	3.0445
NO.242	20.9187	20.2016	2.1972	0.0472	0.0583	0.1908	0.4922	0.0528	3.7377
NO.250	21.1006	18.9183	2.8904	0.0019	0.0024	0.2170	0.1111	−0.0023	4.0431
NO.259	21.0344	20.4134	2.6391	−0.0274	−0.0354	0.2260	0.5392	−0.0297	1.9459
NO.286	23.6406	23.0621	3.0445	0.0442	0.1049	0.5785	0.5969	0.0458	6.6490
NO.327	20.2451	20.9822	2.7726	0.0477	0.0683	0.3008	2.1785	0.0490	4.2767
NO.375	23.9174	22.8162	3.4012	0.0357	0.0962	0.6287	0.3579	0.0523	4.3175
NO.378	22.4912	22.6213	3.0445	0.0491	0.1529	0.6789	1.1821	0.0607	3.0445
NO.379	24.3729	23.9877	3.0445	0.0206	0.0406	0.4920	0.6747	0.0242	4.4308
NO.387	21.1046	20.3751	3.2189	0.0277	0.0507	0.4542	0.4162	−0.0984	2.0794
NO.388	22.8387	22.7477	2.9957	0.0420	0.1269	0.6692	1.0943	0.0493	2.1972
NO.393	24.5865	23.8954	3.1355	0.0326	0.1017	0.6796	0.5094	0.0428	0.6931
NO.396	22.4510	21.1734	3.2189	−0.0127	−0.0339	0.6239	0.2844	−0.0174	2.7081
NO.397	24.5547	24.2101	2.9444	0.0453	0.0954	0.5249	0.7420	0.0618	3.0910
NO.408	23.4228	22.6474	2.9444	0.0391	0.0602	0.3500	0.4699	0.0339	1.0986
NO.409	23.7884	22.3238	2.9444	0.0017	0.0057	0.6928	0.2424	0.0040	4.2047

续表

公司	CS	CI	CA	ROA	ROE	TDR	TAT	MRS	DT
NO.423	24.2639	23.7302	3.2581	0.1191	0.2034	0.4146	0.6111	0.1221	1.3863
NO.438	26.4119	24.6593	2.7726	0.0766	0.1587	0.5171	0.1722	0.0883	5.1299
NO.442	23.1138	21.9930	2.7081	0.0304	0.0489	0.3781	0.3362	0.0479	2.9444
NO.446	22.0639	21.2149	3.0445	0.0080	0.0172	0.5352	0.4295	0.0083	2.3979
NO.447	24.2655	23.3557	2.3026	0.0156	0.0261	0.4014	0.4012	0.0143	3.3673
NO.452	23.0787	20.7769	2.8904	0.0259	0.0931	0.7222	0.1216	0.0290	1.7918
NO.456	26.8076	26.3915	2.3026	0.0172	0.0737	0.7661	0.6785	0.0215	3.7377
NO.463	24.0991	22.8923	3.0445	0.0139	0.0677	0.7946	0.2924	0.0373	2.6391
NO.472	22.0211	20.8900	2.3979	0.0287	0.0428	0.3290	0.3648	0.0189	4.2195
NO.473	23.3101	22.5165	2.7726	0.0224	0.0266	0.1572	0.4553	0.0298	1.9459
NO.475	22.0054	21.7987	2.8332	0.0610	0.1185	0.4851	0.9177	0.0705	2.5649
NO.478	21.9312	21.3511	2.9957	0.0418	0.0732	0.4299	0.5699	0.0469	2.0794
NO.483	21.2372	22.5221	2.3979	0.0373	0.0559	0.3330	4.1167	0.0503	4.3567
NO.494	20.7010	20.1449	2.7726	0.0391	0.0598	0.3461	0.6225	0.0416	1.7918
NO.498	22.4825	21.8791	3.0445	−0.0869	−0.1608	0.4594	0.5238	−0.0969	3.5835
NO.507	21.4105	20.6806	2.6391	0.0158	0.0350	0.5489	0.5348	0.0111	2.3979
NO.515	21.8148	21.0407	2.9444	0.0343	0.0571	0.3993	0.5859	0.0399	2.1972
NO.520	20.5304	20.7522	4.0943	0.1667	0.2681	0.3780	1.3603	0.1819	3.9120

附表 5-8 2019 年西部地区民营能源企业核心变量

公司	CS	CI	CA	ROA	ROE	TDR	TAT	MRS	DT
NO.7	22.7037	21.4416	3.0910	0.0455	0.0780	0.4173	0.2834	0.0424	5.6095
NO.10	25.0470	24.1029	3.2581	0.0239	0.0529	0.5470	0.3946	0.0329	3.3322
NO.14	24.3463	22.3349	3.4657	0.0242	0.0672	0.6404	0.1398	0.0279	5.1533
NO.17	22.8456	21.2233	3.2581	0.0773	0.0986	0.2159	0.1572	0.0907	2.3979
NO.19	24.2565	23.7270	3.2958	0.0097	0.0555	0.8255	0.5857	0.0122	2.1972
NO.30	22.1421	21.7700	3.4340	0.0166	0.0264	0.3700	0.5712	0.0241	3.4965
NO.31	22.0618	20.2072	3.0445	0.0240	0.0446	0.4607	0.1561	0.0082	4.4886
NO.39	23.9047	23.1119	3.2958	0.0347	0.1089	0.6809	0.8816	0.0449	6.0234
NO.58	22.6214	22.2313	2.8904	0.0269	0.0798	0.6628	0.7168	0.0302	2.7081
NO.68	21.5561	20.7075	3.2189	0.0122	0.0296	0.5886	0.4261	0.0080	3.4012
NO.69	21.9923	20.5484	2.8904	0.0039	0.0135	0.7145	0.2457	−0.0024	1.3863

续表

公司	CS	CI	CA	ROA	ROE	TDR	TAT	MRS	DT
NO.86	21.7229	19.8823	3.1781	−0.1139	−0.1887	0.3962	0.1486	−0.0953	6.0913
NO.91	23.8330	23.6222	3.0445	0.0926	0.2084	0.5557	0.8631	0.1167	0.0000
NO.101	22.1085	22.0049	3.0910	0.0435	0.0580	0.2501	0.9074	0.0458	2.6391
NO.113	21.3692	21.0384	2.5649	0.0560	0.0645	0.1316	0.7143	0.0508	0.6931
NO.126	22.5862	21.5144	2.9444	−0.0533	−0.1188	0.5516	0.3340	−0.0533	5.8522
NO.137	21.7743	21.6690	2.8332	0.0226	0.0487	0.5355	0.9041	0.0211	3.4657
NO.144	22.6466	22.3882	2.3979	0.0972	0.1336	0.2723	0.7968	0.1151	1.3863
NO.157	22.0144	21.0113	2.9957	0.0227	0.0371	0.3875	0.3681	0.0183	2.8904
NO.201	21.2139	20.9447	2.5649	0.0398	0.1055	0.6227	0.7476	0.0345	4.2485
NO.217	20.9414	19.7916	2.8904	0.0349	0.0394	0.1141	0.3209	0.0444	4.9836
NO.231	22.3089	22.5620	2.9444	0.0742	0.1058	0.2992	1.1994	0.0854	2.9444
NO.234	22.5468	21.3547	2.3979	0.0178	0.0425	0.5803	0.3101	0.0211	3.6376
NO.235	20.7169	20.2029	3.0910	0.0435	0.0720	0.3955	0.6551	0.0481	3.0910
NO.242	20.9587	20.3625	2.3026	0.0522	0.0642	0.1881	0.5619	0.0609	4.5747
NO.250	20.9667	19.7008	2.9444	−0.0796	−0.0975	0.1832	0.2631	−0.0062	3.8501
NO.259	21.0564	20.6896	2.7081	0.0329	0.0487	0.3247	0.7006	0.0306	3.7377
NO.286	23.8509	23.2885	3.0910	0.0399	0.1041	0.6163	0.6295	0.0488	7.0622
NO.327	20.6333	21.3040	2.8332	0.0458	0.0901	0.4910	2.3306	0.0612	4.5643
NO.375	23.9558	22.7758	3.4340	0.0211	0.0594	0.6446	0.3132	0.0355	4.1897
NO.378	22.5619	22.5998	3.0910	0.0465	0.1390	0.6651	1.0753	0.0529	3.6636
NO.379	24.4701	24.1125	3.0910	0.0227	0.0468	0.5156	0.7306	0.0222	4.6444
NO.387	20.8902	20.2539	3.2581	−0.2274	−0.5034	0.5483	0.4728	−0.2440	2.3026
NO.388	22.8528	22.8112	3.0445	0.0352	0.0999	0.6481	0.9660	0.0407	2.7081
NO.393	24.6017	23.8496	3.1781	0.0313	0.0891	0.6491	0.4749	0.0410	1.0986
NO.396	22.4404	21.2733	3.2581	0.0018	0.0046	0.6167	0.3096	0.0046	2.6391
NO.397	24.6164	24.2094	2.9957	0.0365	0.0741	0.5075	0.6861	0.0473	2.9444
NO.408	23.5360	22.7544	2.9957	0.0293	0.0492	0.4035	0.4835	0.0393	1.7918
NO.409	23.7326	22.3113	2.9957	−0.0221	−0.0668	0.6687	0.2347	−0.0227	4.1109
NO.423	24.3824	23.7727	3.2958	0.0746	0.1356	0.4496	0.5757	0.0866	1.6094
NO.438	26.4153	24.6328	2.8332	0.0727	0.1438	0.4940	0.1685	0.0876	5.3891
NO.442	23.1058	21.7259	2.7726	0.0047	0.0074	0.3681	0.2506	0.0125	2.7081
NO.446	22.0779	21.2258	3.0910	0.0085	0.0183	0.5340	0.4295	0.0101	2.3026

续表

公司	CS	CI	CA	ROA	ROE	TDR	TAT	MRS	DT
NO.447	24.2891	23.4625	2.3979	0.0096	0.0164	0.4118	0.4372	0.0115	3.5835
NO.452	23.3385	21.2843	2.9444	0.0305	0.1192	0.7442	0.1448	0.0345	1.3863
NO.456	26.8512	26.5482	2.3979	0.0165	0.0648	0.7450	0.7547	0.0226	3.4965
NO.463	24.0546	22.9450	3.0910	0.0270	0.1104	0.7558	0.3224	0.0580	2.0794
NO.472	22.1688	21.3034	2.4849	0.0194	0.0321	0.3948	0.4519	0.0011	4.9972
NO.473	23.3963	22.5099	2.8332	0.0350	0.0442	0.2093	0.4299	0.0405	1.6094
NO.475	22.2727	21.9342	2.8904	0.0450	0.1024	0.5607	0.8075	0.0494	2.4849
NO.478	22.0719	21.5444	3.0445	0.0368	0.0706	0.4793	0.6316	0.0362	1.9459
NO.483	21.1991	22.6744	2.4849	0.0087	0.0127	0.3185	4.2888	0.0090	4.1109
NO.494	20.7936	20.3063	2.8332	0.0179	0.0312	0.4263	0.6427	0.0295	2.3026
NO.498	22.5612	21.9370	3.0910	0.0141	0.0274	0.4841	0.5568	0.0091	3.3322
NO.507	21.6347	21.2047	2.7081	0.0241	0.0477	0.4957	0.7231	0.0261	2.6391
NO.515	21.8583	21.3208	2.9957	0.0337	0.0576	0.4143	0.5969	0.0357	2.4849
NO.520	21.2542	21.0389	4.1109	0.1249	0.1704	0.2673	1.0860	0.1331	4.6540

附表 5-9　2020 年西部地区民营能源企业核心变量

公司	CS	CI	CA	ROA	ROE	TDR	TAT	MRS	DT
NO.7	22.9462	21.4147	3.1355	0.0318	0.0645	0.5072	0.2423	0.0413	5.6664
NO.10	25.1773	24.0672	3.2958	0.0307	0.0737	0.5842	0.3509	0.0403	4.4543
NO.14	24.3908	22.3919	3.4965	0.0260	0.0720	0.6382	0.1385	0.0292	4.9698
NO.17	22.7312	20.1805	3.2958	0.0339	0.0398	0.1480	0.0736	0.0377	1.7918
NO.19	24.2383	23.6590	3.3322	0.0026	0.0143	0.8203	0.5552	0.0061	1.7918
NO.30	22.0838	21.5559	3.4657	0.0256	0.0374	0.3146	0.5727	0.0254	3.2958
NO.31	22.1625	19.7274	3.0910	−0.0196	−0.0420	0.5337	0.0920	−0.0236	4.5326
NO.39	24.0627	23.1486	3.3322	0.0366	0.1235	0.7032	0.4325	0.0478	5.8289
NO.58	22.8194	22.3739	2.9444	0.0249	0.0842	0.7045	0.7037	0.0317	2.7726
NO.68	21.6396	21.2365	3.2581	0.0138	0.0354	0.6095	0.6961	0.0148	3.6109
NO.69	22.0595	20.5857	2.9444	0.0052	0.0192	0.7272	0.2368	0.0074	1.3863
NO.86	21.7433	19.8425	3.2189	0.0196	0.0320	0.3888	0.1510	−0.0622	6.0822
NO.91	24.0500	23.8020	3.0910	0.1216	0.2284	0.4674	0.8647	0.1434	0.6931
NO.101	22.2787	22.1703	3.1355	0.0421	0.0648	0.3500	0.9735	0.0397	3.5553
NO.113	21.4951	20.8827	2.6391	0.0548	0.0654	0.1617	0.5761	0.0524	0.6931
NO.126	22.8018	21.8898	2.9957	0.0391	0.0983	0.6018	0.4449	0.0435	5.7104

续表

公司	CS	CI	CA	ROA	ROE	TDR	TAT	MRS	DT
NO.137	22.3340	21.5057	2.8904	0.0133	0.0352	0.6230	0.5559	0.0068	4.6821
NO.144	22.6530	22.0949	2.4849	0.0201	0.0295	0.3200	0.5741	0.0258	0.6931
NO.157	22.1117	21.1298	3.0445	0.0155	0.0275	0.4350	0.3928	−0.0070	3.4340
NO.201	21.2723	20.9343	2.6391	0.0364	0.0908	0.5998	0.7340	0.0351	4.1744
NO.217	21.0029	19.8228	2.9444	0.0375	0.0431	0.1301	0.3167	0.0143	4.8752
NO.231	22.4158	22.4652	2.9957	0.0805	0.1246	0.3539	1.1068	0.0936	4.2341
NO.234	22.5337	21.0852	2.4849	0.0086	0.0211	0.5943	0.2334	0.0083	3.5553
NO.235	20.8921	20.4156	3.1355	0.0669	0.1190	0.4374	0.6752	0.0789	2.9957
NO.242	21.0458	20.4116	2.3979	0.0653	0.0805	0.1899	0.5534	0.0750	4.6151
NO.250	20.8438	19.0345	2.9957	−0.0549	−0.0637	0.1390	0.1537	−0.0976	3.6376
NO.259	20.8714	20.5234	2.7726	−0.2733	−0.5055	0.4593	0.6410	−0.2731	3.2958
NO.286	24.0556	23.6826	3.1355	0.0705	0.1818	0.6120	0.7589	0.0726	5.9454
NO.327	20.5584	21.5192	2.8904	0.0267	0.0476	0.4391	2.5160	0.0394	4.5643
NO.375	23.9224	22.9084	3.4657	0.0144	0.0379	0.6202	0.3567	0.0308	4.0943
NO.378	22.7122	22.6532	3.1355	0.0316	0.1071	0.7051	1.0134	0.0476	3.0445
NO.379	24.4937	24.1799	3.1355	0.0252	0.0519	0.5149	0.7378	0.0242	4.5850
NO.387	20.8884	20.5100	3.2958	0.0206	0.0433	0.5235	0.6843	0.0180	2.9957
NO.388	25.9271	25.5731	3.0910	0.0163	0.1713	0.9051	1.3418	0.0181	3.2189
NO.393	24.5692	23.8649	3.2189	0.0427	0.1096	0.6100	0.4864	0.0558	2.4849
NO.396	22.4462	21.1695	3.2958	0.0034	0.0088	0.6143	0.2798	0.0086	3.2958
NO.397	24.7748	24.1631	3.0445	0.0289	0.0639	0.5476	0.5853	0.0253	3.4012
NO.408	23.5411	22.7585	3.0445	0.0359	0.0583	0.3846	0.4584	0.0473	0.0000
NO.409	23.8113	22.3116	3.0445	0.0045	0.0151	0.6985	0.2320	0.0063	4.2627
NO.423	24.3719	23.7143	3.3322	0.0676	0.1203	0.4381	0.5154	0.0835	1.8971
NO.438	26.5249	24.7800	2.8904	0.0801	0.1486	0.4610	0.1842	0.0973	5.5683
NO.442	23.1294	21.7071	2.8332	0.0029	0.0046	0.3801	0.2440	0.0042	2.9444
NO.446	22.1133	21.3748	3.1355	0.0293	0.0624	0.5305	0.4863	0.0387	1.0986
NO.447	24.3113	23.4952	2.4849	0.0075	0.0129	0.4236	0.4418	0.0065	3.9120
NO.452	23.5824	21.5464	2.9957	0.0303	0.0914	0.6687	0.1464	0.0359	1.6094
NO.456	26.9506	26.7150	2.4849	0.0185	0.0668	0.7228	0.8293	0.0252	3.4657
NO.463	24.0720	22.8461	3.1355	0.0361	0.1333	0.7295	0.2960	0.0585	2.3979
NO.472	22.1696	21.5728	2.5649	0.0612	0.0928	0.3412	0.5508	0.0781	4.7707
NO.473	23.4138	22.3835	2.8904	0.0002	0.0003	0.2329	0.3600	0.0288	1.0986
NO.475	22.3356	21.8715	2.9444	0.0364	0.0854	0.5739	0.6484	0.0426	2.9444

续表

公司	CS	CI	CA	ROA	ROE	TDR	TAT	MRS	DT
NO.478	22.1568	21.6776	3.0910	0.0369	0.0727	0.4925	0.6456	0.0463	1.6094
NO.483	21.2945	22.4454	2.5649	0.0905	0.1297	0.3023	3.3116	0.1111	3.8712
NO.494	21.0689	20.3652	2.8904	0.0386	0.0763	0.4938	0.5625	0.0479	3.0445
NO.498	22.5491	21.9882	3.1355	0.0279	0.0509	0.4517	0.5672	0.0278	3.8712
NO.507	21.6680	21.3844	2.7726	0.0412	0.0778	0.4707	0.7656	0.0458	2.8904
NO.515	21.9457	21.2852	3.0445	0.0186	0.0334	0.4433	0.5391	0.0199	3.0910
NO.520	21.4459	21.1871	4.1271	0.1324	0.1875	0.2941	0.8457	0.1411	4.8520

附表 5-10　2021 年西部地区民营能源企业核心变量

公司	CS	CI	CA	ROA	ROE	TDR	TAT	MRS	DT
NO.7	23.1886	21.3877	3.1799	0.0181	0.0511	0.5972	0.2012	0.0402	5.7203
NO.10	25.3075	24.0314	3.3336	0.0374	0.0946	0.6215	0.3073	0.0477	4.9698
NO.14	24.4353	22.4489	3.5273	0.0279	0.0767	0.6360	0.1372	0.0305	4.7449
NO.17	22.6168	19.1377	3.3336	−0.0094	−0.0189	0.0801	−0.0100	−0.0153	0.0000
NO.19	24.2200	23.5909	3.3686	−0.0045	−0.0269	0.8152	0.5247	−0.0001	1.0986
NO.30	22.1015	21.6223	3.4965	0.0406	0.0574	0.2929	0.6248	0.0381	3.0445
NO.31	22.1912	20.1838	3.1355	0.0271	0.0564	0.5197	0.1363	0.0236	4.5747
NO.39	24.2207	23.1853	3.3686	0.0386	0.1381	0.7254	−0.0166	0.0507	5.5872
NO.58	23.0174	22.5165	2.9985	0.0228	0.0885	0.7462	0.6906	0.0333	2.8332
NO.68	21.7231	21.7656	3.2973	0.0154	0.0411	0.6304	0.9661	0.0216	3.7842
NO.69	22.1267	20.6231	2.9985	0.0066	0.0249	0.7398	0.2278	0.0172	1.3863
NO.86	21.4632	19.6441	3.2581	−0.2386	−0.3999	0.4033	0.1396	−0.1156	6.0730
NO.91	24.2669	23.9818	3.1376	0.1507	0.2484	0.3791	0.8663	0.1701	1.0986
NO.101	22.4489	22.3358	3.1799	0.0407	0.0715	0.4499	1.0395	0.0337	4.0254
NO.113	21.5500	21.1714	2.7081	0.0521	0.0608	0.1439	0.7036	0.0488	0.6931
NO.126	22.8622	21.8751	3.0445	−0.0592	−0.1869	0.6831	0.3839	−0.0637	5.5452
NO.137	22.6973	22.1148	2.9444	0.0324	0.0951	0.6598	0.6588	0.0339	5.2149
NO.144	22.6650	22.1646	2.5649	0.0210	0.0334	0.3707	0.6099	0.0054	0.9808
NO.157	22.2090	21.2482	3.0933	0.0084	0.0179	0.4824	0.4175	−0.0323	3.7842
NO.201	21.2774	21.2093	2.7081	0.0389	0.0943	0.5870	0.9366	0.0409	4.0943
NO.217	21.0643	19.8540	2.9985	0.0401	0.0468	0.1460	0.3125	−0.0158	4.7536
NO.231	22.5227	22.3685	3.0470	0.0869	0.1434	0.4086	1.0142	0.1018	4.7791
NO.234	22.5207	20.8156	2.5719	−0.0007	−0.0003	0.6083	0.1567	−0.0046	3.4657
NO.235	21.0515	20.6700	3.1781	0.0665	0.1236	0.4619	0.7371	0.0778	2.8904

213

续表

公司	CS	CI	CA	ROA	ROE	TDR	TAT	MRS	DT
NO.242	21.1329	20.4606	2.4932	0.0783	0.0968	0.1917	0.5449	0.0891	4.6540
NO.250	20.7208	18.3683	3.0470	−0.0301	−0.0299	0.0948	0.0443	−0.1889	3.3673
NO.259	20.6864	20.3572	2.8371	−0.5796	−1.0598	0.5939	0.5814	−0.5768	2.4849
NO.286	24.2603	24.0768	3.1799	0.1011	0.2595	0.6077	0.8884	0.0964	6.6511
NO.327	20.4789	21.2685	2.9444	0.0401	0.0686	0.4103	2.3417	0.0499	4.4773
NO.375	23.9319	22.8334	3.4965	0.0237	0.0645	0.6312	0.3426	0.0396	4.0775
NO.378	22.9800	22.7852	3.1781	0.0456	0.1075	0.5764	0.9325	0.0475	3.2958
NO.379	24.4456	24.0934	3.1781	0.0228	0.0465	0.5075	0.7144	0.0236	4.5574
NO.387	20.9610	20.3797	3.3322	−0.0597	−0.1365	0.5087	0.5244	−0.1082	2.5390
NO.388	23.8729	23.7107	3.1355	0.0311	0.1327	0.7408	1.1340	0.0360	2.7932
NO.393	24.5858	23.8700	3.2581	0.0355	0.1001	0.6463	0.4902	0.0465	1.7346
NO.396	22.4459	21.2054	3.3322	−0.0025	−0.0068	0.6183	0.2912	−0.0014	2.9267
NO.397	24.6486	24.1942	3.0910	0.0369	0.0778	0.5267	0.6712	0.0448	3.1641
NO.408	23.5971	23.0413	3.0910	0.0231	0.0389	0.4054	0.5897	0.0326	1.2040
NO.409	23.7774	22.3156	3.0910	−0.0053	−0.0153	0.6866	0.2364	−0.0041	4.1947
NO.423	24.5251	23.8846	3.3673	0.0702	0.1195	0.4129	0.5673	0.0834	1.6529
NO.438	26.4507	24.6907	2.9444	0.0765	0.1504	0.4907	0.1750	0.0911	5.3784
NO.442	23.1163	21.8087	2.8904	0.0127	0.0203	0.3754	0.2770	0.0215	2.8717
NO.446	22.0850	21.2718	3.1781	0.0153	0.0326	0.5332	0.4484	0.0190	2.0794
NO.447	24.2886	23.4378	2.5649	0.0109	0.0185	0.4123	0.4268	0.0108	3.6463
NO.452	23.7297	22.3440	3.0445	0.0367	0.1072	0.6578	0.2686	0.0437	1.6094
NO.456	27.0212	26.9390	2.5649	0.0214	0.0767	0.7214	0.9536	0.0288	3.5742
NO.463	24.0753	22.8945	3.1781	0.0256	0.1038	0.7599	0.3036	0.0513	2.3979
NO.472	22.3762	21.4670	2.6391	0.0536	0.0885	0.3941	0.4443	0.0573	4.7362
NO.473	23.6093	23.0125	2.9444	0.1691	0.2071	0.1833	0.6042	0.1998	1.6094
NO.475	22.2046	21.8681	2.9957	0.0475	0.1021	0.5399	0.7912	0.0542	2.6856
NO.478	22.2108	21.8020	3.1355	0.0407	0.0794	0.4878	0.6823	0.0453	1.8971
NO.483	21.2436	22.5473	2.6391	0.0455	0.0661	0.3180	3.9057	0.0568	4.1325
NO.494	21.2973	20.7888	2.9444	0.0595	0.0929	0.3599	0.6698	0.0641	2.4849
NO.498	22.5309	21.9348	3.1781	−0.0150	−0.0275	0.4651	0.5493	−0.0200	3.6199
NO.507	21.9828	21.6389	2.8332	0.0190	0.0378	0.4979	0.8197	0.0183	2.9444
NO.515	21.8729	21.2155	3.0910	0.0289	0.0493	0.4190	0.5740	0.0318	2.6626
NO.520	21.5212	21.2640	4.1431	0.1056	0.1470	0.2812	0.8023	0.1112	4.5468

后 记

  本书是我自工作以来多年研究的成果，也是综合了 2012—2021 年来数字经济、企业数字化转型以及能源企业数字化转型方面的最新研究成果。

  随着大数据、人工智能、云计算和区块链等新一代信息技术的创新突破，数字化转型已成为全球多数企业提高运营效率、降低成本和提高创新成功率的战略选择。党的十八大以来，以习近平同志为核心的党中央高度重视数字经济发展，将发展数字经济上升为国家战略，加快推动产业数字化和数字产业化。党的二十大报告提出，要加快发展数字经济，促进数字经济和实体经济深度融合，加快建设网络强国、数字中国。能源产业作为诸多工业产业链的前端，是所有科技活动开展的基础，在支撑国民经济持续健康增长方面发挥着重要作用。但是，这种增长是以大量要素投入和高能耗为代价的，导致环境污染日益严重、能源危机持续恶化。与此同时，能源产业还面临自主创新能力不强、生产管理效率不高、产品供给质量较差等问题。

  在能源短缺成为新常态、能源转型压力升级、产业亟须塑造新竞争力等背景下，以数字化转型为载体驱动能源产业结构变革，是短期内降本增效、提升核心能力，中长期改变商业模式、创造新业态的关键路径。与此同时，民营经济是中国经济发展的主力军，民营企业的行为和绩效对国民经济增长的速度和质量产生决定性作用。但是，民营企业的数字化转型行为和绩效带有一定的脆弱性，容易受到宏观环境和产业政策的影响。因此，数字化转型能否成为中国民营能源企业绩效增长的新动能是目前政学企三界共同关注的热点问题。本书通过一系列研究发现，民营能源企业数字化转型的总体差异呈缩小的趋势，其绩效总体差异呈增长的趋势，主要来源均是区域内差异；民营能源企业数字化转型及绩效的协同化程度均较高，且两者发生转移的趋势均不明显；数字化转型显著提升民营能源企业绩效，这一结论在经过一系列稳健性后依旧成立；异质性检验发现，对于东部民营能源企业、成长型民营能源企业以及民营新能源企业，数字化转型的绩效提升效应最为明显；渠道机制表明，数字化转型能够推动技术创新、提升运营能力，这些都有助于民营能源企业的绩效增长。此外，在专题研究 1 中，能源企业在国民经济发展中具有重要地位，提升其全要素生产率是数字经济背景下中国能源产业迈入高质量发展新阶段的重要目标。研究发现，能源企业数字化转型显著提升了全要素生产率，上述结论在经过多重稳健性、内生性处理后依旧成立。渠道机制表明，能源企业数字化转型能够提高创新动能、优化内部控制，这些都有助于全要素生产率的提升。异质性检验发现，对非国有能源企业以及"成长期—成熟期"企业，能源数字化转型对全要素生产率的提升更为显著，而对具有较强脱实向虚偏好的能源企业而言，数字化转型的全要素生产率驱动效果较差。在专题研究 2 中，研究结果表明，数字化转型显著促进新能源企业的绩效提升，且通过多重稳健性检验及内生性处理后进一步证实该结论。对不同企业而言，数字化转型对新能源企业绩效的驱动效果有着较强的非对称性特征。具体而言，对于国有企业、"成长期—成熟期"企业以及东部企业，数字化转型的绩效驱动力较好；对于具有较强脱实向虚偏好的企业，其提升效果较差。从渠道路径来看，对于新能源企业数字化转型程度的提升，一是促进企业创新投入和创新产出绩效增长，二是增强内部控制能力和财务稳定性，这些都有助于企业绩效的提升。

  近年来，我一直致力于数字经济和企业数字化转型方面的研究工作，集中于能源企业数字化转型的测度、动因、渠道机制及实现路径研究。我担任常州纺织服装职业技术学院数字商贸学院副院长、国际经济与贸易专业带头人，入选江苏高校"青蓝工程"优秀青年骨干教师、江苏省"双创计划"科技副总、江苏高校"青蓝工程"优秀教学团队成员。主持江苏高校基础计划（自然科学）研究面上项目、江苏高校哲学社会科学研究一般项目、江苏社科应用研究精品工程课题；以第一作者身份发表 SCI、SSCI、CSSCI 期刊论文 12 篇；主编出版学术专著 2 部；获常州市社科界第十一届学术大会优秀论文二等奖、常州市第十七届哲学社会科学优秀成果三等奖。其中，在国内外核心期刊发表《新能源企业数字化转型对全要素生产率的影响》《数字化转型、绿色创新与新能源汽车企业绩效》《数字化转型对可再生能源企业绩效的影响》《数字化转型对能源企业全要素生产率的影响——来自中国上市企业年报文本识别的经验证据》等文章。基于上述发表的文章和相关研究课题，结合本人在工作中对于民营能源企业数字化转型相关资料的梳理和总结，最终创作本书。

　　本书付梓之际，谨向曾在论文撰写、项目申报过程中给予作者指导和帮助的老师、同仁深表谢意！在此，感谢相关国内外学者在该领域的学术贡献！感谢中国纺织出版社有限公司编辑老师为该书出版所付出的辛劳！特别感谢河海大学博士后导师田泽教授对本书给予的重要指导和关怀！感谢林洁、余志军、乔正明、杨永超、周贵平、左武荣、徐龙志、钱华生、包忠明、黄亦薇、王娟、慈银萍、储开春、许留芳、江文、陶正、雷思睿、郭蕾、裴琴娟、李苗苗、范荣荣、谢梦、彭一枫、汪春燕、胡令玄等对于本人的支持和帮助！

任阳军
2024 年 1 月于常州